***ACCESO GRATIS** a la Lectura en la Nube*

Para visualizar el libro electrónico en la nube de lectura envíe junto a su nombre y apellidos una fotografía del código de barras situado en la contraportada del libro y otra del ticket de compra a la dirección:

ebooktirant@tirant.com

En un máximo de 72 horas laborales le enviaremos el código de acceso con sus instrucciones.

EL DERECHO FUNDAMENTAL A LA PROTECCIÓN SOCIAL

TUTELA MULTINIVEL

Procedimiento de selección de originales, ver página web:
www.tirant.net/index.php/editorial/procedimiento-de-seleccion-de-originales

EL DERECHO FUNDAMENTAL A LA PROTECCIÓN SOCIAL

TUTELA MULTINIVEL

Encarnación Carmona Cuenca

tirant lo blanch
Valencia, 2024

En caso de erratas y actualizaciones, la Editorial Tirant lo Blanch publicará la pertinente corrección en la página web www.tirant.com.

© TIRANT LO BLANCH
EDITA: TIRANT LO BLANCH
C/ Artes Gráficas, 14 - 46010 - Valencia
TELFS.: 96/361 00 48 - 50
FAX: 96/369 41 51
Email: tlb@tirant.com
www.tirant.com
Librería virtual: www.tirant.es
ISBN: 978-84-1071-265-2
Depósito legal: V-2362-2024

Si tiene alguna queja o sugerencia, envíenos un mail a: *atencioncliente@tirant.com*. En caso de no ser atendida su sugerencia, por favor, lea en *www.tirant.net/index.php/empresa/politicas-de-empresa* nuestro procedimiento de quejas.

Responsabilidad Social Corporativa: http://www.tirant.net/Docs/RSCTirant.pdf

A José Luis, siempre

Índice

ACRÓNIMOS Y SIGLAS

CCAA: Comunidades Autónomas
CDFUE: Carta de Derechos Fundamentales de la Unión Europea
CDH: Comité de Derechos Humanos (Naciones Unidas)
CDSFT: Carta de Derechos Sociales Fundamentales de los Trabajadores
CE: Constitución española
CEDAW: Convención para la Eliminación de Todas las Formas de Discriminación contra la Mujer
CEDH: Convenio Europeo de Derechos Humanos
CEDS: Comité Europeo de Derechos Sociales
CESS: Código Europeo de Seguridad Social
Comité PIDESC: Comité de Derechos Económicos, Sociales y Culturales (Naciones Unidas)
CSE: Carta Social Europea
CSER: Carta Social Europea Revisada
DUDH: Declaración Universal de Derechos Humanos
LGSS: Ley General de la Seguridad Social
LIMV: Ley del Ingreso Mínimo Vital
LOTC: Ley Orgánica del Tribunal Constitucional
OG: Observación General (del Comité PIDESC)
OG-19: Observación General nº 19 sobre el derecho a la seguridad social
OGs: Observaciones Generales (del Comité PIDESC)
OIT: Organización Internacional del Trabajo
PEDDSS: Pilar Europeo de Derechos Sociales
PF: Protocolo Facultativo (del PIDESC)
PIDCP: Pacto Internacional de Derechos Civiles y Políticos
PIDESC: Pacto Internacional de Derechos Económicos, Sociales y Culturales
TCE: Tribunal Constitucional español
TEDH: Tribunal Europeo de Derechos Humanos

TJUE: Tribunal de Justicia de la Unión Europea
TFUE: Tratado de Funcionamiento de la Unión Europea
TUE: Tratado de la Unión Europea
SJS: Sentencia del Juzgado de lo Social
STC: Sentencia del Tribunal Constitucional
STJUE: Sentencia del Tribunal de Justicia de la Unión Europea
STSJ: Sentencia del Tribunal Superior de Justicia
STS: Sentencia del Tribunal Supremo
UNESCO: Organización de las Naciones Unidas para la Cultura, la Ciencia y la Educación

INTRODUCCIÓN

El título de este libro ya encierra en sí la tesis que me gustaría proponer. El derecho a la protección social, como derecho a un mínimo vital de subsistencia, es un derecho fundamental en nuestro ordenamiento. Aunque en otros trabajos he hablado del derecho a un mínimo vital[1], que cuenta con cierto reconocimiento jurisprudencial en diversos ordenamientos, en este caso he preferido hablar de *derecho a la protección social*, que tiene un reconocimiento expreso en varios instrumentos normativos nacionales e internacionales.

Se podría objetar que el posible derecho a la protección social, si es que existe, no es un derecho fundamental en España. Por un lado, no existe un reconocimiento expreso de este derecho en la Constitución. El reconocimiento más cercano es el que realiza el art. 41 CE en materia de Seguridad Social, que garantiza "la asistencia y prestaciones sociales suficientes ante situaciones de necesidad". Pero, aunque no se enuncia expresamente un "derecho a la seguridad social", la doctrina ha puesto de manifiesto que se trata de un auténtico derecho[2], lo mismo que la jurisprudencia del Tribunal Constitucional[3]. Además, se puede entender también que el derecho a la pro-

1 Vid., por ejemplo, CARMONA CUENCA, E. (2012), "El derecho a un mínimo vital", en G. ESCOBAR ROCA (Dir.), Derechos sociales y tutela antidiscriminatoria, Thomson Reuters Aranzadi, Cizur Menor (Navarra).

2 GARCÍA ROCA, J. (2014), "Constitutional principles regarding the spanish social security system: A citizen's right", en Revista de Derecho Político, Núm. 89, pp. 76 y ss.; GIL Y GIL, J.L. (2012), "El derecho a la Seguridad Social", en ESCOBAR ROCA, G. (Dir.), Derechos sociales y tutela antidiscriminatoria, ob cit., pp. 1017-1072 y DEL VALLE, J.M. (2018), El derecho a la Seguridad Social, Cinca, Madrid, entre otros muchos.

3 STC 206/1997, de 27 de septiembre.

tección social deriva de una comprensión amplia del derecho a la vida y la integridad física del art. 15 CE, siguiendo la construcción de Robert Alexy, Gomes Canotilho y otros autores, a la que más adelante se hará referencia[4].

Otra posible objeción sería considerar que este derecho a la protección social no reúne las características del concepto doctrinal dominante de derecho fundamental, pues no está entre los derechos del Capítulo II, Título Primero de la Constitución española y, por ello, no goza de las garantías del art. 53.1 de la Norma Fundamental. Ahora bien, como trataré de mostrar en las páginas que siguen, creo que se puede afirmar que se trata un derecho constitucional fundamental.

Parte de la doctrina, con la que coincido, afirma que todos los derechos que la Constitución enuncia son derechos fundamentales, en cuanto que están reconocidos en la Norma Fundamental y gozan de eficacia jurídica, en la medida en que son indisponibles por el legislador y gozan de tutela judicial[5]. Y ello a pesar del tenor literal del art. 53 CE, que hoy puede considerarse obsoleto[6]. En efecto, en la actualidad, prácticamente todos los derechos constitucionales han sido desarrollados por ley y, por tanto, pueden ser alegados ante los tribunales. Aun-

---

4 Vid, infra, epígrafes 2.4 del Capítulo I y 2.2 del Capítulo II. Vid., también, CARMONA CUENCA, E. (2012), "El derecho a un mínimo vital", cit., pp. 1585-1589.

5 Vid. ESCOBAR ROCA, G. (2012), "Presupuestos de teoría y dogmática constitucional", en ESCOBAR ROCA, G. Derechos sociales y tutela antidiscriminatoria, ob. cit., pp. 290-291.

6 JIMENA QUESADA, L., "La efectiva protección de los derechos sociales y su afirmación frente a derivas neutralizadoras", en FERRER MAC-GREGOR (Coord.) (2023), La garantía jurisdiccional de la Constitución. A cien años del Verfassungssgerichtshof Österreich, a cuarenta años del Tribunal Constitucional de España. XII Encuentro Iberoamericano de Derecho Procesal Constitucional, Tomo 2, Centro de Estudios Políticos y Constitucionales, Madrid, p. 710-711.

que, de todas formas, y por supuesto, todas las normas constitucionales (incluso los "Principios Rectores de la Política Social y Económica") pueden ser alegadas ante los tribunales, como no podía ser de otra forma tratándose de preceptos contenidos en la Norma Fundamental.

Sólo es preciso identificar un contenido mínimo de esos derechos que los poderes públicos (legislativo, ejecutivo y judicial) no puedan cercenar. Y, a la hora de determinar ese contenido mínimo o contenido esencial, en nuestros días hay que tener en cuenta el proceso de internacionalización de la garantía de los derechos que se está produciendo en las últimas décadas.

Los derechos fundamentales hoy no son sólo un asunto interno. La protección de los derechos se ha convertido en un asunto en buena medida global. Los sistemas de protección se superponen y coexisten distintos niveles de garantía. Refiriéndonos a España, a la protección que otorga la Constitución se suma la que ofrece el Convenio Europeo de Derechos Humanos, la Carta de los Derechos Fundamentales de la Unión Europea y los Pactos Internacionales, tanto de Derechos Civiles y Políticos como de Derechos Económicos, Sociales y Culturales, además de otros muchos Convenios del Consejo de Europa y de Naciones Unidas. En el caso de los derechos sociales, hay que sumar la Carta Social Europea y los Convenios de la Organización Internacional del Trabajo (OIT).

Si hoy hablamos de los derechos fundamentales, hay que tener en cuenta toda esta realidad, todos estos sistemas de protección, que pueden establecer obligaciones a los poderes públicos nacionales. La intención de estas páginas es ofrecer ese panorama con respecto a un derecho, la protección social, entendido como derecho a un mínimo vital de subsistencia. En un mundo y en un país cada vez más desiguales, este derecho se presenta como la única garantía frente a la pobreza extrema, la exclusión social y, por ende, el conflicto. Es la nueva (o la vieja) *cuestión social* de la que ya se hablaba en el siglo XIX.

En el Capítulo I he intentado argumentar contra las tesis que infravaloran los derechos sociales con respecto a los derechos civiles y políticos. Los órganos internacionales de garantía hablan repetidamente de la *indivisibilidad* de los derechos, todos ellos derivados de la dignidad humana, todos ellos necesarios para proteger esa dignidad humana. No sirve de nada garantizar la inviolabilidad del domicilio a quien carece de un techo bajo el que guarecerse. Parafraseando a Bobbio[7], ha llegado *el tiempo de los derechos sociales*. Asimismo, he intentado en este Capítulo estudiar el valor jurídico interno de los tratados internacionales de derechos humanos, también de derechos sociales. Sobre esta base, pretendo sentar mis argumentaciones posteriores.

En el capítulo II estudio el derecho a la protección social en la Constitución española de 1978 y a su valor jurídico, refiriéndome someramente a la legislación (me sería imposible analizar aquí toda la legislación española sobre seguridad social y asistencia social[8]) y a la jurisprudencia del Tribunal Constitucional (igualmente me sería imposible estudiar toda la jurisprudencia de los tribunales ordinarios de lo Social). Pero sí se hace una referencia a la Ley 19/2021, de 20 de diciembre, por la que se establece el Ingreso Mínimo Vital, primer intento estatal para lograr la universalización del derecho a la protección social, siguiendo la estela de las rentas mínimas de inserción existentes con anterioridad en las distintas Comunidades Autónomas.

---

7 BOBBIO, N. (1991), El tiempo de los derechos, Sistema, Madrid.

8 A modo de ejemplo, además de la bibliografía citada más adelante, vid., BLASCO LAHOZ, J.F. y SALCEDO BELTRÁN, C. (2019), Introducción a la protección social, Tirant lo Blanch, Valencia, y ALONSO-OLEA GARCÍA, B. (2020), Derecho de la protección social. Derecho a la seguridad social, derecho a la asistencia sanitaria y derecho a los servicios sociales, Aranzadi, Pamplona.

Con el Capítulo III, dedicado a la obra del Consejo de Europa, comienzo el estudio de la dimensión internacional del derecho a la protección social. Aunque este derecho no está reconocido en el Convenio Europeo de Derechos Humanos, el Tribunal de Estrasburgo ha realizado una protección indirecta del mismo realizando una interpretación conjunta del derecho de propiedad privada del art. 1 Protocolo 1 CEDH y de la prohibición de discriminación del art. 14 CEDH. A esa jurisprudencia se dedican unas cuantas páginas. Pero donde sí existe una obra jurisprudencial extensa y completa es en la jurisprudencia del Comité Europeo de Derechos Sociales, el órgano de garantía de la Carta Social Europea. Sobre todo, en la interpretación que este Comité realiza de los arts. 12 y 13 de la Carta.

El Derecho de la Unión Europea es abordado en el Capítulo IV, donde se alude al reconocimiento del derecho a la protección social en la Carta de los Derechos Sociales Fundamentales de los Trabajadores, la Carta de los Derechos Fundamentales de la Unión Europea y el Derecho derivado. Igualmente, se estudia la jurisprudencia del Tribunal de Justicia de la Unión Europea sobre este derecho.

El capítulo V se refiere a la garantía del derecho a la protección social en el ámbito internacional. En primer lugar, se estudia el Pacto Internacional de Derechos Económicos, Sociales y Culturales y la obra de su Comité de garantía. Y, en segundo lugar, se hace una referencia (necesariamente somera) a la obra de la Organización Internacional del Trabajo.

Finalmente, concluyo con unas reflexiones sobre cómo podría defenderse la fundamentalidad del derecho a la protección social, con remisiones a lo dicho en las páginas anteriores.

Encarna Carmona Cuenca
Las Rozas de Madrid, 19 de marzo de 2024

CAPÍTULO I:
LOS DERECHOS SOCIALES COMO DERECHOS FUNDAMENTALES

1. DERECHOS HUMANOS Y DERECHOS FUNDAMENTALES

Derechos humanos y derechos fundamentales no son términos equivalentes, sin embargo, tienen mucho en común[1]. Ambos son especies de la categoría normativa *derechos subjetivos*[2], que se caracterizan porque protegen los bienes más esen-

---

1 La bibliografía sobre el tema es amplísima. A modo de ejemplo, podemos citar, en castellano: ALEXY, R. (1993), R., Teoría de los derechos fundamentales, ob. cit.; BOBBIO, N. (1991), El tiempo de los derechos, ob. cit.; DWORKIN, R. (1995), Los derechos en serio, Ariel, Barcelona; FERRAJOLI, L. (1999), Derechos y garantías. La ley del más débil, Trotta, Madrid; FIORAVANTI, M. (1996), Los derechos fundamentales. Apuntes de historia de las Constituciones, Trotta, Madrid; LAPORTA, F. (1987), "Sobre el concepto de derechos humanos", Doxa núm. 4 (y la polémica allí mantenida por este autor con Pérez Luño, Atienza y Ruiz Manero); MARTÍN-RETORTILLO BAQUER, L. y DE OTTO Y PARDO, I. (1988), Derechos fundamentales y Constitución, Civitas, Madrid; NINO, C.S. (1989), Ética y derechos humanos, Ariel, Barcelona; PECES-BARBA MARTÍNEZ, G. (1999), Curso de derechos fundamentales. Teoría general, BOE-Universidad Carlos III, Madrid; PÉREZ LUÑO, A. E. (1995), Los derechos fundamentales, Tecnos, Madrid y PRIETO SANCHÍS, L. (1999), Estudios sobre derechos fundamentales, Debate, Madrid, entre otras muchas aportaciones.

2 Sobre el concepto de derecho subjetivo también existe una amplia bibliografía de la que aquí destaco el clásico trabajo de HOHFELD, W. N. (1995), Conceptos jurídicos fundamentales, Fontamara, México, (traducción de Genaro R. Carrió), pp. 45 y ss.; NINO, C. S. (2003), Introducción al análisis del Derecho, Ariel, Barcelona, 2003, pp,. 195 y ss. y ÁLVAREZ GÁLVEZ, I.

ciales para las personas (vida, libertad, seguridad, honor, intimidad, etc.). Según una doctrina bastante extendida, derechos humanos serían los que pertenecen a un sistema moral y, por tanto, no están respaldados por una sanción institucionalizada y derechos fundamentales serían los derechos humanos reconocidos y garantizados en una Constitución normativa, de manera que de este reconocimiento se derivan determinadas consecuencias jurídicas[3]. De esta forma, los derechos humanos serían derechos morales y los derechos fundamentales serían derechos jurídicos[4]. Sobre cuáles son las consecuencias jurídicas que caracterizan a los derechos fundamentales reconocidos en la Constitución, es habitual entre nosotros seguir la denominada *doctrina alemana de los derechos fundamentales*, que se gestó a raíz de la Constitución de Weimar de 1919 y fue constitucionalizada en la Ley Fundamental de Bonn de 1949. Según esta doctrina, que se ha convertido en una auténtica *doctrina europea de los derechos fundamentales*, éstos serían los derechos que se caracterizan por estar reconocidos en la Constitución y porque de este reconocimiento se derivan unas consecuencias jurídicas, fundamentalmente, la eficacia directa (sin necesidad

---

(2002), "Sobre el carácter irrenunciable de los derechos Humanos", en Cuadernos Electrónicos de Filosofía del Derecho Núm. 5. En Internet: http://www.uv.es/CEFD/.

3 A los derechos fundamentales no los define sólo su contenido sino, además, lo que Hermann Heller denominó su "conexión de sentido", que no es otra que la Constitución. Vid. CRUZ VILLALÓN, P. (1989), "Formación y evolución de los derechos fundamentales", Revista Española de Derecho Constitucional Núm. 25, pág. 41.

4 Vid., por ejemplo, GARCÍA SAN MIGUEL, L. (2003), Los Fundamentos del Derecho (Penúltimos Apuntes), Dykinson, Madrid, p. 317. Sobre esta cuestión, B. DE CASTRO afirma que derechos fundamentales son aquellos que se predican de un conjunto de individuos que están sujetos a un particular ordenamiento estatal mientras que los derechos humanos se predican de todas las personas por el hecho de serlo. Vid. DE CASTRO, B. (coord.) (2003), Introducción al estudio de los derechos humanos, Universitas, Madrid, pp. 100 y ss.

de leyes de desarrollo), lo que supone la tutela judicial de las posiciones jurídicas subjetivas configuradas por la propia Constitución y la indisponibilidad para el legislador de su contenido esencial, garantizada también por el control jurisdiccional[5].

Establecida esta diferencia, también es preciso constatar que derechos humanos y derechos fundamentales no se distinguen esencialmente por su contenido, puesto que ambos protegen bienes esenciales de la persona y los catálogos de unos y otros tienden a coincidir básicamente. La diferencia radica más bien en los instrumentos jurídicos de tutela de unos y otros. Los que comienzan siendo derechos humanos se convierten en derechos fundamentales cuando se produce su constitucionalización y se protege este reconocimiento constitucional con garantías jurisdiccionales.

Ahora bien, también se emplea la denominación derechos humanos en el ámbito del Derecho Internacional, desde la aprobación de la *Declaración Universal de Derechos Humanos* por la Asamblea General de Naciones Unidas el 10 de diciembre de 1948. En principio, podría mantenerse la dicotomía derechos humanos-derechos fundamentales con el mismo sentido, puesto que este reconocimiento internacional no suele llevar aparejada una eficacia jurídica vinculante similar a la que supone el reconocimiento de los derechos fundamentales en el Derecho Constitucional interno. Pero hay que tener en cuenta que en los últimos años se están desarrollando de forma muy importante los mecanismos de control del cumplimiento de los tratados internacionales de derechos humanos. La actividad de los distintos tribunales y comités en el ámbito de Naciones Uni-

---

5 Vid. CRUZ VILLALÓN, P., "Formación y evolución de los derechos fundamentales", cit., pp. 54 y ss.; PÉREZ ROYO, J. (2012), Curso de Derecho Constitucional, Marcial Pons, Madrid, 2012 (13ª edición revisada y puesta al día por Manuel Carrasco Durán), pp. 187-190 y Robert ALEXY, Teoría de los derechos fundamentales, ob. cit.

das está suponiendo la fijación de obligaciones concretas a los Estados para lograr la eficacia práctica de las normas internacionales[6]. Sobre la eficacia de los tratados internacionales y europeos que reconocen los derechos económicos y sociales volveré más adelante en este Capítulo.

Además, en determinados ámbitos internacionales regionales, la eficacia de los derechos humanos reconocidos en ciertos documentos se acerca bastante a la eficacia de la protección constitucional interna de los derechos fundamentales. Particularmente, en el ámbito europeo, es muy destacable la eficacia del significativamente denominado *Convenio para la Protección de los Derechos Humanos y de las Libertades Fundamentales,* aprobado en Roma el 4 de noviembre de 1950, en el marco del Consejo de Europa. Como es sabido, esta eficacia viene garantizada por la existencia de un Tribunal, el Tribunal Europeo de Derechos Humanos (TEDH), con sede en Estrasburgo. De esta forma, se ha puesto de manifiesto que el conocido como *Convenio Europeo de Derechos Humanos* (CEDH) tiene una eficacia muy cercana a las Constituciones en el Derecho interno, en palabras de García Roca, el CEDH "tiene una doble naturaleza, posee cuerpo de tratado y alma de instrumento constitucional"[7].

Si bien es cierto que el Convenio no impone la obligación de incorporar sus preceptos a los ordenamientos internos[8], en la práctica totalidad de los Estados se ha producido efectivamente esta incorporación. Es más, en algunos países (Austria

---

6 Vid. OCHOA RUIZ, N. (2004), Los mecanismos convencionales de protección de los derechos humanos en las Naciones Unidas, Thomson-Civitas, Madrid.

7 GARCÍA ROCA, J. (2018), "La transformación del Convenio Europeo de Derechos Humanos", Revista General de Derecho Constitucional Nº 28, p. 13.

8 CARMONA CUENCA, E. (2014), "El derecho a un recurso efectivo ante una instancia nacional (art. 13 CEDH): Problemas interpretativos", en GARCÍA ROCA, J. y SANTOLAYA, P. (coords.), La Europa de los Derechos. El Convenio Europeo de Derechos Humanos, CEPC, Madrid, 2014 (3ª edición), p. 579.

y Holanda) el Convenio tiene valor constitucional expreso y vincula al legislador[9]. Pero, aunque no se produzca este reconocimiento explícito de su valor normativo supremo, lo cierto es que la práctica de la aplicación del Convenio por el Tribunal Europeo de Derechos Humanos y las obligaciones que impone a los Estados, incluido el legislador, impiden que se considere que el valor normativo de este instrumento en el sistema de fuentes es el de un tratado internacional más. Como pone de manifiesto el profesor García Roca, hoy es notorio que el Convenio Europeo cierra e integra los espacios abiertos en las normas constitucionales reconocedoras de derechos y que la única interpretación posible de las normas constitucionales es aquella conforme al Convenio[10]. El art. 10.2 de la Constitución española no es más que una concreción de estos principios, válidos en todos los Estados firmantes de este instrumento normativo[11]. Estas consideraciones permiten entender que los derechos reconocidos en el Convenio Europeo se configuran en la actualidad como verdaderos derechos fundamentales, directamente aplicables en los Estados, defendibles ante el Tribunal

---

9 HAECK, I. , "La recepción nacional del Convenio Europeo de Derechos Humanos y la jurisprudencia de la Corte Europea de Derechos Humanos", en: Biblioteca Jurídica Virtual del Instituto de Investigaciones Jurídicas de la UNAM. En Internet: https://www.corteidh.or.cr/tablas/r28093.pdf (última consulta: 13 de marzo de 2024).

10 GARCÍA ROCA, J. (2014), "El Preámbulo contexto hermenéutico del Convenio: un instrumento constitucional del orden público europeo", en GARCÍA ROCA, J. y SANTOLAYA, P., (coords.), La Europa de los Derechos. El Convenio Europeo de Derechos Humanos, ob. cit., pp. 22-28.

11 CARMONA CUENCA, E. y TURTURRO PÉREZ DE LOS COBOS, S. (2021), "The 'indirect constitutionalization' of international human rights law in Spain" en: GROTE, R., MORALES ANTONIAZZI, M. y PARIS, D. (Ed.), Research Handbook on Compliance in International Human Rights Law, Edward Elgar Publishing, Cheltenham/Massachusetts, pp. 183-2021.

Europeo de Derechos Humanos e indisponibles para el legislador estatal, en virtud del principio de competencia[12].

2. LOS DERECHOS SOCIALES COMO DERECHOS JUSTICIABLES

2.1. Las generaciones de derechos

Los derechos humanos o derechos fundamentales pueden ser clasificados con arreglo a diferentes criterios. Según un criterio histórico, distinguimos los derechos humanos según el momento en que fueron reivindicados y reconocidos en las Constituciones y, así, hablamos de las distintas *generaciones de derechos*[13]. Los derechos de primera generación serían los de-

---

12 La cuestión sobre si los derechos reconocidos en el CEDH son derechos fundamentales o no sigue siendo polémica. GARCÍA ROCA estima que "la positivación de los derechos en el CEDH y en la Carta de los Derechos Fundamentales de la Unión Europea puede equipararse, a efectos de fundamentalidad, con el reconocimiento en normas constitucionales domésticas, precisamente porque en la integración europea nos movemos en un escenario propio de un constitucionalismo en red". Vid. GARCÍA ROCA, J., "La transformación del Convenio Europeo de Derechos Humanos", cit. p. 77 nota 29. Vid. también: RODRÍGUEZ, A. (2001), Integración Europea y derechos fundamentales, Civitas, Madrid y GORDILLO, L.I. (2012), Constitución y ordenamientos supranacionales, CEPC, Madrid y CARMONA CUENCA, E. (2018), "Derechos sociales de prestación y obligaciones positivas del Estado en la jurisprudencia del Tribunal Europeo de Derechos Humanos", Revista de Derecho Político Núm. 100, 2017, pp. 1209-1238.

13 Sobre las generaciones de derechos, puede verse: ARA PINILLA, I. (1990), Las transformaciones de los derechos humanos, Tecnos, Madrid; PÉREZ LUÑO, A. E. (1991), "Las generaciones de derechos humanos", en Revista del Centro de Estudios Constitucionales Núm. 10 y RODRÍGUEZ PALOP, M. E. (2002), La nueva generación de derechos humanos, Dykinson, Madrid.

nominados genéricamente derechos civiles y políticos[14], esto es, los derechos que fueron reivindicados en las revoluciones liberales burguesas de finales del siglo XVIII y principios del siglo XIX en Europa occidental y Norteamérica e incorporados a las primeras Constituciones liberales (derecho a la vida, a la libertad y seguridad, a la libertad de expresión...).

Los derechos de segunda generación serían los denominados derechos económicos, sociales y culturales (o, abreviando, derechos sociales), cuyo origen se sitúa en las reivindicaciones de los trabajadores y las presiones de los partidos socialistas y comunistas a partir de la segunda mitad del siglo XIX, fundamentalmente, en Europa[15]. Su reconocimiento constitucional, dentro de la tradición liberal, se produjo por primera vez en la Constitución mexicana de Querétaro de 1917, en la alemana de Weimar de 1919 y en la española republicana de 1931. En estos textos constitucionales se reconocen de forma indife-

---

14 A la consagración de esta denominación ha contribuido, sin duda, el Pacto Internacional de Derechos Civiles y Políticos, aprobado por la Asamblea General de Naciones Unidas en 1966.

15 Aunque no ha dejado de subrayarse la interdependencia entre las dos categorías de derechos. En palabras de Gros Espiel "Sólo el reconocimiento integral de todos estos derechos puede asegurar la existencia real de cada uno de ellos, ya que, sin la efectividad del goce de los derechos económicos, sociales y culturales, los derechos civiles y políticos se reducen a meras categorías formales. Pero, a la inversa, sin la realidad de los derechos civiles y políticos, sin la efectividad de la libertad entendida en su más amplio sentido, los derechos económicos y sociales carecen a su vez de verdadera significación". Vid. GROS ESPIEL, H. (1988) Estudios sobre derechos humanos, Civitas, Madrid, pp. 324-325. Sobre la indivisibilidad de los derechos humanos, puede verse también: ESCOBAR ROCA, G. (2012), "Indivisibilidad y derechos sociales. De la Declaración Universal a la Constitución", Lex Social. Revista de los Derechos Sociales N° 2, 2012.

renciada el derecho al trabajo, a la educación y a la seguridad social junto con el derecho de huelga y la libertad sindical[16].

Cuando hablamos de derechos de tercera generación nos referimos a un conjunto heterogéneo de nuevos derechos cuya reivindicación es reciente y está relacionada con los cambios sociales y tecnológicos de la sociedad de nuestros días: el derecho al medio ambiente, el derecho a la autodeterminación informativa y el derecho a la paz serían algunos ejemplos[17].

A partir de la Segunda Guerra Mundial se generaliza el reconocimiento de los derechos sociales en diversas Constituciones democráticas. También los tratados internacionales reconocen, junto a los clásicos derechos civiles y políticos, derechos económicos, sociales y culturales. De esta forma, la Declaración Universal de Derechos Humanos de 1948 reconoce el derecho a la seguridad social, al trabajo, a la protección en caso de paro,

---

16 Sobre la constitucionalización de los derechos sociales, puede verse, en castellano, CASCAJO CASTRO, J. L. (1988) La tutela constitucional de los derechos sociales, Centro de Estudios Constitucionales, Madrid; FREIXES SANJUÁN, T. (1986) Los derechos sociales de los trabajadores en la Constitución, Ministerio de Trabajo y Seguridad Social, Madrid; GONZÁLEZ AMUCHÁSTEGUI, J. (1989), Louis Blanc y los orígenes del socialismo democrático, Siglo XXI, Madrid; CONTRERAS PELÁEZ, F. J. (1994), Derechos sociales: teoría e ideología, Tecnos, Madrid; AÑÓN ROIG, M. J. y GARCÍA AÑÓN, J. (2002), Lecciones de derechos sociales, Tirant lo Blanch, Valencia y CARMONA CUENCA, E. (2000), El Estado social de Derecho en la Constitución, Consejo Económico y Social, Madrid, entre muchos otros.

17 Sobre los nuevos derechos, vid., entre otros, Vid. LUCAS MURILLO DE LA CUEVA, P. (2002), "Avances tecnológicos y derechos fundamentales. Los riesgos del progreso", en VV.AA., Derechos humanos y nuevas tecnologías, Ararteko-UPV; REY MARTÍNEZ, F. (2009), "¿Cómo nacen los derechos? Posibilidades y límites de la creación judicial de derechos, en: GARCÍA ROCA, J. Y FERNÁNDEZ SÁNCHEZ, P.A., Integración europea a través de derechos fundamentales: De un sistema binario a otro integrado, CEPC, Madrid y ESCOBAR ROCA, G. (2018), Nuevos derechos y garantías de los derechos, Marcial Pons, Madrid.

a igual salario y al descanso y tiempo libre (artículos 22 a 27). Incluso se dedica un tratado expresamente al reconocimiento de estos derechos: el Pacto Internacional sobre Derechos Económicos, Sociales y Culturales, aprobado por la Asamblea General de las Naciones Unidas el 16 de diciembre de 1966. Hay que mencionar también la actividad normativa generada en el marco de la Organización Internacional del Trabajo (OIT), organismo especializado de las Naciones Unidas creado en 1919, cuyos convenios y recomendaciones abarcan un amplio abanico de temas relativos a trabajo, empleo, seguridad social, política social y derechos humanos conexos.

También en los distintos ámbitos regionales se aprueban tratados y convenios sobre derechos fundamentales en general y derechos sociales en particular. Destaca, en al ámbito regional europeo, la Carta Social Europea, adoptada en Turín el 4 de noviembre de 1961, en el marco del Consejo de Europa, y revisada en 1996 y la Carta Comunitaria de Derechos Sociales Fundamentales de los Trabajadores, aprobada el 9 de diciembre de 1989 en el marco de la Unión Europea (entonces Comunidad Económica Europea). Los derechos sociales forman parte también de la Carta de los Derechos Fundamentales de la Unión Europea, aprobada en Niza el 7 de diciembre de 2000.

A pesar de este reconocimiento internacional de los derechos sociales, es común en estas Declaraciones que los sistemas de garantía de los derechos civiles y políticos sea más completo e intenso que los de los derechos económicos, sociales y culturales. Como veremos más adelante, tanto en los Pactos de Naciones Unidas como en los del Consejo de Europa, los mecanismos de garantía de los derechos sociales son más débiles que los de los derechos civiles y políticos. Otro tanto sucede en las constituciones de los Estados.

En el caso de la Carta de los Derechos Fundamentales de la Unión Europea, aunque ambos tipos de derechos se reconocen de forma indistinta en un mismo texto, es común en la doctrina aceptar que la eficacia de los derechos sociales en la Unión Europea no es mayor que la eficacia de estos derechos en los Estados miembros[18].

2.2. ¿Tienen los derechos sociales una estructura diferente?

Tradicionalmente, se venía aceptando comúnmente un segundo criterio de clasificación de los derechos, teniendo en cuenta su naturaleza jurídica, esto es, el carácter de las obligaciones que generan en los poderes públicos y otros sujetos obligados.

Según este criterio, es también comúnmente aceptada la distinción entre los derechos de defensa (*Abwehrecht*) y los derechos de prestación *(Leistungsrecht)*, en terminología de Robert Alexy[19]. Los derechos de defensa son derechos a acciones negativas del Estado, tienen por principal objeto preservar de la intervención estatal una serie de posiciones, situaciones y actuaciones consideradas de principal importancia o especialmente vulnerables[20]. Por el contrario, los derechos de prestación son derechos a acciones positivas del Estado.

Entre estos derechos de prestación en sentido amplio, Robert Alexy distingue tres tipos[21]: a) *derechos a protección*, que serían los derechos del titular frente al Estado para que éste le proteja frente a intervenciones de terceros, por ejemplo, frente al homicidio; b) *derechos a organización y procedimiento*, expresión

---

18 Vid. HERREROS LÓPEZ, J. M. (2006), "El contenido social de la Carta de los Derechos Fundamentales" en CARRILLO, M. y LÓPEZ BOFILL, H. (Coords.), La Constitución Europea. Actas del III Congreso de la Asociación de Constitucionalistas de España, Tirant lo Blanch, Valencia.

19 ALEXY, R., Teoría de los derechos fundamentales, ob. cit., p. 189.

20 Vid. ESCOBAR ROCA, G. (2005), Introducción a la teoría jurídica de los derechos humanos, CICODE-Trama, Madrid, p. 55.

21 ALEXY, R., Teoría de los derechos fundamentales, ob. cit., pp. 419 y ss.

que designa un espectro muy amplio de derechos que tienen por objeto una serie de actividades normativas y procedimentales del poder público, desde la creación de la infraestructura necesaria para celebrar elecciones hasta la elaboración de la normativa relativa a los procedimientos judiciales y c) *derechos a prestaciones en sentido estricto*, que son aquellos derechos del individuo frente al Estado a algo que –si el individuo poseyera medios financieros suficientes y si encontrase en el mercado una oferta suficiente- podría obtenerlo también de particulares.

Siguiendo este criterio de clasificación de los derechos, entre los derechos sociales reconocidos en las declaraciones internacionales y en las constituciones se encontrarían figuras jurídicas de naturaleza muy diversa. Así, junto a los derechos al trabajo, a la seguridad social, a la educación o a la protección de la salud, se reconocen los derechos a la libre sindicación o a la huelga, cuya forma de ejercicio es, en general, distinta de la de los anteriores.

De esta forma, podríamos distinguir dos grandes categorías de derechos sociales[22]:

a) *Derechos sociales de defensa*, de naturaleza similar a la mayoría de los derechos civiles y políticos reivindicados en las revoluciones liberales. Configuran un ámbito de acción individual frente a las interferencias del Estado y de los particulares. De este tipo son los derechos de libre sindicación y de huelga.

b) *Derechos sociales de prestación*. Éstos otorgan al sujeto un título para exigir que se le entreguen ciertos bienes, se le presten ciertos servicios o se le transfieran ciertos recursos. Entre ellos podemos encontrar supuestos en los que se trata de de-

---

22 Se sigue aquí, parcialmente, la clasificación que realiza el profesor Laporta en LAPORTA, F.J. (2004), "Los derechos sociales y su protección jurídica: introducción al problema" en BETEGÓN, J. (coord..), Constitución y derechos fundamentales, CEPC, Madrid, pp. 298-300.

mandar la entrega de un bien (derecho a una vivienda digna), la prestación de un servicio (educación, protección de la salud...) o la percepción de una asignación económica (pensiones, subsidios...)[23].

2.3. Las razones de la inferior garantía de los derechos sociales: los límites de la economía

La mayor dificultad que se ha esgrimido tradicionalmente para asegurar una garantía completa de los derechos sociales ha sido la limitación de los recursos económicos con que cuenta el Estado. En efecto, a pesar de su reconocimiento constitucional en diversas constituciones y tratados internacionales, se constatan las dificultades que plantea garantizar el disfrute efectivo de estos derechos del mismo modo que pueden garantizarse, de forma general, los derechos civiles y políticos.

El problema radica en el hecho de que, para garantizar efectivamente los derechos sociales, sería preciso que el Estado o los poderes públicos en general contasen con medios económicos ilimitados o muy abundantes, lo que es difícil de conseguir en una economía de mercado. Con referencia a ello, Robert Alexy habla de la "explosividad política" de los problemas inherentes a la distribución de la riqueza como cuestión

---

23 El profesor Laporta considera, también, que, entre los derechos sociales, son frecuentes los que denomina "derechos racimo", es decir, derechos en los que pueden encontrarse componentes de ambas categorías. Como ejemplo, el derecho al trabajo contiene un derecho de libertad –la libertad de ejercer una profesión- y varios derechos de prestación –derecho a un salario digno, a unas dignas condiciones de trabajo y a una prestación en caso de desempleo, entre otras. Vid. LAPORTA, F. J., "Los derechos sociales y su protección jurídica: introducción al problema", cit., pp. 300-301.

polémica que subyace a la eficacia jurídica de los que él denomina derechos de prestación en sentido estricto[24].

Debido a estas dificultades para determinar jurídicamente la eficacia de los derechos sociales que consisten básicamente en una prestación económica, algunos autores han defendido abiertamente la tesis de que las situaciones jurídicas creadas por estos derechos no poseen los caracteres propios de los verdaderos derechos fundamentales, puesto que carecen de la aptitud para la efectividad[25].

Por ello, algunas Constituciones, como la española de 1978, gradúan la eficacia de la mayoría de estos derechos con relación a los derechos civiles y políticos y demoran su máxima efectividad al momento en que las leyes de desarrollo de la Constitución así lo establezcan (art. 53.3 CE). Pero también es cierto que existe una importante demanda social de garantía de estos derechos al mismo nivel que los derechos civiles y políticos. Se consideran verdaderos derechos humanos equiparables a los derechos civiles y políticos y, en este sentido, puede decirse que tienen una *pretensión de fundamentalidad.*

Con respecto a estas dificultades económicas para garantizar la eficacia de los derechos sociales de prestación, se pronunció el profesor Laporta. Considera que la realidad es que nos encontramos en un contexto de "escasez moderada". De otro modo, no tendría sentido hablar de los derechos sociales de prestación. Si la situación fuese de total abundancia, no serían precisos criterios de distribución ni tampoco el reconocimiento de estos derechos. Pero si la situación fuese de escasez absoluta, tampoco servirían para nada las pautas de

---

24 ALEXY, R., Teoría de los derechos fundamentales, ob. cit., pp. 426-427.

25 Vid. FORSTHOFF, E. (1986) "Problemas constitucionales del Estado social", en ABENDROTH, W.; FORSTHOFF, E. Y DOHERING, K., El Estado social, Centro de Estudios Constitucionales, Madrid.

distribución; los derechos serían de imposible cumplimiento. La situación real es la de que existen bienes y recursos que son insuficientes para satisfacer las pretensiones contenidas en los derechos, bien por problemas de producción, bien por problemas de distribución.

Los derechos sociales que consisten básicamente en una prestación presentan ante sus obligados una pluralidad de demandas o pretensiones. Si tales demandas son, en su conjunto, insaciables, entonces no tiene sentido hablar de estos derechos. Pero si, mediante los oportunos equilibrios económicos y medidas de producción y distribución de recursos, resultaran conjuntamente saciables, conformarían un auténtico cuerpo de derechos individualmente exigibles. En ese caso, a la hora de diseñar su protección jurídica debe pensarse en quién tiene la legitimidad y la competencia técnica para lograr esos equilibrios económicos y poner en vigor las medidas correspondientes[26].

De esta forma, creo que puede afirmarse que no existe una razón económica definitiva para negar la eficacia jurídica de los derechos sociales de prestación ni, por tanto, su aptitud para definirse como derechos fundamentales. Es una cuestión de voluntad político-constitucional. De hecho, en la Constitución española, el derecho a la educación –típico derecho social de prestación- se encuentra reconocido entre los derechos fundamentales de máxima protección constitucional (art. 27.1), que incluye su garantía mediante el recurso de amparo ante el Tribunal Constitucional.

---

26 LAPORTA, F. J., "Los derechos sociales y su protección jurídica: introducción al problema", cit., pp. 304-306.

2.4. La fundamentalidad de los derechos sociales de prestación en la construcción de Robert Alexy.

Es interesante hacer una referencia a la construcción de Robert Alexy con respecto a la Constitución alemana. Como hemos visto, este autor distingue entre derechos sociales de prestación y derechos sociales de defensa. Puesto que los que él denomina derechos sociales de defensa (libertad sindical y derecho de huelga, básicamente) no plantean más problemas que los clásicos derechos civiles y políticos, nos referiremos aquí a los que el autor alemán llama derechos sociales de prestación.

Esta cuestión es planteada por Robert ALEXY en su obra *Teoría de los derechos fundamentales*[27]. Su construcción parte de la realidad constitucional alemana en la que existe un completo reconocimiento de los derechos civiles y políticos y una total ausencia de declaración de los derechos sociales de prestación. Por eso se pregunta "si y en qué medida a las disposiciones de derechos fundamentales deben adscribirse normas que confieren derechos a prestaciones en sentido amplio"[28]. Si se consigue adscribir derechos de prestación a los derechos fundamentales reconocidos y así lo reconoce la jurisprudencia constitucional, entonces aquellos serán verdaderos derechos fundamentales esgrimibles ante los Tribunales a partir de la Constitución.

Esta construcción doctrinal, consistente en adscribir derechos sociales no protegidos a derechos civiles y políticos que gozan de la máxima protección, ha sido utilizada por algunos

---

27 ALEXY, R., Teoría de los derechos fundamentales, ob. cit., pp. 419 y ss. Puede verse también, sobre esta cuestión: GOMES CANOTILHO, J. J. (1989) en "Tomemos en serio los derechos económicos, sociales y culturales", Revista del Centro de Estudios Constitucionales Núm. 1, p. 246.

28 ALEXY, R., Teoría de los derechos fundamentales, ob. cit., pp. 419-420.

tribunales, como el Tribunal Europeo de Derechos Humanos, como veremos más adelante[29]. Es lo que se viene denominando *protección indirecta de los derechos sociales.*

Alexy considera que los derechos a prestación en sentido amplio serán derechos fundamentales a prestaciones "sólo si se trata de derechos subjetivos y constitucionales"[30]. En tanto que derechos subjetivos, todos los derechos a prestaciones son relaciones trivalentes entre un titular de derecho fundamental, el Estado y una acción positiva del Estado. Si un titular de un derecho fundamental *(a)* tiene un derecho frente al Estado *(e)* a que éste realice la acción positiva *h*, entonces, el Estado tiene frente a *a* el deber de realizar *h*. Cada vez que existe una relación de Derecho Constitucional de este tipo entre un titular de un derecho fundamental y el Estado, el titular del derecho fundamental tiene competencia para imponer judicialmente el derecho[31].

Pues bien, en opinión del mismo autor, el hecho de que estos derechos gocen de imponibilidad (posibilidad de imponer judicialmente al Estado el cumplimiento de un deber) es compatible con el carácter de los derechos a prestaciones como derechos *prima facie* (derechos restringibles que, finalmente, pueden ceder ante otro bien o derecho en la necesaria ponderación (igual que los derechos de defensa)[32].

Es decir, tampoco los derechos de defensa son derechos absolutos. El derecho a la libertad de expresión, por ejemplo, podrá entrar en conflicto con otros derechos o bienes constitucionalmente protegidos (particularmente, con los derechos al honor y a la intimidad) y, en este caso, los operadores jurídi-

---

29 Vid., infra, epígrafe 2.1 del Capítulo III.

30 Ibidem, p. 430.

31 R. ALEXY, Teoría de los derechos fundamentales, ob. cit., pp. 430-431.

32 Ibidem., p. 431.

cos deberán realizar la necesaria ponderación para determinar cuál de los derechos en conflicto prevalece.

En el caso de los derechos sociales de prestación debemos preguntarnos, pues, con qué otros derechos o bienes pueden entrar en conflicto y cuál de los elementos de ese conflicto prevalecería en cada supuesto concreto.

Pero antes de plantearnos esta cuestión, es importante indagar sobre las razones que justificarían la consideración de los derechos sociales de prestación como derechos fundamentales constitucionalmente garantizados. Como quiera que en la Constitución alemana de 1949 no existe un reconocimiento expreso de estos derechos, Alexy trata de aportar argumentos para sustentar la fundamentalidad de los que denomina derechos a prestaciones en sentido estricto.

El principal argumento para apoyar esta tesis es el relativo a la libertad fáctica. Y así, en primer lugar, el autor considera que la libertad jurídica para hacer u omitir algo sin la libertad fáctica (real), es decir, sin la posibilidad fáctica de elegir entre lo permitido, carece de todo valor. En segundo lugar, estima que, bajo las condiciones de la moderna sociedad industrial, la libertad fáctica de un gran número de titulares de derechos fundamentales no encuentra su sustrato material en un "ámbito vital dominado por ellos", sino que depende esencialmente de actividades estatales de prestación[33].

En esta misma idea inciden también en España otros autores. Prieto Sanchís subraya que es el derecho al disfrute de las libertades lo que estimula una decisión pública a favor de la consecución de un nivel de vida para todos los titulares de esas libertades que permita transformar su titularidad formal

---

33 Ibidem., pp. 486-487.

en ejercicio real[34]. En el mismo sentido, Peces Barba advertía que todos los derechos fundamentales son derechos de libertad en cuanto pretenden crear las condiciones para el pleno desarrollo de la autonomía, ya que sólo se puede hablar de personas libres allí donde encontramos personas liberadas por la satisfacción de las necesidades[35].

Si concluimos, pues, que los derechos sociales de prestación son importantes para garantizar la libertad fáctica, necesaria para ejercer la libertad jurídica –verdadero principio inspirador de nuestras democracias- la siguiente cuestión sería determinar cuáles de estos derechos sociales de prestación merecen el calificativo de fundamentales. La enumeración de los derechos sociales de prestación puede ser muy extensa, puesto que, en este punto, las necesidades y las demandas humanas son potencialmente ilimitadas[36]. Ahora bien, no todas estas demandas merecen ser consideradas derechos fundamentales según nuestra concepción actual (a sabiendas de que esta posible enumeración puede ampliarse en el futuro).

Alexy propone un criterio para determinar cuáles de estos derechos sociales de prestación merecen ser calificados de fundamentales. Ahora bien, se trata de un criterio formal: "A cada uno le corresponden las posiciones de prestaciones jurídicas como derechos fundamentales sociales que, desde el punto de vista del Derecho Constitucional, son tan importantes que su otorgamiento o no otorgamiento no puede quedar en manos

---

34 PRIETO SANCHÍS, L., Estudios sobre derechos fundamentales, ob. cit., pp. 47-48.

35 PECES-BARBA MARTÍNEZ, G., *Curso de Derechos Fundamentales,* ob. cit., p. 247.

36 Para un intento de fundamentación de los derechos desde las necesidades, vid. AÑÓN ROIG, M. J. (1994), Necesidades y derechos, Centro de Estudios Constitucionales, Madrid.

de la simple mayoría parlamentaria"[37]. Este criterio formal sería compatible con varias concepciones materiales de los derechos sociales de prestación. El autor considera que la labor de determinar cuáles son estos derechos corresponde a la dogmática de cada derecho en concreto (y cabe pensar que esta dogmática tendría en cuenta la importancia que se concede al derecho en la conciencia social dominante en cada tiempo y lugar).

De esta forma, se podría determinar cuáles son los derechos sociales de prestación que han de considerarse derechos fundamentales y, por tanto, exigibles ante los tribunales desde la propia Constitución. Ahora bien, como ya se advirtió antes, estos derechos pueden entrar en colisión con otros derechos o bienes constitucionalmente garantizados. Uno de los principios constitucionales que pueden entrar en conflicto con los derechos sociales de prestación es la distribución de competencias entre el legislador y el Tribunal Constitucional (la política social es competencia del legislador), máxime teniendo en cuenta los efectos financieros de los derechos sociales de prestación. Si el Tribunal Constitucional pudiese determinar cuál es el deber concreto del Estado en cada uno de estos derechos, la política presupuestaria quedaría en manos de este Tribunal[38]. Pero los derechos sociales de prestación podrían entrar en conflicto también con otros derechos constitucionales, especialmente, derechos de defensa y con otros bienes colectivos.

Así considerados, los derechos sociales de prestación (al menos, algunos de ellos) pueden considerarse derechos fundamentales si están reconocidos en las Constituciones con plena eficacia jurídica (en algunos casos, también podrían deducirse de otras normas constitucionales que enuncien derechos o

---

37 ALEXY, R., Teoría de los derechos fundamentales, ob. cit., p. 494.

38 Ibidem., p. 491.

principios). El modelo de justiciabilidad presentado aquí –siguiendo la construcción de Alexy- es un modelo de ponderación, igual que el utilizado para los derechos de defensa. Es característico de todos los modelos de ponderación que el contenido de los derechos *prima facie* es mayor que el contenido de los derechos definitivos. O, dicho de otra forma, los deberes *prima facie* del Estado correlativos a esos derechos son inferiores a los deberes definitivos. Es, precisamente, a través de la ponderación, como los derechos *prima facie* se convierten en derechos definitivos.

De acuerdo con el modelo, la cuestión acerca de cuáles son los derechos fundamentales sociales que el individuo posee definitivamente es una cuestión de ponderación de principios. El individuo tiene un derecho definitivo a la prestación cuando el principio de la libertad fáctica tiene un peso mayor que los principios formales y materiales opuestos tomados en su conjunto. Para Alexy esta condición se da en los que denomina "derechos fundamentales sociales mínimos" y cita, como ejemplos, el derecho a un mínimo vital, a una vivienda simple, a la educación escolar, a la formación profesional y a un nivel estándar mínimo de asistencia médica[39].

Ahora bien, el hecho de considerar estos derechos mínimos como derechos definitivos (que han superado el test de su ponderación con otros bienes y derechos) no implica por sí solo que estos derechos sean plenamente eficaces en una sociedad (en realidad, ningún derecho lo es). El problema que se plantea sigue siendo el de su justiciabilidad, problema agravado en Alemania donde, al no existir una declaración constitucional expresa de los derechos sociales de prestación, hay que adscribir estos derechos a otras normas y principios constitucionales,

---

39 Ibidem., pp. 494-495.

como el principio de Estado social o el derecho a la dignidad humana.

Aun así, considera Alexy que el Tribunal Constitucional tiene un importante papel en la justiciabilidad y eficacia de estos derechos. El Tribunal Constitucional podría controlar si, a la luz de los principios opuestos, el deber *prima facie* del Estado correlativo a cada derecho ha sido satisfecho de manera suficiente o no[40].

Ahora bien, lo más común es que la vulneración del derecho de prestación proceda, no ya de una actuación de los poderes públicos, sino, más bien, de una omisión, especialmente, legislativa. Pues incluso frente a las omisiones legislativas, el Tribunal Constitucional tiene unas posibilidades de actuación que van desde la mera constatación de una violación de la Constitución, a través de la fijación de un plazo dentro del cual debe llevarse a cabo una legislación acorde con la Constitución, hasta la formulación judicial directa de lo ordenado por la Constitución[41].

---

40 ALEXY cita tres Sentencias del Tribunal Constitucional Federal Alemán (BverfGE 1, 97; BverfGE 43, 291 y BverfGE 35, 79) en las que se dilucida sobre la existencia de derechos prestacionales. ALEXY, R., Teoría de los derechos fundamentales, ob. cit., pp. 421 y ss.

41 Ibidem., pp. 496-497, donde el autor cita varias Sentencias que hacen uso de estas posibilidades. Sobre la inconstitucionalidad por omisión como cauce para la protección de los derechos sociales de prestación, puede verse, en castellano, FERNÁNDEZ SEGADO, F. (1996), "La inconstitucionalidad por omisión: ¿cauce de tutela de los derechos de naturaleza socioeconómica?", en IGLESIAS PRADA, J. L. (coord.), Estudios jurídicos en homenaje al profesor Aurelio Menéndez, vol. I, Civitas, Madrid. Sobre la inconstitucionalidad por omisión en general, puede verse: FERNÁNDEZ RODRÍGUEZ, J. J. (1998), La inconstitucionalidad por omisión. Teoría general. Derecho comparado, el caso español, Civitas, Madrid; VILLAVERDE MENÉNEZ, I. (1997), La inconstitucionalidad por omisión, McGraw Hill, Madrid y GÓMEZ PUENTE, M. (1997), La inactividad del legislador: una realidad susceptible de control, McGraw Hill, Madrid. Vid, también, CARMONA CUENCA, E. (1992), "Las

Este modelo se podría trasladar a la Constitución española y, en concreto, al derecho a la protección social.

2.5. La relatividad de la distinción entre derechos civiles y políticos y derechos sociales en base a su estructura

Hasta aquí hemos partido de la construcción doctrinal según la cual es posible clasificar los derechos humanos según su estructura, es decir, según el carácter de la obligación que generan en el Estado. De esta forma, algunos derechos generarían una obligación negativa del Estado (la mayoría de los derechos civiles y políticos) y otros darían lugar a una obligación positiva del Estado (la mayoría de los derechos económicos, sociales y culturales).

Pero algunos autores ponen de manifiesto la relatividad de la distinción entre derechos civiles y políticos, por un lado, y derechos económicos y sociales, por otro, si esta distinción se basa en que los derechos civiles y políticos son mayoritariamente derechos de defensa y los sociales son mayoritariamente derechos de prestación[42]. La distinción ha servido tradicionalmente para sostener la falta de justiciabilidad de los derechos económicos, sociales y culturales por cuanto exigen, para su eficacia, el cumplimiento de obligaciones positivas del Estado, que suponen importantes gastos con cargo al erario público (derecho a la educación, a la protección de la salud o a la vivienda). Por el contrario, los derechos civiles y políticos sí serían justiciables porque, para su eficacia, basta con el cumplimiento de determinadas obligaciones negativas del Estado, basta con el Estado no interfiera en el disfrute de estos dere-

normas constitucionales de contenido social: Delimitación y problemática de su eficacia jurídica", Revista de Estudios Políticos núm. 76.

42 Vid., por ejemplo, ABRAMOVICH, V. y COURTIS, C. (2004), Los derechos sociales como derechos exigibles, Trotta, Madrid (2ª edición), p. 20.

chos (derecho a la vida, a la libertad personal, a la libertad de expresión, etc.).

Estos autores defienden que tanto los derechos civiles y políticos como los derechos económicos y sociales generan obligaciones negativas y positivas que debe cumplir el Estado[43]. Así, para la plena efectividad de derechos como la vida, la libertad o la propiedad privada, el Estado no debe limitarse solamente a no interferir, sino que, además, debe crear y costear una estructura policial y judicial para garantizar que estos derechos no sean vulnerados por otros particulares. Y, del mismo modo, para la plena eficacia de los derechos económicos y sociales no es suficiente con que el Estado realice una prestación económica, sino que, además, es necesario que no perturbe el disfrute de la educación, la salud o la vivienda con actuaciones como la emisión de contaminaciones tóxicas o los desahucios sin garantías. Desde este punto de vista, las diferencias entre derechos civiles y políticos y derechos económicos y sociales son diferencias de grado, más que diferencias sustanciales.

En esta línea de pensamiento, autores como Van Hoof[44] o Eide[45] proponen una construcción doctrinal consistente en la determinación de varios "niveles" de obligaciones estatales, que caracterizarían el complejo que identifica cada derecho, independientemente de su adscripción al bloque de derechos

---

43 ABRAMOVICH, V. y COURTIS, C., Los derechos sociales como derechos exigibles, ob. cit., p. 23.

44 VAN HOOF, G. H. J. (1984), "The Legal Nature of Economic, Social and Cultural Rights: A Rebuttal of Some Traditional Views" en ALSTON, P. y TOMASEVSKI, K. (Eds.), The Right to Food, Martinus Nijhoff, Utrecht, p. 99.

45 EIDE, A. (1995), "Economic, Social and Cultural Rights as Human Rights", en EIDE, A; KRAUSE, C. y ROSAS, A. (Eds.), Economic, Social and Cultural Rights, Martinus Nijhoff, Dordrecht-Boston-Londres, pp. 36-38 y EIDE, A. (1989), "Realización de los derechos económicos, sociales y culturales. Estrategia del nivel mínimo", Revista de la Comisión Internacional de Juristas N° 43.

civiles y políticos o al de derechos económicos, sociales y culturales. Esta construcción ha sido parcialmente asumida, como veremos más adelante, en el Derecho internacional de los derechos humanos. En concreto, la ha utilizado el Comité del Pacto Internacional de Derechos Económicos, Sociales y Culturales en varias de sus Observaciones Generales[46].

Según este esquema interpretativo, pueden distinguirse cuatro niveles de obligaciones derivadas de los derechos reconocidos en los tratados internacionales para los Estados que hayan ratificado dichos tratados: Obligaciones de *respetar*, de *proteger*, de *garantizar* y de *promover* el derecho en cuestión.

Las obligaciones de *respetar* consisten en el deber del Estado de no injerir, obstaculizar o impedir el acceso al goce de los bienes que constituyen el objeto del Derecho. Las obligaciones de *proteger* se traducen en el deber del Estado de impedir que terceros se injieran, obstaculicen o impidan el acceso a esos bienes. Las obligaciones de *garantizar* requieren del Estado que asegure que el titular del derecho acceda al bien cuando no puede hacerlo por sí mismo. Y, finalmente, las obligaciones de *promover* se definen como el deber de desarrollar condiciones para que los titulares del derecho accedan al bien[47].

Si esto es así ¿tiene sentido mantener dogmáticamente la distinción entre derechos civiles y políticos y derechos económicos y sociales? Y, sobre todo, ¿tiene sentido que esta distinción se utilice para dotar de diferente garantía a unos derechos y a otros -y más intensa la garantía de los derechos civiles y políticos-?[48]

---

[46] ABRAMOVICH, V. y COURTIS, C., Los derechos sociales como derechos exigibles, ob. cit., pp. 28-29, nota 24.

[47] Ibidem, pp. 27-31.

[48] Sobre esta cuestión puede verse CARMONA CUENCA, E. (2008): "¿Los derechos sociales de prestación son derechos fundamentales?", en VV.AA.,

En apoyo de una respuesta afirmativa, podríamos argumentar que entre los derechos civiles y políticos predominan las obligaciones negativas del Estado mientras que entre los derechos económicos y sociales predominan las obligaciones positivas, de prestación. Sin embargo, ésta no es una razón concluyente. La diferencia de régimen jurídico de garantía entre ambos tipos de derechos no puede deberse a una diferente estructura de los mismos pues, si aceptamos la construcción doctrinal expuesta, la estructura (esto es, el carácter de las obligaciones que generan en el Estado) es similar. En ambos tipos de derechos, el Estado (y otros sujetos obligados) tienen obligaciones positivas y negativas.

Podríamos hablar de un segundo tipo de razones: Por un lado, la génesis histórica de cada uno de los dos tipos de derechos es diferente: Los derechos civiles y políticos son el producto de las revoluciones liberales de finales del siglo XVIII y principios del siglo XIX en Europa y América, mientras que los derechos económicos y sociales responden a las reivindicaciones de las clases trabajadoras en las revoluciones sociales de mediados del siglo XIX y principios del siglo XX en los mismos continentes.

Este dato, con ser básicamente cierto, tampoco justificaría una diferencia de régimen jurídico de garantía de ambos tipos de derechos. Esta diferencia no puede deberse a su génesis histórica pues, una vez reconocidos por las normas jurídicas nacionales e internacionales, todos forman parte de los ordenamientos jurídicos.

El diferente régimen de garantía de derechos civiles y políticos, por un lado, y derechos económicos y sociales, por otro, se debe a una razón convencional, no esencial. Es decir, por regla

---

Estudios sobre la Constitución Española. Homenaje al Profesor Jordi Solé Tura, vol. II, Cortes Generales/CEPC, Madrid.

general y como hemos visto, cada uno de estos tipos de derechos está reconocido en un instrumento jurídico diferente, con un sistema de garantías diferente, más intenso para los derechos civiles y políticos y más débil para los derechos sociales. O, si todos los derechos están reconocidos en un mismo texto como, por ejemplo, en una Constitución, es frecuente que ese texto establezca sistemas de garantías distintos, más fuerte para los derechos civiles y políticos (como sucede en el art. 53 de la Constitución española).

¿Cuál es la razón de esta diferencia en los sistemas de garantías? Creo que se trata de una razón ideológica, nuestros sistemas políticos actuales parecen otorgar una importancia mayor a los derechos civiles y políticos que a los derechos sociales. No es sólo una razón de coste económico: La garantía de derechos como la libertad o la propiedad privada supone unos gastos elevados. Sin duda, la garantía de la protección de la salud o del derecho a la vivienda también, pero es difícil argumentar que estos derechos sean menos importantes para las personas que aquéllos. Es difícil justificar que los derechos sociales no sean exigencias de la dignidad humana tan perentorias como los derechos civiles y políticos.

De esta forma, nos encontramos con dos fórmulas que han sido utilizadas en la doctrina y en la jurisprudencia de tribunales y otros órganos de garantía internacionales y nacionales para dotar de eficacia a los derechos sociales.

Por un lado, se han garantizado derechos sociales que gozaban de menor protección adscribiendo su contenido a otros derechos civiles y políticos que sí estaban protegidos Así lo ha hecho, por ejemplo, el Tribunal Europeo de Derechos Humanos, como veremos más adelante[49], con respecto a derechos sociales no garantizados en el Convenio Europeo de Derechos

---

[49] Vid. infra, epígrafe 2.1 del Capítulo III.

Humanos, como el derecho a la protección de la salud, el derecho a la seguridad social y el derecho a la vivienda.

Por otro lado, ciertos órganos internacionales de defensa de los derechos sociales, como el Comité del Pacto Internacional de Derechos Económicos, Sociales y Culturales, han acudido a la construcción doctrinal que entiende que no hay diferencia sustancial entre los derechos civiles y políticos y los derechos sociales y en sus decisiones han establecido diversas obligaciones estatales derivadas de los derechos reconocidos en el mencionado Pacto. También me referiré a estas decisiones más adelante[50].

3. EL VALOR JURÍDICO INTERNO DE LOS TRATADOS INTERNACIONALES DE DERECHOS SOCIALES EN ESPAÑA

3.1. Introducción

En un análisis sobre la eficacia jurídica de los derechos sociales en nuestro ordenamiento y sobre su carácter (o no) de derechos fundamentales, es preciso hacer referencia a la vinculatoriedad de los tratados internacionales sobre derechos sociales ratificados por España.

Los principales tratados sobre derechos sociales que ha ratificado España son el Pacto Internacional de Derechos Económicos, Sociales y Culturales (PIDESC), aprobado en el ámbito de Naciones Unidas en 1966, los Convenios y otros documentos normativos de la Organización Internacional del Trabajo (OIT) y la Carta Social Europea, aprobada en el seno del Con-

---

50 Vid. infra, epígrafe 2.3 del Capítulo V.

sejo de Europa en 1961 y revisada en 1996. Esta Carta revisada (CSER) ha sido ratificada por España el 11 de junio de 2021 (BOE Núm. 139). Los órganos de control de estos tratados han dictado ya una abundante doctrina sobre los derechos reconocidos en estos textos. La principal interrogante que se plantea es la determinación del valor jurídico de estos tratados y de las decisiones de sus órganos de control en el ordenamiento jurídico interno. Por ello, debemos plantearnos, en primer lugar, y con carácter general, cuál es la posición jurídica del Derecho internacional de los derechos humanos en España.

3.2. La posición de los tratados internacionales de derechos humanos en el ordenamiento español

El valor normativo de los tratados internacionales en el ordenamiento jurídico español está establecido en el art. 96 CE:

> "Los tratados internacionales válidamente celebrados, una vez publicados oficialmente en España, formarán parte del ordenamiento interno. Sus disposiciones sólo podrán ser derogadas, modificadas o suspendidas en la forma prevista en los propios tratados o de acuerdo con las normas generales del Derecho internacional".

Igualmente, el art. 1.5 del Código Civil establece que los tratados, una vez publicados en el Boletín Oficial del Estado, son de aplicación directa en España y forman parte de su ordenamiento interno. Por lo tanto, no hay duda de que todos los poderes públicos, incluidos los jueces, deben aplicar los derechos reconocidos en los tratados internacionales[51].

Ahora bien, los tratados internacionales poseen un rango inferior a la Constitución. Así se deduce del art. 95 CE, que es-

---

[51] CANOSA USERA, R. (2015), El control de convencionalidad, Thomson Reuters/Aranzadi, Cizur Menor (Navarra), p. 91.

tablece que la celebración de un tratado que contenga estipulaciones contrarias a la Constitución exigirá la previa revisión constitucional. Igualmente, queda clara la supremacía de la Constitución en la Ley Orgánica 2/1979, de 3 de octubre, del Tribunal Constitucional (LOTC), que establece la posibilidad de un control previo (art. 78) o sucesivo (art. 27.2.c)[52] de los tratados por parte de este alto Tribunal.

En cuanto a la relación de los tratados con las leyes, ha habido discrepancias en la doctrina y la jurisprudencia. Lo que sí ha sido unánimemente admitido es que los tratados poseen fuerza pasiva frente a la ley parlamentaria, que no podrá modificarlos una vez incorporados al ordenamiento interno[53], según establece el citado art. 96 CE.

Esta polémica fue resuelta por el art. 31 de la Ley 25/2014, de 27 de noviembre, de tratados y otros acuerdos internacionales, que establece lo siguiente:

> "Las normas jurídicas contenidas en los tratados internacionales válidamente celebrados y publicados oficialmente prevalecerán sobre cualquier otra norma del ordenamiento interno en caso de conflicto con ellas, salvo las de rango constitucional".

Aun así, subsiste un problema: No existe un procedimiento para expulsar del ordenamiento las leyes contrarias a los tratados pues en España el único órgano que puede anular leyes es el Tribunal Constitucional. Y sólo puede hacerlo por contradecir la Constitución o las leyes que forman parte del "bloque de la constitucionalidad" del art. 28 LOTC (esto es, las normas que establecen el reparto de competencias entre el Estado y

---

52 Este precepto incluye, entre las normas susceptibles de control mediante los procedimientos de declaración de inconstitucionalidad -recurso y cuestión de inconstitucionalidad-, los tratados internacionales.

53 MATÍA PORTILLA, F.J. (2018), Los tratados internacionales y el principio democrático, Marcial Pons, Madrid, p. 127.

las Comunidades Autónomas)[54]. Sin embargo, por las razones que más adelante se expondrán, el contenido de los tratados internacionales sobre derechos humanos ratificados por España entra a formar parte del contenido esencial de los derechos reconocidos en la Constitución[55].

En la doctrina, hay autores que consideran que la relación entre tratados y leyes es de competencia y existen otros que afirman que los tratados poseen un rango supralegal[56]. También hay autores que defienden que los conflictos entre tratado y ley no deben resolverse mediante el principio de jerarquía (lo que traería como consecuencia la declaración de nulidad de la ley), sino sobre la aplicación preferente del tratado sobre la norma legal[57]. Finalmente, encontramos posturas que matizan más. Siguiendo a Ignacio de Otto, Paloma Requejo sugiere combinar el "criterio de validez" con "reglas de aplicación" y tener en cuenta el elemento cronológico/temporal. De esta forma, la relación entre los tratados y las leyes anteriores a ellos se construiría atendiendo a un criterio de validez, mientras que la relación entre los tratados y las leyes posteriores atendería a criterios de aplicabilidad. Los tratados del art. 93 CE y los del art. 94.1 CE cuya celebración requiere previa autorización de las Cortes Generales (entre ellos, los que afectan a los derechos y deberes fundamentales del Título I) derogarán las leyes anteriores con las que entren en contradicción[58]. Sin

---

54 ESCOBAR ROCA, G. (2017), El Derecho entre el poder y la justicia. Una introducción al sistema jurídico español, Tirant lo Blanch, Valencia, pp. 155-156.

55 Vid., infra, apartado 6.3 del Capítulo II.

56 Estos últimos son mayoría en la doctrina española. Así lo pone de manifiesto Raúl Canosa Usera, ob cit., 84-90.

57 MATÍA PORTILLA, F.J., Los tratados internacionales..., ob. cit., p. 121.

58 No sucedería lo mismo, en opinión de Paloma Requejo, con los tratados del art. 94.2 CE, que no precisan autorización previa de las Cortes, sino que basta la mera comunicación posterior al Congreso y al Senado. Si estos tra-

embargo, cuando una ley contradice un tratado anterior, sea de la clase que sea, no podrá derogarlo puesto que, como establece el art. 96 CE, éste sólo podrá ser derogado, modificado o suspendido "en la forma prevista en los propios tratados o en el Derecho internacional general". En este caso, Requejo afirma que se aplicará el tratado, que es la norma que prevalece, y la ley posterior no será nula, sino tan sólo inaplicable[59].

En cuanto a la jurisprudencia, el Tribunal Supremo ha afirmado que los tratados internacionales, en caso de contradicción, tienen primacía sobre las fuentes internas[60], mientras que el Tribunal Constitucional (TCE) no se había pronunciado claramente sobre esta cuestión hasta fechas recientes. En algunas sentencias había considerado que la selección de las fuentes aplicables (tratado o ley) correspondía a los tribunales ordinarios[61], pero en otras había afirmado que existe una prevalencia de los tratados sobre las leyes[62]. La cuestión quedó resuelta en la STC 140/2018, de 20 de diciembre, que en su Fundamento Jurídico 6 afirma:

> "Ello supone que, en aplicación de la prescripción contenida en el artículo 96 CE, cualquier juez ordinario puede desplazar la aplicación de una norma interna con rango de ley para aplicar de modo preferente la disposición contenida en un tratado internacional, sin que de tal desplazamiento derive la

---

tados contradicen una ley anterior deberían considerarse inconstitucionales puesto que, al modificar una ley previa, deberían haberse tramitado con la autorización previa de las Cortes, según establece el mismo art. 94.2 CE en su apartado e). Vid. REQUEJO RODRÍGUEZ, P. (2018), La internacionalización del orden constitucional: Los derechos fundamentales, Marcial Pons, Madrid, pp. 17-18.

59 REQUEJO RODRÍGUEZ, P., La internacionalización del orden constitucional..., ob. cit., pp. 17-18.

60 STS de 28 de julio de 2000 (FJ 1) (Sala de lo Civil).

61 STC 87/2000, de 27 de marzo (FJ 5), entre otras.

62 STC 36/1991, de 14 de febrero, (FJ 5).

> expulsión de la norma interna del ordenamiento, como resulta obvio, sino su mera inaplicación al caso concreto".

Esa inaplicación no supone un juicio de validez de la norma interna. El Tribunal Constitucional se reserva el control posterior de la decisión del juez ordinario:

> "En suma, el análisis de convencionalidad que tiene cabida en nuestro ordenamiento constitucional no es un juicio de validez de la norma interna o de constitucionalidad mediata de la misma, sino un mero juicio de aplicabilidad de disposiciones normativas; de selección de derecho aplicable, que queda, en principio, extramuros de las competencias del Tribunal Constitucional que podrá, no obstante, y en todo caso por la vía procesal que se pone a su alcance a través del recurso de amparo constitucional, revisar la selección del derecho formulada por los jueces ordinarios en determinadas circunstancias bajo el parámetro del artículo 24.1 CE".

De esta jurisprudencia podemos deducir la legitimación de un *control difuso de la convencionalidad* en España. Es decir, que los jueces y tribunales ordinarios pueden controlar si las leyes internas son o no conformes con los tratados internacionales ratificados por España, con la consecuencia de inaplicar las leyes que contradigan esos tratados[63]. Este control podría ser corregido posteriormente por el propio Tribunal Constitucional.

Aunque, en la práctica, los tribunales ordinarios españoles no suelen hacer uso de esta posibilidad, podemos encontrar

---

[63] Vid. JIMENA QUESADA, L. (2019), "La consagración del control de convencionalidad por la Jurisdicción Constitucional en España y su impacto en materia de derechos socio-laborales. Comentario a la STC 140/2018, de 20 de diciembre", Revista General de Derecho del Trabajo y de la Seguridad Social, No. 53. Vid. también MATÍA PORTILLA, F.J., Los tratados internacionales..., ob cit., p. 128. Aunque él no es partidario de reconocer la legitimidad del control de convencionalidad difuso en España, Raúl Canosa expone brillantemente los argumentos a favor en CANOSA USERA, R., El control de convencionalidad, ob. cit., pp. 105 y ss.

algunas notables excepciones. Los casos más elocuentes han sido cuatro sentencias de jueces de primera instancia de lo social[64] que, invocando los arts. 96.1 y 9.3 CE (que consagra la jerarquía normativa), dejaron de aplicar la norma legal interna por entenderla contraria a la Carta Social Europea, tal y como había sido interpretada por el Comité Europeo de Derechos Sociales. Sobre esta importantísima cuestión volveremos al tratar la aplicación de la CSE por la Jurisdicción ordinaria en España[65].

3.3. El art. 10.2 CE y la interpretación de los derechos constitucionales

Por otra parte, la Constitución incluye un precepto que, en su momento, fue novedoso[66] y que después ha servido de inspiración en otros ordenamientos constitucionales, especialmente en Latinoamérica. Se trata del art. 10.2 CE:

> "Las normas relativas a los derechos fundamentales y a las libertades que la Constitución reconoce se interpretarán de conformidad con la Declaración Universal de Derechos Humanos y los tratados y acuerdos internacionales sobre las mismas materias ratificados por España".

Este precepto otorga un papel especial en el ordenamiento español a los tratados internacionales sobre derechos humanos. De acuerdo con él, las normas relativas a los derechos fundamentales reconocidos en la Constitución se interpretarán de conformidad con los tratados internacionales sobre derechos

---

64 Sentencias de los Juzgados de lo Social nº 2 de Barcelona, de 19 de noviembre de 2013; nº 1 de Tarragona, de 2 de abril de 2014; nº 1 de Mataró, de 27 de abril de 2014, y nº 1 de Toledo de 27 de noviembre de 2014.

65 En el epígrafe 3.9 del Capítulo III.

66 Tras el precedente del art. 16 de la Constitución portuguesa de 1976.

humanos ratificados por España. Numerosos trabajos han estudiado las implicaciones que ha tenido este precepto con respecto a la eficacia jurídica de todos los tratados internacionales de derechos humanos en nuestro país[67]. En ellos se ha puesto de manifiesto la diferencia entre el art. 96 CE y el art. 10.2 CE. El primero se refiere a cualquier tratado internacional mien-

---

67 Aunque ha publicado un trabajo posterior, sigue siendo referencia obligada el libro de Alejandro SÁIZ ARNÁIZ (1999), La apertura constitucional al Derecho internacional europeo de los derechos humanos. El artículo 10.2 de la Constitución española, Consejo General del Poder Judicial, Madrid. Otros trabajos sobre el art. 10.2 CE son: APARICIO PÉREZ, M.A. (1986), "La cláusula interpretativa del art. 10.2 de la Constitución española como cláusula de integración y apertura constitucional a los derechos fundamentales", Jueces para la Democracia núm. 6, 1986; CASTELLÁ ANDREU, J.M. (2001), "El art. 10.2 de la Constitución como canon de interpretación de los derechos fundamentales", en APARICIO PEREZ, M.A. (Coord.), Derechos constitucionales y pluralidad de ordenamientos, CEDECS, Barcelona; FERNÁNDEZ TORRES, J.R. (1991), "El control del Derecho interno que infrinja el Derecho comunitario europeo y el alcance del art. 10.2 CE en la jurisprudencia del Tribunal Constitucional", Revista Española de Derecho Administrativo núm. 72; LIÑÁN NOGUERAS, D.J. (2005), "Efectos de las sentencias del Tribunal Europeo de Derechos Humanos y Derecho español", Revista española de Derecho internacional, vol. 37, núm. 2, 2005; MATÍA PORTILLA, F.J. (2012), "¿Hay un derecho fundamental al silencio? Sobre los límites del artículo 10.2 CE", Revista Española de Derecho Constitucional núm. 94; REY MARTÍNEZ, F. (1989), "El criterio interpretativo de los derechos fundamentales conforme a normas internacionales (Análisis del art. 10.2 CE)", Revista General de Derecho núm. 537; SÁIZ ARNÁIZ, A. (2008), "Art. 10.2. La interpretación de los derechos fundamentales y los tratados internacionales sobre derechos humanos", en CASAS BAHAMONDE, M.E. y RODRÍGUEZ-PIÑERO y BRAVO-FERRER, M., Comentarios a la Constitución española. XXX Aniversario, Wolters Kluwer, Madrid, y SANTOLAYA, P. (2013), "La apertura de las Constituciones a su interpretación conforme a los tratados internacionales", en FERRER MAC-GREGOR, E. y HERRERA GARCÍA, A. (Coords.), Diálogo jurisprudencial en derechos humanos entre Tribunales Constitucionales y Cortes Internacionales, Tirant lo Blanch, Valencia.

tras que el segundo se circunscribe a los tratados cuyo contenido se vincula a los derechos reconocidos en la Constitución. Además, mientras que el art. 96 CE supone una apertura al exterior del ordenamiento jurídico español en su conjunto, el art. 10.2 CE es algo más que eso, puesto que su apertura alcanza a la propia Constitución y, en concreto, a sus normas sobre derechos y libertades. Con ello se produce la "internacionalización" del orden constitucional[68].

Sin embargo, creo que, en puridad, el precepto no hubiera sido necesario. Es decir, aunque la Constitución no estableciera la obligatoriedad de una "interpretación conforme", esta interpretación se deduciría de la propia ratificación por España de los tratados internacionales de Derechos Humanos y de su valor en el ordenamiento interno[69]. Esto está especialmente claro por lo que se refiere al CEDH, en virtud del sometimiento de nuestro país a la jurisdicción del TEDH[70]. En la doctrina se ha hablado del "efecto de cosa interpretada" de todas las sentencias del TEDH en todos los Estados parte del Convenio[71].

Para aclarar las implicaciones del art. 10.2 CE en general, es interesante analizar la jurisprudencia del Tribunal Constitucional y la doctrina:

---

68 Citando abundante doctrina, lo recuerda Paloma Requejo. Vid. REQUEJO RODRÍGUEZ, P., La internacionalización..., ob. cit., pp. 18-19.

69 Vid. epígrafe anterior.

70 CARMONA CUENCA, E. y TURTURRO PÉREZ DE LOS COBOS, S., "The 'indirect constitutionalization' of international human rights law in Spain", cit.

71 Como afirma Argelia Queralt, la vinculatoriedad interpretativa de todas las sentencias del TEDH es un elemento indispensable para la supervivencia del Sistema Europeo de Derechos Humanos. Si un juez interno se aparta de los estándares fijados por el Tribunal de Estrasburgo, podrá provocar una nueva sentencia condenatoria de este contra su Estado. Vid. QUERALT JIMÉNEZ, A. (2008), La interpretación de los derechos: del Tribunal de Estrasburgo al Tribunal Constitucional, Centro de Estudios Políticos y Constitucionales, Madrid.

1.- El TCE ha afirmado que el art. 10.2 CE establece una verdadera obligación de todos los poderes públicos de interpretar los derechos constitucionales de conformidad con los tratados internacionales de derechos humanos, no se trata de algo potestativo[72]. En caso de incumplimiento de esta obligación, se vería vulnerado el mismo derecho fundamental que el poder público en cuestión se ha negado a interpretar de acuerdo a los tratados[73].

2.- Ahora bien, los estándares internacionales garantizan un mínimo de protección. Es posible que el Estado asegure una protección mayor del derecho fundamental. Así se deduce, en particular, del art. 53 CEDH[74].

3.- Sobre cuáles son los "derechos fundamentales" a los que se refiere el art. 10.2 CE y que, por tanto, deben ser interpretados de conformidad con los tratados, ha habido disenso en la doctrina. Algunos autores han sostenido que este precepto sólo se aplica a los derechos contenidos en el Capítulo Segundo del Título I (ambas Secciones), mientras que otros afirman que todos los derechos del Título I deben ser interpretados conforme a las normas internacionales de derechos humanos[75].

El TCE ha mantenido una posición cambiante. En la Sentencia 36/1991, de 14 de febrero, (FJ 5) afirmó que los efectos previstos en el art. 10.2 CE se refieren a los derechos del Capítulo Segundo del Título I. Sin embargo, posteriormente, de forma reiterada en varias Sentencias, ha aplicado la regla interpretativa del art. 10.2 CE a otros derechos constitucionales no incluidos en ese Capítulo. Así lo ha hecho con el derecho

---

72 STC 236/2007, de 7 de noviembre (FJ 5).

73 Así lo afirma expresamente la STC 36/1991, de 14 de febrero (FJ5).

74 SANTOLAYA, P., "La apertura de las Constituciones...", cit., p. 450.

75 REQUEJO RODRÍGUEZ, P., ob cit., p. 26.

a la lengua el art. 3 CE[76], al derecho a la seguridad social del art. 41 CE[77], al derecho al medio ambiente del art. 45 CE[78] o la protección de la familia y los hijos del art. 39 CE[79], derechos que gozan de una protección limitada en nuestra Norma Fundamental y no son protegibles mediante el recurso de amparo ante el TCE.

Cuando esta jurisprudencia parecía consolidada, la STC 32/2019, de 28 de febrero, la contradice abiertamente. En ella, el Tribunal Constitucional considera que el art. 10.2 CE no puede ser aplicado al art. 47 CE (derecho a una vivienda digna y adecuada) porque este precepto no enuncia un derecho fundamental, sino "un mandato o directriz constitucional que ha de informar la actuación de todos los poderes públicos". Esta contradicción ha sido puesta de manifiesto por un interesante Voto Particular.

Los Principios Rectores del Capítulo III del Título I CE forman parte claramente de "las normas relativas a los derechos fundamentales y a las libertades que la Constitución reconoce". La jurisprudencia anterior a esta Sentencia incluía estos preceptos entre los que deben ser interpretados, según establece el art. 10.2 CE, de conformidad con el Derecho internacional sobre derechos humanos. La exclusión de los Principios Rectores de esta regla interpretativa, además de contradecir la jurisprudencia consolidada del Tribunal, aparece como una conclusión forzada e inexplicable desde una visión coherente

---

[76] ATC 166/2005, de 19 de abril (FJ 4).

[77] STC 206/1997, de 27 de noviembre (FJ 5).

[78] En la STC 199/1996, de 3 de diciembre, (FJ 2) el Tribunal interpreta el derecho al medio ambiente del art. 45 CE acuerdo con la jurisprudencia del TEDH (aunque sin mencionar el art. 10.2 CE) Y en la STC 247/2007, de 12 de diciembre (FJ 20) admite la posibilidad de interpretar el mismo derecho de conformidad con tratados internacionales sobre la materia.

[79] STC 198/2012, de 14 de febrero, (FJ 5).

de nuestro ordenamiento jurídico contemplado en su conjunto (lo que incluye también los tratados internacionales ratificados por España). Por tanto, a pesar de la STC 32/2019, podemos afirmar que los derechos sociales reconocidos en la Constitución, incluso entre los Principios Rectores, han de ser interpretados conforme a los tratados internacionales sobre esta materia ratificados por España y, en concreto, conforme al PIDESC, al CEDH, a la Carta Social Europea y a las normas de la OIT, fundamentalmente. A todos ellos nos referiremos en este trabajo.

4.- La expresión "normas relativas a" del art. 10.2 CE incluye no sólo las normas constitucionales. La interpretación internacionalmente conforme debe extenderse a todas las normas sobre los derechos fundamentales, incluidas las leyes de desarrollo[80].

5.- En cuanto al significado de la expresión "tratados y acuerdos internacionales sobre las mismas materias ratificados por España", el TCE ha afirmado que la misma incluye, no sólo los tratados referidos directamente al reconocimiento y garantía de derechos, sino también otros tratados que regulen materias relacionadas con aquéllos[81]. Incluso, en alguna ocasión, el TCE ha invocado tratados internacionales que no estaban ratificados por España para utilizarlos como canon interpretativo de las normas internas sobre derechos fundamentales[82].

Y, por supuesto, el TCE ha considerado que el CEDH ocupa un lugar especial[83] en ese "bloque de interpretación

---

80 STC 78/1982, de 20 de diciembre (FJ 4). Vid., también, ARZOZ SANTISTEBAN, X. (2014), La concretización y actualización de los derechos fundamentales, Centro de Estudios Políticos y Constitucionales, Madrid, 195.

81 ARZOZ SANTISTEBAN, X., La concretización…, ob. cit., 165.

82 Así, por ejemplo, el TC ha utilizado el Protocolo nº 7 del CEDH antes de ser ratificado por España en la STC 64/2001, de 17 de marzo (FJ 5).

83 STC 245/1991, de 16 de diciembre (FJ 3).

conforme"[84] al que se refiere el art. 10.2 CE, en el que está también incluida la jurisprudencia del TEDH[85].

6.- El TCE y la doctrina mayoritaria han afirmado que el art. 10.2 CE no permite crear nuevos derechos fundamentales ni convertir en tales lo que, en la Constitución española, son sólo "mandatos de optimización" o "principios rectores"[86]. Sólo la Constitución y no los tratados internacionales crean derechos fundamentales[87].

7.- Ahora bien, el art. 10.2 CE sí puede servir para añadir nuevos contenidos a los derechos reconocidos en la Constitución. Así, por ejemplo, en la STC 37/2011, de 28 de marzo, se crea un derecho fundamental del paciente al consentimiento informado, ampliando el contenido del derecho a la vida del art. 15 CE, mediante la interpretación que el TEDH ha hecho del art. 3 CEDH[88]. Y en la STC 119/2001, de 24 de mayo, siguiendo la interpretación que el TEDH hace del art. 8 CEDH[89], se reconoce un derecho a la protección frente al ruido excesivo en el domicilio, como una extensión del derecho a la intimidad familiar del art. 18.1 CE.

En la doctrina se ha puesto de manifiesto que la diferencia entre reconocer nuevos derechos o nuevos contenidos de derechos existentes es muy sutil. Es como la diferencia entre crear

---

84 En expresión de Xavier ARZOZ SANTISTEBAN, La concretización..., ob. cit., 167.

85 SSTC 36/1984, de 14 de marzo (FJ 3) y 114/1984, de 29 de noviembre (FJ 3).

86 SANTOLAYA, P., "La apertura de las constituciones...", cit., 450.

87 STC 64/1991, de 22 de marzo (FJ 4).

88 SSTEDH de 24 de septiembre de 1992, caso Herczegfalvy v. Austria, y de 29 de abril de 2002, caso Pretty v. Reino Unido.

89 SSTEH de 21 de febrero de 1990, caso Powell y Rayner v. Reino Unido; de 9 de diciembre de 1994, caso López Ostra v. España, y de 19 de febrero de 1998, caso Guerra y otros v. Italia.

e interpretar derechos. Pero ambas actividades son fases de un mismo proceso jurídico y no pueden disociarse en un entorno de cláusulas constitucionales y convencionales abiertas y en continua relación[90]. Cuando se interpreta, además de aclarar el contenido de la norma constitucional, también se concreta su contenido. Es asumido comúnmente en la doctrina que la interpretación consiste en la atribución de significado a un enunciado normativo[91]. Y la interpretación que impone el art. 10.2 CE es esencial. A este respecto, Rubio Llorente advertía que "los elementos que el tratado introduce en el contenido de los derechos no son 'facultades adicionales' de las que el legislador puede prescindir, sino parte del contenido mínimo del derecho que el legislador ha de respetar"[92]

Por estas razones, algunos autores han hablado de la "constitucionalización indirecta" de los tratados internacionales y, en especial, del CEDH, en el ordenamiento español[93].

3.4. *El valor jurídico interno de las decisiones de los órganos de garantía de los tratados internacionales de derechos humanos*

Los Comités *ad hoc* creados para la garantía de los tratados de derechos humanos de Naciones Unidas y del Consejo de Europa adoptan distintos tipos de decisiones que tienen una

---

[90] GARCÍA ROCA, J. y NOGUEIRA ALCALÁ, H. (2017), "El impacto de las sentencias europeas e interamericanas: valor de precedente e interpretación vinculante" en: GARCÍA ROCA, J. y CARMONA CUENCA, E. (Eds.), ¿Hacia una globalización de los derechos? El impacto de las sentencias del Tribunal Europeo y de la Corte Interamericana, Thomson Reuters Aranzadi, Cizur Menor (Navarra), p. 82.

[91] SÁIZ ARNÁIZ, A., La apertura constitucional…, ob. cit., p. 226.

[92] RUBIO LLORENTE, F. (1997), "Los derechos fundamentales. Evolución, fuentes y titulares en España", Claves de la Razón Práctica Num. 75, p. 6.

[93] SÁIZ ARNÁIZ, A., La apertura constitucional…, ob. cit., p. 150.

importancia decisiva en la interpretación de estos tratados (informes, recomendaciones, observaciones generales, dictámenes...). Estas decisiones aclaran el sentido y alcance de los derechos reconocidos en los tratados y, por tanto, las obligaciones de los Estados parte.

Especial relevancia adquieren los dictámenes que algunos Comités pueden realizar cuando admiten la posibilidad de presentación de quejas o comunicaciones individuales. El Comité de Derechos Humanos (CDH), órgano de garantía del Pacto Internacional de Derechos Civiles y Políticos (PIDCP), es un ejemplo paradigmático y, en la práctica, funciona como un órgano cuasi-jurisdiccional. En España, la doctrina ha afirmado que sus decisiones conforman una "especie de jurisprudencia"[94] y que realizan una importante labor de interpretación de las disposiciones del PIDCP y de su concreción en supuestos concretos. Todo ello hace que estas decisiones deban ser un punto de referencia muy valioso para los tribunales y para todos los poderes públicos de los Estados parte del Pacto[95].

Por otra parte, la mayoría de la doctrina considera que, aunque las decisiones de los órganos de garantía de los tratados internacionales de derechos humanos no tengan carácter judicial, sí constituyen la interpretación autorizada de dichos

---

94 Esta expresión fue utilizada por Juan Antonio CARRILLO SALCEDO en Soberanía de los Estados y derechos humanos en el Derecho internacional contemporáneo (Tecnos, Madrid, 1995) p. 168. Fue recogida por Alejandro SAIZ ARNÁIZ en La apertura constitucional..., ob. cit., p. 128. Y más recientemente ha sido usada por Cesáreo GUTIÉRREZ ESPADA en "La aplicación en España de las opiniones de Comités internacionales: La STS 1263/2018, un importante punto de inflexión", en Cuadernos de Derecho Transnacional (Octubre 2018), Vol. 10, Nº 2, p. 845.

95 SÁIZ ARNÁIZ, A., La apertura constitucional..., ob. cit., pp. 129 y ss.

tratados y son vinculantes para los Estados parte, estableciendo obligaciones que éstos deben cumplir[96].

Sin embargo, durante mucho tiempo, los tribunales españoles pusieron en duda la vinculatoriedad de los dictámenes de los Comités internacionales de derechos humanos. A este respecto, es muy significativa la polémica surgida en España a raíz de varios Dictámenes del CDH en los que se condenaba a España por la vulneración del art. 14.5 PIDCP[97], al entender que el ordenamiento español no garantizaba en todos los casos el derecho a la doble instancia penal. El TCE, en su Sentencia 70/2002, de 3 de abril, afirmó textualmente que:

> "Ha de tenerse en cuenta que las "observaciones" que en forma de dictamen emite el Comité no son resoluciones judiciales, puesto que el Comité no tiene facultades jurisdiccionales (...), y sus dictámenes no pueden constituir la interpretación auténtica del Pacto, dado que, en ningún momento, ni el Pacto ni el Protocolo facultativo le otorgan tal competencia".

Sin embargo, el mismo Tribunal afirmó en una Sentencia posterior[98] que:

---

96 En este sentido, se pronuncian claramente los autores del libro: FERNANDEZ DE CASADEVANTE ROMANÍ, C. (Coord.) (2019), Los efectos jurídicos en España de las decisiones de los órganos internacionales de control en materia de derechos humanos de naturaleza no jurisdiccional, Dykinson, Madrid. Vid. también, TRINIDAD NÚÑEZ, P. (1999), "La aplicación judicial en España de las decisiones de los órganos de base convencional de supervisión de los derechos humanos creados en el seno de Naciones Unidas", en MARIÑO MENÉNDEZ, F., La aplicación del Derecho Internacional de los Derechos Humanos en el Derecho Español, Universidad Carlos III de Madrid/BOE, Madrid, pp. 343-344.

97 El primero de estos Dictámenes es de fecha 20 de julio de 2000.

98 STC 116/2006, de 24 de abril (FJ 5). Finalmente, el Estado español garantizó la doble instancia penal en todos los supuestos mediante la reforma de la Ley de Enjuiciamiento Criminal operada por la Ley 41/2015, de 5 de octubre.

"Ahora bien, el que los dictámenes del Comité no sean resoluciones judiciales, no tengan fuerza ejecutoria directa y no resulte posible su equiparación con las sentencias del Tribunal Europeo de Derechos Humanos, no implica que carezcan de todo efecto interno (...); las normas relativas a los derechos fundamentales y libertades públicas contenidas en la Constitución deben interpretarse de conformidad con los tratados y acuerdos internacionales sobre las mismas materias ratificados por España (art. 10.2 CE), interpretación que no puede prescindir de la que, a su vez, llevan a cabo los órganos de garantía establecidos por esos mismos tratados y acuerdos internacionales".

Esta jurisprudencia ha sido reiterada en sentencias posteriores con relación a otras materias, como en la STC 31/2018, de 10 de abril (FJ 4). En esta Sentencia, el TC utiliza la doctrina del Comité de Derechos Económicos, Sociales y Culturales que interpreta la Convención relativa a la lucha contra las discriminaciones en la esfera de la enseñanza, adoptada el 14 de diciembre de 1960 por la Conferencia General de la UNESCO. Esta doctrina le sirve al TC como un argumento más para avalar la constitucionalidad de las subvenciones públicas a la enseñanza segregada por sexos[99].

Más recientemente, el Tribunal Supremo ha reconocido expresamente que las decisiones de los Comités internacionales de derechos humanos son vinculantes en España y el Estado está obligado a cumplirlas. En la importante STS 1263/2018, de 17 de julio (Sala de lo Contencioso-Administrativo), se establece la obligación de cumplir una decisión del Comité de la Convención para la Eliminación de todas las Formas de Discri-

99 FJ 4. Esta polémica Sentencia cuenta con Votos Particulares de cinco Magistrados que muestran su discrepancia con varias de las conclusiones de la mayoría, entre ellas, la constitucionalidad de las subvenciones públicas a la enseñanza segregada.

minación contra la Mujer (CEDAW)[100]. Dice expresamente el Tribunal Supremo:

> "(...) aunque ni la Convención ni el Protocolo regulan el carácter ejecutivo de los Dictámenes del Comité de la CEDAW, no puede dudarse que tendrán carácter vinculante/obligatorio para el Estado Parte que reconoció la Convención y el Protocolo pues el artículo 24 de la Convención dispone que 'los Estados parte se comprometen a adoptar todas las medidas necesarias en el ámbito nacional para conseguir la plena realización de los derechos reconocidos en la presente Convención'. A tal efecto deberán tomarse también en consideración las previsiones del artículo 7.4 del Protocolo Facultativo sobre que 'el Estado Parte dará la debida consideración a las opiniones del Comité, así como a sus recomendaciones, si las hubiere, y enviará al Comité, en un plazo de seis meses, unas respuesta por escrito, especialmente información sobre toda medida que se hubiere adoptado en función de las opiniones y recomendaciones del Comité', reforzado por el reconocimiento expreso de la competencia del Comité de la CEDAW del artículo 1 del propio Protocolo Facultativo, voluntariamente asumido por España"

El Tribunal Supremo destaca en esta Sentencia que en España no existe ningún cauce procesal específico para instar el cumplimiento de las decisiones del Comité de la CEDAW (ni de ningún otro Comité). Por ello, afirma: "De esta manera, (...) es evidente que tendremos que (...) declarar la obligación de reparar la vulneración efectuando un pronunciamiento que haga efectiva y eficaz la condena a la reparación del daño antijurídico admitido y que hemos dicho que era evaluable económicamente". Y condena al Estado a indemnizar a la víctima con una cantidad de 600.000 €.

En la doctrina se ha puesto de manifiesto la necesidad de una reforma legislativa que facilite el cumplimiento interno de

---

100 Sobre esta Sentencia, vid., por ejemplo: GUTIÉRREZ ESPADA, C., "La aplicación en España...", ob. cit.

las decisiones de los órganos internacionales de garantía de los derechos humanos[101]. También es una demanda de la sociedad civil[102]. Sí se ha regulado un procedimiento para lograr la eficacia de las sentencias del TEDH que requerían la revisión de una sentencia interna firme (se hizo mediante la LO 7/2015, de 21 de julio, que modificó la LO 6/1985, de 1 de julio, del Poder Judicial). Pero las decisiones de los Comités y órganos no jurisdiccionales también son decisiones jurídicas, no discrecionales ni políticas, y también deben contar con un procedimiento interno para lograr su eficacia[103].

El Poder Ejecutivo parecía haberse tomado en serio el cumplimiento de los dictámenes y decisiones de los órganos internacionales de garantía de los derechos. Así, el Plan Nacional de Derechos Humanos, aprobado por el Gobierno el 15 de diciembre de 2008, contemplaba como "Medida 5" la adopción de un "Protocolo de actuación para dar cumplimiento a los Dictámenes y Recomendaciones de los distintos Comités de Protección de los Derechos Humanos del sistema de Naciones Unidas". En particular, afirmaba que "se establecerán pautas para tramitar las recomendaciones de dichos Comi-

---

[101] Vid., por ejemplo, FALEH PÉREZ, C. (2019), "Los dictámenes del Comité de Derechos Económicos, Sociales y Culturales y sus efectos jurídicos en España", en: FERNÁNDEZ DE CASADEVANTE ROMANÍ, C. (Coord.), Los efectos jurídicos en España, ob. cit., p. 91 y AÑÓN ROIG, M.J y OLEA FERRERAS, S. (2024), "La reforma de la Ley de tratados como respuesta legislativa a la petición del Tribunal Supremo de regular internamente los dictámenes de los órganos de tratados de derechos humanos", Lex Social, Revista De Derechos Sociales, nº 14(1), pp. 1–33 https://doi.org/10.46661/lexsocial.10354

[102] Vid, por ejemplo, el documento: La situación de la infancia en España 2022, elaborado por la Plataforma de Infancia, p. 18. En Internet: https://www.plataformadeinfancia.org/situacion-infancia-en-espana-2022/ (última consulta: 20 de marzo de 2024).

[103] MONTESINOS PADILLA, C. (2023), "El cumplimiento de los dictámenes de los Comités de Naciones Unidas en España ¿Imposibilidad jurídica o falta de voluntad política?, Revista Española de Derecho Constitucional Núm. 127.

tés con el objeto de proporcionar reparación adecuada a los interesados"[104]. Sin embargo, hasta la fecha aún no se ha aprobado dicho Protocolo. En el Informe de Evaluación del Plan de Derechos Humanos de 2012, la medida 5 aparecía como "en desarrollo" y se detallaban las actuaciones concretas que debería llevar a cabo el Estado para su implementación[105].

A este respecto es destacable el último informe de progreso del Plan de Acción para la Implementación de la Agenda 2030[106], pues en este el Gobierno español se compromete tanto a la modificación de la Ley 25/2014, de 27 de noviembre, de Tratados y otros Acuerdos Internacionales para incorporar un título específicamente referido a los tratados de derechos humanos en el que se incluya una mención expresa al mandato interpretativo del art. 10.2 CE como a la creación de un órgano de seguimiento de las resoluciones de los órganos internacionales[107].

3.5 En especial, el valor jurídico interno de los tratados internacionales sobre derechos sociales

Los tratados internacionales sobre derechos sociales son tratados sobre derechos humanos y, por tanto, tienen la misma eficacia jurídica que el ordenamiento prevé para estos, establecida, como hemos visto, en los arts. 96 y 10.2 CE. En la doctrina se ha insistido en esta igual eficacia de los derechos sociales,

---

104 https://www.ohchr.org/Documents/Issues/NHRA/Spain_NHRAP.pdf

105 https://www.abogacia.es/wp-content/uploads/2013/01/ANEXO-INFORME-DE-EVALUACION-DEL-PLAN-DE-DDHH.pdf , pp. 17,18.

106 En Internet: https://bit.ly/3lEu1ZP , p. 267 (última fecha de consulta: 13 de marzo de 2024).

107 MONTESINOS PADILLA, C., "El cumplimiento…", cit. p. 75.

sobre todo a partir de su reconocimiento en varios tratados internacionales ratificados por España[108].

Aunque es cierto que los tratados que reconocen derechos sociales tienen unos mecanismos de tutela que ofrecen una garantía menor que los que poseen los derechos civiles y políticos, en los últimos tiempos se han desarrollado nuevos mecanismos de protección que se asemejan bastante a los previstos para la protección de los derechos clásicos.

Así, en el ámbito de Naciones Unidas, es diferente la tutela prevista para los derechos reconocidos en el Pacto Internacional de Derechos Civiles y Políticos (PIDCP) que la tutela prevista para el Pacto Internacional de Derechos Económicos, Sociales y Culturales (PIDESC), ambos de 1966. En el Capítulo V detallaré el mecanismo de tutela del PIDESC.

En el ámbito del Consejo de Europa, sucede algo similar. El Convenio Europeo de Derechos Humanos (CEDH), firmado en 1959, tiene la protección que le brinda un órgano jurisdiccional, el Tribunal Europeo de Derechos Humanos (TEDH), que emite verdaderas sentencias obligatorias para los Estados (art. 46 CEDH)[109]. Pero este Convenio sólo reconoce derechos civiles y políticos (con la excepción de la libertad sindical y del derecho a la educación)[110]. Los derechos sociales están reconocidos en la Carta Social Europea (firmada en 1961 y revisada

---

108 ESTRADA TANCK, D. (2022), Nuevos horizontes en la protección internacional de los derechos económicos y sociales, Tirant lo Blanch, Valencia.

109 Sobre la diferencia entre la ejecución de las sentencias del TEDH y de las decisiones del CEDS en España, antes de la ratificación de la Carta Social Europea revisada y del Protocolo de 1995, vid. TERRÁDEZ SALOM, D. (2018), La Carta Social Europea en el orden constitucional español, Athenaica, Sevilla, pp. 308-312.

110 Es cierto que el TEDH ha otorgado una cierta tutela a algunos derechos sociales a través de mecanismos de "protección indirecta", como veremos en el Capítulo III. Vid. CARMONA CUENCA, E., "Derechos sociales de prestación

en 1996), que goza de la protección que le brinda el Comité Europeo de Derechos Sociales. En el Capítulo III se hará alusión a este mecanismo de protección, que hoy incluye también un sistema de reclamaciones colectivas.

En la Unión Europea, sin embargo, tanto los derechos civiles y políticos como los derechos económicos y sociales están reconocidos en un mismo documento: La Carta de los Derechos Fundamentales de la Unión Europea (CDFUE), firmada en Niza en 2000 y a la que el Tratado de Lisboa de 2009 otorgó la misma eficacia jurídica que los Tratados Constitutivos. Toda ella goza de la protección que le otorga el Tribunal de Justicia de la Unión Europea (TJUE) a través de varios procedimientos. Pero es opinión común en la doctrina que los derechos sociales contenidos en la Carta no gozan de una eficacia jurídica mayor que la tienen en los Estados[111], como veremos en el Capítulo IV.

Sin embargo, a pesar de la existencia de diferentes mecanismos de tutela, creo que se puede afirmar que los tratados internacionales sobre derechos sociales ratificados por España son parte del ordenamiento jurídico interno y, como tal, aplicables en el ámbito interno, como establece el art. 96 CE. Asimismo, constituyen un parámetro interpretativo de los derechos reconocidos en la Constitución, como estipula el art. 10.2 CE[112]. Los derechos sociales pueden considerarse también derechos

---

y obligaciones positivas del Estado en la jurisprudencia del Tribunal Europeo de Derechos Humanos", cit., pp. 1209-1238.

111 Vid. HERREROS LÓPEZ, J. M. (2006), "El contenido social de la Carta de los Derechos Fundamentales", cit.

112 Tras una jurisprudencia reiterada en la que el Tribunal Constitucional había afirmado que diversos derechos sociales reconocidos en el Capítulo III del Título Primero de la Constitución debían interpretarse de conformidad con los tratados internacionales sobre las mismas materias ratificados por España, la STC 32/2019, de 28 de febrero, afirmó, de forma polémica, que el derecho a una vivienda digna no forma parte de los derechos que deben

fundamentales y para ello es importante que estén consagrados en los tratados internacionales ratificados por España[113]. En especial, sobre la aplicabilidad directa de la Carta Social Europea volveré en el capítulo III.

---

ser interpretados con arreglo al art. 10.2 CE. Sobre esta cuestión volveré en el Capítulo II.

113 AKANDJI-KOMBÉ, J. F. (2014), "La aplicación de la Carta Social Europea por los órganos jurisdiccionales de los Estados parte", en: TEROL BECERRA, M. y JIMENA QUESADA, L., Tratado sobre protección de los derechos sociales, Tirant lo Blanch, Valencia, pp. 269 y ss.

CAPÍTULO II:

EL DERECHO A LA PROTECCIÓN SOCIAL EN LA CONSTITUCIÓN ESPAÑOLA

1. EL DERECHO A LA PROTECCIÓN SOCIAL. DEFINICIÓN

Tradicionalmente se entiende que los derechos sociales de prestación cubren cuatro grandes áreas: educación, salud, vivienda y protección social. El denominado *derecho a la protección social* englobaría, entonces, los derechos a las prestaciones de la seguridad social y de la asistencia social[1].

El derecho a la protección social es un derecho diferenciado de otros derechos sociales de prestación clásicos. En un primer acercamiento, se puede afirmar que consistiría básicamente en el derecho a percibir una prestación económica periódica por parte de los poderes públicos para satisfacer las necesidades básicas de una persona y de su familia, sobre todo, las necesidades de aquellas personas que, por diferentes motivos (jubi-

---

[1] Ojeda Avilés y Gorelli Fernández consideran que en el art. 34 CDFUE se reconoce un derecho a la "seguridad social" y otro derecho a la "asistencia social" –si bien bajo la denominación, un tanto afrancesada, de "ayuda social"-. Y piensan que ambas instituciones podrían incluirse en una categoría conceptual superior: la "protección social". Vid. OJEDA AVILÉS, A. y GORELLI Fernández, J. (2004), "La asistencia social en la Constitución europea" en ÁLVAREZ CONDE, E. y GARRIDO MAYOL, V., Comentarios a la Constitución Europea. Libro II, Tirant lo Blanch, Valencia, pp. 1259-1260.

lación, enfermedad, discapacidad, desempleo...), no realizan un trabajo remunerado ni disponen de medios económicos de subsistencia[2]. La protección social ha sido definida, también, como "la suma de los diferentes mecanismos de carácter público dirigidos a facilitar vías o medios de amparo y defensa ante los riesgos o necesidades de índole social"[3]. Dentro de ella se incluirían diferentes instituciones de finalidad protectora, entre ellas la seguridad social y la asistencia social, aunque éstas no son las únicas.

En su *Informe Mundial sobre la Protección Social 2017-2019*[4], la OIT definió el derecho a la protección social en los siguientes términos:

> "La protección social, o seguridad social, es un derecho humano definido como un conjunto de políticas y programas diseñados para reducir y prevenir la pobreza y la vulnerabilidad en todo el ciclo de vida. Abarca los beneficios familiares y por niño, las prestaciones de maternidad, desempleo, accidentes del trabajo y enfermedades profesionales, así como las pensiones de vejez, invalidez y sobrevivientes, y la protección de la salud. Los sistemas de protección social abordan todas estas ramas mediante una combinación de regímenes contributivos (seguro social) y de prestaciones no contributivas financiadas con impuestos, en particular, la asistencia social".

---

2 CARMONA CUENCA, E. (2009), "El derecho a la protección social y la lucha contra la pobreza y la exclusión (art. 34 CDFUE)", en GARCÍA ROCA, J. y FERNÁNDEZ SÁNCHEZ, P.A. (Coords.), Integración europea a través de derechos fundamentales..., ob. cit., Madrid, p. 563.

3 OJEDA AVILÉS, A. y GORELLI FERNÁNDEZ, J., "La asistencia social...", cit., p. 1260.

4 Informe Mundial sobre la Protección Social 2017-2019. La protección social universal para alcanzar los Objetivos de Desarrollo Sostenible. Resumen ejecutivo. OIT, p. 1. En Internet: https://www.ilo.org/global/research/global-reports/world-social-security-report/2017-19/lang—es/index.htm (última fecha de consulta: 16 de febrero de 2024).

En esta definición se incluye dentro de la protección social la protección de la salud (como sucede en la mayoría de los regímenes de seguridad social y asistencia social). Sin embargo, como ya se ha anticipado, a efectos sistemáticos, nuestro trabajo se ciñe al concepto de protección social que podemos denominar *estricto*[5], es decir, se hará referencia al derecho a la protección social como un derecho a recibir prestaciones económicas para cubrir las necesidades básicas de la vida, lo que también se ha denominado "derecho a un mínimo vital" o a una "renta básica" [6].

En este trabajo, he preferido hablar de "derecho a la protección social", que cuenta con un mayor reconocimiento internacional, como se verá en los Capítulos III y IV. Sin embargo, es cierto que en algunas declaraciones de derechos recientes se va extendiendo el reconocimiento del derecho a una "renta básica", que recibe distintas denominaciones[7]. Así ha sucedi-

---

5 El derecho a la protección de la salud cuenta con una bibliografía específica amplísima. Como ejemplos, se pueden citar: DE LORA, P. (2004), El derecho a la protección de la salud, CEPC, Madrid; PEMÁN GAVÍN, J. (2011), El derecho a la protección de la salud: perspectiva internacional y comparada, Tirant lo Blanch, Valencia y GARRIDO CUENCA, N., (2011), El derecho a la protección de la salud en los Estatutos de Autonomía: propuestas para un derecho prestacional universal de nueva generación, Tirant lo Blanch, Valencia, entre muchos otros.

6 Vid. CARMONA CUENCA, E. (2012), "El derecho a un mínimo vital", cit. pp. 1577-1616. También se ha denominado "derecho a la protección contra la pobreza", vid. ESCOBAR ROCA, G. (2018), Nuevos derechos y garantías de los derechos, Marcial Pons, Madrid, p. 130. Otros autores hablan de un "derecho a la seguridad social". Vid. DEL VALLE, J.M., El derecho a la seguridad social, ob. cit.

7 Un notable precedente son las Constituciones de algunos Länder alemanes, que reconocen el derecho a la subsistencia en caso de penuria (art. 168 de la Constitución de Baviera; art. 14 de la Constitución de Berlín, art. 58 de la Constitución de Bremen y art. 28 de la Constitución de Hesse).

do en España con los Estatutos de Autonomía que fueron reformados en 2006 y 2007[8].

Por otra parte, también cabría incluir dentro de la genérica *protección social* el derecho a los servicios sociales. Este derecho no goza de una mención específica en la Constitución, pero sí cuenta con un importantísimo desarrollo legislativo, tanto estatal como autonómico, tanto en la seguridad social como en la asistencia social. Una manifestación esencial de este derecho sería la atención a la dependencia, que en España está regulada mediante la Ley 39/2006, de 14 de diciembre, de promoción de la autonomía personal y atención a las personas en situación de dependencia. Sin embargo, a efectos sistemáticos y de claridad de análisis, en este trabajo no se analizará el desarrollo ni la garantía del derecho a los servicios sociales, que también ha sido objeto de trabajos específicos[9].

2. EN LA CONSTITUCIÓN ESPAÑOLA DE 1978

En la Constitución española, se puede considerar que el derecho a la protección social tiene un reconocimiento expreso

---

8 El Estatuto de Autonomía de Cataluña (LO 6/2006) y el de Castilla y León (LO 14/2007 reconocen el derecho a una "renta garantizada de ciudadanía". El Estatuto de Autonomía de la Comunidad Valenciana (LO 1/2006) y el de las Islas Baleares (LO 1/2007) hablan de una "renta de ciudadanía". Por fin, el Estatuto de Andalucía (LO 2/2007) y el de Aragón (LO 5/2007) consagran el derecho a una "renta básica".

9 Por ejemplo, vid. JIMENA QUESADA, L. (2012), "El derecho a los servicios sociales" en ESCOBAR ROCA, G. (Dir.), Derechos sociales y tutela antidiscriminatoria, ob. cit., pp. 1487-1576. Belén Alonso-Olea habla de los derechos a la seguridad social, a la asistencia sanitaria y a los servicios sociales como parte del genérico "Derecho de la protección social". Vid. ALONSO-OLEA GARCÍA, B. (2016), Derecho de la protección social. Derecho a la seguridad social, derecho a la asistencia sanitaria y derecho a los servicios sociales, Civitas/Thomsom Reuters, Cizur Menor (Navarra).

en el "derecho a la seguridad social" del art. 41 de la Constitución, que establece el deber de los poderes públicos de mantener un sistema público de Seguridad Social "que garantice la asistencia y prestaciones sociales suficientes ante situaciones de necesidad". Aunque este precepto no habla de "derecho", se ha entendido así en la doctrina[10]. García Roca considera que el art. 41 CE configura un mandato al legislador y una garantía institucional, pero "la existencia de un sistema público mínimo y obligatorio no puede ser cuestionada por el órgano legislativo" y de este precepto surge "el derecho social a prestaciones, para que los ciudadanos reciban protección pública en situaciones concretas de necesidad"[11].

Esta interpretación del art. 41 CE es la conforme con los tratados internacionales de derechos humanos, que consagran un verdadero "derecho a la seguridad social". En efecto, así lo hace la Declaración Universal de Derechos Humanos (art. 22), el Pacto Internacional de Derechos Económicos Sociales y Culturales (art. 9), La Carta de los Derechos Fundamentales de la Unión Europea (art. 34), la Carta Social Europea (arts. 12 y 13) y los Convenios de la OIT[12], como iremos viendo.

Además, el art. 39 CE se refiere a la protección de la familia y de la infancia, el art. 49 CE a la protección de las personas con discapacidad y el art. 50 CE garantiza, específicamente, la protección de las personas mayores: "Los poderes públicos garantizarán, mediante pensiones adecuadas y periódicamente actualizadas, la suficiencia económica a los ciudadanos durante la tercera edad".

Estos artículos reconocen, efectivamente, el derecho a la protección social en sus distintas modalidades. Con respecto

---

10 GIL Y GIL, J.L. (2012), "El derecho a la Seguridad Social", cit.

11 GARCÍA ROCA, J. (2014), "Constitutional principles…", cit., p. 76.

12 Estos Convenios sí hablan de "derecho a la protección social".

a su eficacia jurídica, es cierto que el art. 53.3 CE dispone que los derechos del Capítulo III del Título Primero de la Constitución "sólo podrán ser alegados ante la Jurisdicción ordinaria de acuerdo con lo que dispongan las leyes que los desarrollen". Pero, como estamos tratando de mostrar en estas páginas, incluso estos derechos tienen que ser interpretados de acuerdo con los tratados internacionales sobre derechos humanos ratificados por España, de acuerdo con el art. 10.2 CE. Y estos tratados son vinculantes por sí mismos, aunque no existiese este precepto constitucional[13]. De esta forma, las disposiciones de estos tratados y la jurisprudencia de sus órganos de garantía forman parte del contenido esencial de los derechos sociales reconocidos en el Capítulo III del Título Primero de la Constitución, que no puede ser vulnerado ni ignorado por el legislador ni por los demás poderes públicos.

Por otra parte, en nuestra Constitución debería hacerse una interpretación conjunta del art. 41 y los demás artículos sobre protección social con el art. 15, que garantiza el derecho a la vida y a la integridad física y moral. Este derecho sí goza de la máxima protección constitucional, que incluye el recurso de amparo. Esta protección indirecta del derecho a la protección social es la que propugna Robert Alexy en Alemania, como hemos visto[14] y la que viene realizando el Tribunal Europeo de Derechos Humanos, como veremos más adelante[15].

Siguiendo a Gomes Canotilho[16], en otro trabajo propuse una interpretación del derecho a la protección social (o dere-

---

[13] Vid., supra, epígrafe 3 del Capítulo I.

[14] Vid., supra, epígrafe 2.4 del Capítulo I.

[15] Vid., supra, epígrafe 2.1 del Capítulo III.

[16] GOMES CANOTILHO, J.J. (1989) "Tomemos en serio los derechos económicos, sociales y culturales", en Revista del Centro de Estudios Constitucionales, Núm. 1, pp. 249-250 y CARMONA CUENCA, E. (2012), "El derecho a un mínimo vital", cit., pp. 1585-1586.

cho a un mínimo vital) como derecho fundamental derivado del derecho a la vida. Partiendo de los arts. 15 de la Constitución española y 24.1 de la Constitución portuguesa, que reconocen el derecho a la vida, este autor extrae varias consecuencias normativas. En primer lugar, estos artículos significan que el Estado no puede disponer de la vida de los ciudadanos bajo ningún concepto. En segundo lugar, los ciudadanos tienen derecho a la protección de la vida a través del Estado, contra los ataques o medidas de terceros, lo que implica la adopción, por los poderes públicos, de normas (ej.: leyes penales) o actuaciones (detenciones, prisiones, etc.). Y, en tercer lugar, los ciudadanos tienen derecho a la obtención de prestaciones públicas que faciliten condiciones de subsistencia mínimas, lo que constituiría un derecho social de prestación, derecho subjetivo definitivo de prestación en la terminología de Robert Alexy[17].

Siguiendo la jurisprudencia del Tribunal Constitucional alemán, Gomes Canotilho[18] considera también que, para dar eficacia al derecho a la protección social como derecho a unas prestaciones asistenciales mínimas, el legislador puede elegir el medio que considere más adecuado. Pero, en caso de que sólo existiese un único medio para darle efectividad práctica, debe elegir expresamente ese medio.

A partir de estas interpretaciones combinadas, y de lo que se ha expuesto hasta ahora en el Capítulo anterior, creo que se puede defender el carácter fundamental del derecho a la protección social en nuestra Constitución. Como tal, puede ser invocado ante los tribunales ordinarios y ante el Tribunal Constitucional en los distintos procedimientos de tutela.

---

17 ALEXY, R. (1993), Teoría de los derechos fundamentales, ob. cit., p. 485.

18 GOMES CANOTILHO, J.J. (1989), "Tomemos en serio los derechos…", cit., pp. 252-253.

En cuanto a cómo llevar a cabo el desarrollo legislativo de este derecho, la Constitución dedica varios preceptos a la distribución de competencias entre el Estado y las Comunidades Autónomas en materia de seguridad social y asistencia social. El art. 149.1. 17ª se establece que el Estado tiene competencia sobre la "legislación básica y régimen económico de la seguridad social, sin perjuicio de la ejecución de sus servicios por las Comunidades Autónomas". A su vez, el art. 148.1.20ª fija como competencia que puede ser asumida por las Comunidades Autónomas la "asistencia social" y, efectivamente, esta competencia ha sido asumida por las Comunidades Autónomas en sus Estatutos.

Esta distinta atribución competencial de la seguridad social y la asistencia social al Estado y a las Comunidades Autónomas ha dado lugar a una viva polémica jurisprudencial y doctrinal sobre la distinción entre las dos instituciones[19].

En España, con anterioridad a la promulgación de la Constitución española de 1978, la diferencia entre la seguridad social y la asistencia social era relativamente fácil de definir, pues la seguridad social contemplaba únicamente el nivel profesional-contributivo, de tal forma que su ámbito subjetivo lo formaban únicamente los contribuyentes beneficiarios. En cambio, la asistencia social tenía una función asistencial residual y la percepción de la prestación se condicionaba a la insuficiencia

---

[19] Vid. CARMONA CUENCA, E. (2006), "La consolidación del Estado social en España. El Estado asistencial", en PÉREZ ROYO, J., URÍAS MARTÍNEZ, J. y CARRASCO DURÁN, M., Derecho Constitucional para el siglo XXI. Actas del VIII Congreso Iberoamericano de Derecho Constitucional. Tomo I, Thomson Reuters-Aranzadi, Cizur Menor (Navarra) y la bibliografía allí citada, especialmente, PÉREZ VILLALOBOS, M. C. (2002), Estado social y Comunidades Autónomas, Tecnos, Madrid y SÁENZ ROYO, E. (2003), Estado social y descentralización política. Una perspectiva constitucional comparada de Estados Unidos, Alemania y España, Gobierno de Aragón/ Thomson Civitas.

de recursos disponibles y a la decisión administrativa que analizaba la realidad de la situación de necesidad, que era absolutamente discrecional por no existir un derecho del beneficiario.

En la actualidad, los límites entre una y otra institución no son tan claros, pues en el seno de la seguridad social se realizan también prestaciones asistenciales de carácter complementario (las llamadas *prestaciones no contributivas*), para cuyo otorgamiento se tienen en cuenta criterios no contributivos, sino característicos de las prestaciones de la asistencia social, como es la insuficiencia de recursos disponibles del beneficiario[20].

Hoy la seguridad social constituye el núcleo fundamental de la protección social pública por diferentes razones, como son: dispone del mayor volumen de recursos económicos para hacer frente a sus prestaciones; es la que más situaciones de necesidad derivadas de diferentes contingencias afronta; se trata de un sistema consolidado, maduro, con una regulación jurídica intrincada y, además, sus rasgos definitorios coinciden en la mayoría de los países de nuestro entorno[21].

Pero en la actualidad no es fácil establecer las diferencias entre Seguridad Social y asistencia social, pues ambas son técnicas de protección que se otorgan por un ente público, directas, personales, individualizables, económicamente evaluables y redistributivas, no resarcitorias. Su única diferencia estriba en el hecho de que las prestaciones de la Seguridad Social deben cubrir alguna de las contingencias que se contienen en el

---

[20] FERNÁNDEZ ORRICO, F. J. (2002), Las pensiones no contributivas y la Asistencia Social en España, Consejo Económico y Social, Madrid, pp. 36-38.

[21] Ibidem. pp. 32-33 y ALARCÓN CARACUEL, M. R. (1999), La Seguridad Social en España, Aranzadi, Cizur Menor (Navarra), p. 20. Vid. también, BLÁZQUEZ AGUDO, E.M. (Dir.) (2017), Derecho de la Seguridad Social, Juruá, Lisboa.

Convenio 102 de la OIT[22], como norma mínima. Las que no formen parte de esa lista podrían considerarse prestaciones de asistencia social, como, por ejemplo, las becas y las rentas mínimas de inserción[23].

En el ordenamiento jurídico español, la protección social es una competencia compartida por el Estado y las Comunidades Autónomas y las determinaciones constitucionales, no demasiado claras, han provocado una cierta conflictividad en este reparto competencial[24]. Según la Constitución, en materia de Seguridad Social, el Estado tiene competencia sobre la legislación básica y régimen económico (art. 149.1.17ª CE) mientras que a las Comunidades Autónomas les correspondería la legislación de desarrollo de las leyes estatales y la ejecución. La asistencia social, sin embargo, es competencia exclusiva de las Comunidades Autónomas (art. 148.1.20ª CE) y así ha sido asumida en los Estatutos de Autonomía.

En materia de Seguridad Social, es el legislador estatal quien legisla en primer lugar, quien establece qué es lo básico y, por tanto, quien delimita en primera instancia cuáles son los márgenes de actuación de cada uno de los niveles de gobierno. Y, de hecho, las instancias centrales han hecho, por lo general, una interpretación amplia de lo que ha de considerarse básico, realizando una regulación detallada en muchas cuestiones.

---

22 Este Convenio contempla como prestaciones de seguridad social las siguientes: Asistencia médica, prestaciones monetarias por enfermedad, prestaciones de desempleo, de vejez, prestaciones en caso de accidentes de trabajo y de enfermedad profesional, prestaciones familiares, de maternidad, de invalidez y de sobrevivientes. Vid., en Internet, https://www.ilo.org/dyn/normlex/es/f?p=NORMLEXPUB:12100:0::NO::P12100_ILO_CODE:C102 (Fecha de la última consulta: 19 de febrero de 2024).

23 FERNÁNDEZ ORRICO, F. J., Las pensiones no contributivas..., ob. cit., p. 32.

24 CARMONA CUENCA, E., "La consolidación del Estado social en España. El Estado asistencial", cit. y la bibliografía allí citada.

Pero, además, el legislador estatal ha llevado a cabo diferentes políticas sociales prestacionales no amparadas por un título competencial específico, que han sido legitimadas por la jurisprudencia constitucional en base a la previsión del polémico artículo 149.1.1[25].

Ahora bien, esta amplitud de competencias que puede asumir el Estado central en materia de protección social no impide el reconocimiento de un espacio propio de las Comunidades Autónomas en el diseño de las políticas sociales prestacionales. En concreto, además de la legislación de desarrollo en materia de Seguridad Social, a las Comunidades Autónomas les corresponde, como competencia exclusiva, la asistencia social. El Tribunal Constitucional se ha referido a la noción de asistencia social en su Sentencia 146/ 1986, de 25 de noviembre, definiéndola como "el conjunto de acciones y técnicas de protección que queden fuera del sistema de la Seguridad Social" y también en su Sentencia 76/1986, de 9 de junio, en la que confirma la competencia de las Comunidades Autónomas tanto para legislar como para gestionar, aclarando que se trata de una competencia externa al sistema de Seguridad Social.

3. LA SEGURIDAD SOCIAL: PENSIONES CONTRIBUTIVAS Y NO CONTRIBUTIVAS

En España, la Seguridad Social está regulada por el Real Decreto Legislativo 8/2015, de 30 de octubre, por el que se aprueba el texto refundido de la Ley General de la Seguridad Social (LGSS).

En el artículo 7 de esta Ley se establece la existencia de dos niveles de protección, contributivo (que incluye el Régimen

---

25 Así, por ejemplo, la STC 13/1992 legitima la fijación estatal de la cuantía y límite de edad de las pensiones asistenciales.

General y los Especiales) y no contributivo, ambos de carácter público y obligatorio, que operan con distintos criterios y finalidades, aunque existen zonas de penumbra en la distinción entre uno y otro[26]. En su origen, las pensiones contributivas estaban destinadas a los trabajadores que habían cotizado a la Seguridad Social, mientras que las no contributivas cubrían las situaciones de necesidad de los que no reunían los requisitos para obtener una pensión contributiva, pero en la regulación actual, esta distinción no es tan clara[27].

La diferencia fundamental entre las pensiones contributivas y no contributivas radica en que para causar derecho a una pensión contributiva es suficiente con que se produzca una contingencia previamente determinada y calificada como situación de necesidad (jubilación, incapacidad permanente...), al margen de que el beneficiario esté realmente o no en situación de necesidad. Si reúne los requisitos exigidos (cotización, edad...) recibirá su pensión, aunque disponga de medios económicos suficientes. Existen pensiones contributivas de jubilación, de incapacidad temporal, de incapacidad permanente,

---

26 FERNÁNDEZ ORRICO, F.J., Las pensiones no contributivas..., ob. cit., pp. 99 y ss. Sobre el ámbito subjetivo de las prestaciones contributivas, vid. BLASCO LAHOZ, J.F. y SALCEDO BELTRÁN, C. (Eds.) (2019), Introducción a la protección social, Tirant lo Blanch, Valencia, pp. 39-41.

27 Las pensiones no contributivas fueron introducidas en España por la Ley 26/1990, de 20 de diciembre, por la que se establecen en la Seguridad Social prestaciones no contributivas. Esta Ley fue derogada por el Decreto Legislativo 1/1994, de 20 de junio, por el que se aprueba el texto refundido de la Ley General de la Seguridad Social, que integró sus disposiciones. En su Exposición de Motivos, la Ley 26/1990 afirmaba que las pensiones de invalidez y jubilación no contributivas se configuraban como "derechos subjetivos perfectos" para las personas que reuniesen los requisitos exigidos para ser beneficiarios de ellas. Sobre esta Ley, vid. ESCUDERO RODRÍGUEZ, R. (1991), "Una norma de envergadura: La Ley de Prestaciones no Contributivas de la Seguridad Social", Relaciones Laborales, vol. I.

por nacimiento y cuidado de menor, por fallecimiento (viudedad, orfandad y a favor de otros familiares) y por vejez.

En cambio, el derecho a percibir una pensión no contributiva está directamente relacionado con la situación real de necesidad. Es preciso constatar que no se dispone de los medios económicos mínimos para subsistir para causar derecho a una pensión no contributiva[28]. Existen pensiones no contributivas de jubilación, de incapacidad permanente, de invalidez y prestaciones familiares (por nacimiento o adopción de hijo, por acogida de hijo y por parto o adopción múltiples).

La modalidad predominante en el sistema de Seguridad Social es la pensión contributiva mientras que el nivel no contributivo es un nivel de cierre o mínimo al que acceden, de forma residual, aquellas personas que se encuentran en situación de necesidad por carecer de unos ingresos mínimos. Lo primero que se intenta es acceder a una pensión contributiva y, si no se reúnen los requisitos exigidos, se pondría en movimiento el mecanismo de la pensión no contributiva. En la realidad, el número de beneficiarios de la modalidad contributiva es muy superior al de los beneficiarios de la otra modalidad quienes, además, cobran cantidades mucho más pequeñas[29]. En este sentido, la doctrina ha propugnado que la preeminencia debería ser otorgada a la modalidad asistencial o universalista, por entender que ésa es la idea fuerza del artículo 41 CE[30].

A las prestaciones no contributivas clásicas hay que añadir el denominado Ingreso Mínimo Vital, que se ha configurado como una prestación no contributiva de la Seguridad Social

---

[28] Así, STC 103/1983.

[29] FERNÁNDEZ ORRICO, F.J., Las pensiones no contributivas..., ob. cit., pp. 102-103.

[30] ALARCÓN CARACUEL, M.R. y GONZÁLEZ ORTEGA, S., Compendio de Seguridad Social, Tecnos, Madrid, 1991, pp. 43 y 64.

mediante el Real Decreto-ley 20/2020, de 29 de mayo, por el que se establece el ingreso mínimo vital, convalidado mediante la Ley 19/2020, de 20 de diciembre (art. 2.2). Nos referiremos a esta prestación más adelante, en el epígrafe 5.

4. LA ASISTENCIA SOCIAL: RENTAS MÍNIMAS DE INSERCIÓN

La asistencia social tiene un carácter suplementario de la seguridad social. Como hemos visto, la Constitución española, en su artículo 148.1.20, otorga esta competencia a las Comunidades Autónomas, que han creado un sistema de protección social autónomo regido por principios y criterios propios[31]. La cuestión que presenta más dificultad respecto a las diferencias entre la seguridad social y la asistencia social es la distinción entre las pensiones no contributivas y las prestaciones asistenciales, debido a la gran semejanza existente entre ellas[32]. Por ello, y con el objeto de que no se identificaran unas con otras, la Ley 26/1990, que introdujo estas prestaciones en España y hoy está derogada, evitó calificar las pensiones no contributivas como asistenciales, a pesar de que puede afirmarse que estas

---

31 Sobre los modelos de protección social autonómicos, vid., HERNÁNDEZ PEDREÑO, M. (Dir.) (2019), Los modelos sociales autonómicos en el contexto español, CES, Madrid.

32 Además, algunas Comunidades Autónomas han establecido complementos extraordinarios para las pensiones no contributivas de la seguridad social más bajas percibidas en su territorio. La primera en hacerlo fue la Comunidad Autónoma de Andalucía mediante los Decretos 248/1998, de 29 de diciembre, y 62/1999, de 9 de marzo, que fueron recurridos por el Gobierno de la Nación. La STC 239/2002 declaró la constitucionalidad de tales complementos autonómicos, que otras Comunidades Autónomas ya habían establecido igualmente. Vid. CARRASCO DURÁN, M. (2006), "Los complementos de las Comunidades Autónomas a las pensiones no contributivas: un impulso a un nuevo modelo de asistencia social", Nuevas Políticas Públicas Núm. 2.

prestaciones tienen tal naturaleza. La única diferencia jurídica clara entre ambas prestaciones es la que se refiere al orden jurisdiccional ante el que se residencian las reclamaciones sobre ellas. Para reclamar una pensión asistencial hay que acudir a la jurisdicción contencioso-administrativa, mientras que para reclamar una pensión no contributiva de la seguridad social sería preciso presentar una reclamación ante el orden social[33].

Las prestaciones de la asistencia social son, en principio, competencia de las Comunidades Autónomas[34], las cuales han legislado estableciendo las denominadas, con carácter general, "rentas mínimas de inserción"[35], aunque éstas reciben distinta denominación en cada Comunidad Autónoma. La finalidad de estas prestaciones es la inserción social y laboral de los beneficiarios, por ello, la situación fundamental que determina el derecho a percibir una de estas prestaciones es la de no alcan-

---

33 FERNÁNDEZ ORRICO, F.J., Las pensiones no contributivas..., ob. cit., pp. 65-66.

34 Aunque el Estado también ha creado nuevas prestaciones asistenciales, dirigidas a sectores que se encuentran en especial estado de necesidad y que no tienen protección de la seguridad social, como los discapacitados, los supervivientes de ataques terroristas o los emigrantes españoles ancianos. Vid. FERNÁNDEZ ORRICO, F.J., Las pensiones no contributivas..., ob. cit., pp. 66-67. También ha creado el denominado "Ingreso Mínimo Vital", como hemos visto.

35 Sobre las rentas mínimas de inserción, puede verse: ESTÉVEZ GONZÁLEZ, J.A. (1998), Las rentas mínimas autonómicas, CES, Madrid; GARCÍA ROMERO, M.B. (1999), Rentas mínimas garantizadas, CES, Madrid; AYALA CAÑÓN, L. (2000), Las rentas mínimas en la reestructuración de los Estados del Bienestar, CES, Madrid; CARDONA RUBERT, M.B. (Coord.) (2008), Empleo y exclusión social: rentas mínimas y otros mecanismos de inserción sociolaboral, Bomarzo, Albacete; VIDAL PRADO, C. (2009), "Sistemas de protección social frente a la exclusión: la renta mínima de inserción", en TEROL BECERRA, M. (Dir.), II Foro Andaluz de los Derechos Sociales : pobreza y exclusión, Tirant lo Blanch, Valencia y CARMONA CUENCA, E. "El derecho a un mínimo vital", cit., pp. 1594-1611, entre otros.

zar un determinado nivel de recursos. Se establecen, además, otros requisitos, como la edad, la situación familiar y laboral, el no percibo de otras prestaciones, la residencia, etc. que varían en las distintas Comunidades Autónomas. De esta forma, la asistencia social supone una última red de seguridad, es decir, vendría a cubrir residualmente todas aquellas situaciones que no son objeto de protección por la seguridad social. Desde la implantación del Ingreso Mínimo Vital como prestación de la Seguridad Social, esta ayuda ha de convivir con las rentas mínimas de inserción[36].

El origen de las rentas mínimas de inserción hay que situarlo en Francia y Bélgica, países que ya en los años ochenta del pasado siglo comenzaron a tomar conciencia de un nuevo fenómeno de exclusión social[37]. En ese contexto se crearon las rentas mínimas de inserción en Francia para intentar luchar contra la exclusión social de los que quedaban fuera del mercado laboral o se mantenían con empleos temporales y precarios. Se introdujo en Francia la Ley 88-1088, de 1 de diciembre de 1988, reformada por la Ley 97-722, de 22 de julio de 1997 y por la Ley 2003-1200, de 18 de diciembre de 2003, que descentralizaba la gestión de estas rentas y creaba nuevos instrumentos para fomentar la inserción social de los excluidos.

En España las rentas mínimas de inserción fueron diseñadas por los gobiernos autonómicos desde principios de los años noventa manteniendo una polémica con el Gobierno central que no se mostró partidario de este instrumento. En

---

36 Sobre esta convivencia vid. Julia F. Cadenas, "Las Rentas Mínimas de Inserción que convivirán con el Ingreso vital del Gobierno", Cinco Días de 17 de abril de 2020.

37 REY PÉREZ, J.L., (2007), "La presencia de las rentas mínimas de inserción en los nuevos Estatutos de Autonomía ¿el camino adecuado para lograr la inserción social?", Revista Parlamentaria de la Asamblea de Madrid Núm. 16, pp. 220-221.

esos momentos, el Gobierno central se encontraba realizando un esfuerzo de reforzamiento de las estructuras del bienestar y apostaba por la expansión universalista de las pensiones no contributivas. Consideraba, además, que las rentas mínimas autonómicas eran insolidarias, ya que sólo las Comunidades con más recursos podrían desarrollar estos instrumentos con una cuantía suficiente. El primer gobierno autonómico que reguló estas rentas fue el del País Vasco, mediante el Decreto 39/1989, de 28 de febrero, que regulaba el denominado "Ingreso Mínimo Familiar", concebido como una ayuda tendente a la superación de la marginación social. Pretendía no fomentar la pasividad, sino la reinserción social del excluido del mundo laboral.

La idea prendió en otras Comunidades Autónomas y en poco tiempo todas copiaron el modelo, aunque el vasco sigue siendo hoy el más generoso y avanzado. En casi todas ellas la creación de las rentas de inserción se llevó a cabo a través de decretos y sólo después de los primeros años de experiencia positiva comenzaron a regularse mediante leyes.

Esta regulación mediante leyes puede considerarse la segunda fase de la implantación en España de las rentas mínimas de inserción, periodo que se extiende hasta el año 2006 en que las reformas de algunos Estatutos de Autonomía incorporaron, dentro de sus catálogos de derechos sociales, el derecho a la "renta garantizada de ciudadanía" o "renta básica".

Algunas de las leyes que pueden considerarse paradigmáticas de esa segunda fase son la Ley 12/1998 del País Vasco o la Ley 15/2001 de la Comunidad de Madrid. En estos nuevos textos legislativos puede apreciarse un cambio de planteamiento en lo que se refiere a la filosofía de las rentas mínimas de inserción. Si al principio se puso el acento en la ayuda económica que intentaba paliar la situación del que carecía absolutamente de medios de subsistencia, en las nuevas regulaciones se incidía en la idea de lucha contra la exclusión social como un fenómeno complejo en el que la ausencia de recursos es sólo un aspecto más. La exclusión no viene definida sólo como el no disfrute de determinados derechos económicos y sociales, sino que también está caracterizada por la ausencia de derechos civiles y políticos. Es una situación compleja que lleva a las personas que la sufren a sentirse al margen de la sociedad en la que viven, a sentir que no forman parte de la dinámica social[38].

De esta forma, las rentas de inserción reguladas en esta segunda fase contenían tres elementos que tendían a la integración social de las personas víctimas de esta exclusión: la prestación económica propiamente dicha, el Plan o Programa de Inserción y las ayudas de emergencia social.

El elemento central para los beneficiarios de las rentas mínimas de inserción seguía siendo la prestación económica. Es un ingreso que tiene carácter subsidiario: sólo se podía ser beneficiario si no se recibía ninguna otra ayuda, pensión o ingreso o, recibiéndose, no alcanzaba las cuantías mínimas fijadas. Con ello se trataba de evitar que los beneficiarios prefirieran vivir de estas rentas en lugar de trabajar. La cuantía del ingreso no era muy elevada y variaba de unas Comunidades Autónomas a otras, pero en todas ellas tenía un carácter alimenticio, lo que perseguía era que las personas pudieran hacer frente a los gastos de supervivencia, alimento e higiene y poco más. El ingreso no tenía un carácter individual, sino que se otorgaba a las unidades familiares o de convivencia.

El segundo elemento era que el percibo de la cuantía monetaria se condicionaba a la aceptación de un Plan, Programa o Convenio de inserción por parte del beneficiario en el que se introducían actividades que ayudasen a la reinserción so-

---

38 Sobre la exclusión social, vid. VIDAL FERNÁNDEZ, F. (Ed.) (2006), La exclusión social y el Estado del bienestar en España. V Informe EUHEM de políticas sociales, Icaria-FUHEM, Madrid.

cial del excluido. Este elemento presentaba ventajas e inconvenientes. Entre las primeras hay que señalar que supone un acercamiento a la problemática real que sufre el perceptor y, por tanto, a un intento de solución para lograr su integración social y laboral. Entre los segundos, se ha señalado que el Plan o Convenio no se firma en pie de igualdad y el beneficiario se ve obligado a aceptar las condiciones que se le imponen si desea recibir la cuantía económica, aunque no esté convencido de que desea realizar las actividades a las que se compromete y posiblemente tampoco esté en condiciones de realizarlas[39].

El tercer y último elemento de las rentas mínimas de inserción era lo que se denominaban ayudas de emergencia o de inclusión social, que no estaban presentes en todas las Comunidades Autónomas. Estas ayudas eran prestaciones de naturaleza económica no periódicas destinadas a hacer frente a otros gastos necesarios para la supervivencia, como podían ser la vivienda, el vestido, la educación o ciertos gastos sanitarios.

De esta forma, la cobertura de las rentas mínimas de inserción era muy amplia y abarcaba múltiples situaciones sociales que antes eran desatendidas por los poderes públicos. Pero, en cualquier caso, esta cobertura no era total, seguían existiendo personas que no percibían ninguna cantidad, bien porque no reunían los requisitos, bien porque no conocían esta posibilidad.

A partir de 2006 comenzó la tercera fase en la regulación de las rentas mínimas de inserción, que suponía un cambio cualitativo en la misma dado que a partir de esa fecha fueron los Estatutos de Autonomía reformados los que incorporaron una referencia a dichas rentas. Estos Estatutos incorporaron el

---

39 REY PÉREZ, J.L., "La presencia de las rentas mínimas de inserción…", cit., p. 228 y REY PÉREZ, J.L., (2007), El derecho al trabajo y el ingreso básico ¿Cómo garantizar el derecho al trabajo?, Dykinson, Madrid, pp. 198 y ss.

reconocimiento del "derecho a la renta garantizada de ciudadanía", aunque también se emplean otras denominaciones. A falta de una mayor especificación, este reconocimiento plantea algunos interrogantes. En primer lugar, podemos preguntarnos si con esta terminología se está aludiendo a un derecho a las rentas mínimas de inserción en el sentido en que ya estaban reguladas en la legislación y según se ha expuesto brevemente aquí. No lo concretan las redacciones de los nuevos Estatutos, pero no parece que sean términos equivalentes. En mi opinión, estas referencias de los Estatutos de Autonomía pretenden tener un contenido más amplio que el que puede derivarse de la legislación de las rentas mínimas de inserción existente hasta el momento, pero no concretan cuál es este contenido[40].

Ahora bien, si nos preguntamos si los derechos reconocidos en los Estatutos de Autonomía suponen una universalización de las rentas mínimas de inserción, la respuesta parece ser negativa. Al analizar las leyes autonómicas de desarrollo, que podrían ser la concreción más clara del derecho estatutario a una renta mínima, se puede observar que dichas normas no garantizan un derecho universal a un mínimo vital, sino que estas prestaciones sólo se conceden a ciertas personas que reúnen los requisitos previstos en la legislación[41].

Aun así, la tendencia en esta tercera fase fue la ampliación de la cobertura[42]. El pico más alto de prestaciones emitidas has-

---

40 Sobre la interpretación de los derechos estatutarios a una renta mínima o renta básica, vid. CARMONA CUENCA, E. "El derecho a un mínimo vital", cit. pp. 1598-1600.

41 CARMONA CUENCA, E. "El derecho a un mínimo vital", cit., pp. 1600-1611.

42 Aunque la competencia sobre las rentas mínimas de inserción corresponde a las Comunidades Autónomas, el Plan Nacional de Acción para la Inclusión Social del Reino de España 2008-2010 propuso "garantizar y mejorar los recursos económicos mínimos, avanzar por parte de las CCAA en la regulación normativa de las RMI como derecho subjetivo y desarrollar la cooperación técnica en materia de RMI con las CCAA con el fin de mejorar

ta ese momento se consiguió durante la crisis económica, en 2015. A diferencia de la etapa anterior, las administraciones territoriales pudieron satisfacer la demanda con una estructura del sistema más consolidada. Según el Informe: "Los Programas de Rentas Mínimas en España[43]", el mayor aumento se produjo en el periodo entre 2007 y 2011, en que se pasó de 103.071 titulares beneficiarios a más de 220.000. En los siguientes años hubo un aumento significativo–excepto en 2012, alcanzando el pico más alto en 2015. A partir del 2015, el número de prestaciones descendió ligeramente, como posible consecuencia de una mejora en la creación de empleo.

Aun así, según los Informes de la Asociación Estatal de Servicios Sociales, solo el 8% de la población bajo el umbral de pobreza se beneficiaba de esta prestación. No obstante, existían grandes diferencias entre las autonomías. El País Vasco cubría tres cuartas partes (76,3%) de su población en riesgo de pobreza, mientras que Navarra dos tercios (66,1%). Aragón, Cantabria, Asturias, la Comunidad de Madrid y Castilla y León tenían porcentajes superiores al 10%. Por el contrario, las siete Comunidades restantes no alcanzaban ni el 5% de su

---

el conocimiento del impacto de dichas rentas en la inclusión social". A su vez, el Parlamento Europeo aprobó la Resolución legislativa de 6 de mayo de 2009 sobre la inclusión activa de las personas excluidas del mercado laboral (2008/2335(INI)), en la que se establece que la integración en el mercado laboral no debe ser una condición previa para tener derecho a unos ingresos mínimos y acceso a unos servicios sociales de alta calidad. De hecho, señala que este derecho a los ingresos mínimos y el acceso a los servicios sociales de alta calidad son condiciones previas, necesarias para la integración en el mercado laboral. Vid. "Pobreza y rentas mínimas de inserción: situación y perspectivas" (2009), en Cauces. Cuadernos del Consejo Económico y Social, pp. 48 y 51.

43 Elaborado por la Autoridad Independiente de Responsabilidad Fiscal (AIReF) en 2017. En Internet: https://www.airef.es/wp-content/uploads/RENTA_MINIMA/20190626-ESTUDIO-Rentas-minimas.pdf (última consulta: 20 de enero de 2024).

población bajo el umbral de la pobreza. A la cola, Castilla-La Mancha, Murcia y la Comunidad Valenciana que son las que ofrecían menor cobertura[44].

En la actualidad podríamos considerar que nos encontramos en una cuarta fase, que vendría determinada por las consecuencias económicas de la pandemia debida a la Covid-19 y por la aprobación del Real Decreto Ley 20/2020, de 29 de mayo, por el que se establece el Ingreso Mínimo Vital, convalidado por la Ley 19/2021, de 20 de diciembre (LIMV).

Las consecuencias económicas de la pandemia se han traducido en un aumento muy importante de la pobreza en España (como en la mayor parte de los países). Las rentas mínimas de inserción autonómicas han seguido actuando para paliar los efectos negativos de la pandemia en la economía de muchas familias. La novedad es que estas rentas conviven con el Ingreso Mínimo Vital, como prestación económica estatal, al que ya se ha hecho referencia.

Un posible sistema alternativo podría haber sido que las Comunidades Autónomas ampliasen la cobertura de las rentas mínimas de inserción, intentando cubrir a todas las personas necesitadas de su territorio. Unas bases estatales podrían haber intentado homogeneizar un mínimo de protección en todo el territorio nacional. La Seguridad Social, como competencia compartida entre el Estado y las autonomías, daría cobertura a una regulación de este tipo, pues, como ha afirmado el Tribunal Constitucional[45], la Seguridad Social hoy también incluye lo que se ha denominado *asistencia social interna*, que realiza prestaciones asistenciales de carácter complementario, para cuyo otorgamiento se tienen en cuenta criterios no contributi-

---

44 En Internet: https://directoressociales.com/informes/ (última consulta: 20 de enero de 2024).

45 STC 239/2002, de 11 de diciembre.

vos, sino característicos de las prestaciones de la asistencia social denominada *externa*, como son la insuficiencia de recursos disponibles del beneficiario[46].

Pero el hecho es que ahora coexisten las rentas mínimas de inserción autonómicas con el Ingreso Mínimo Vital estatal, como prestación no contributiva de la Seguridad Social. Varias Comunidades Autónomas han dictado nuevas Leyes para llevar a cabo la coordinación con la LIMV: Aragón[47], Cataluña[48], Comunidad Valenciana[49], Islas Baleares[50] y País Vasco[51].

Por lo que se refiere a las Comunidades del País Vasco y Navarra, la disposición adicional quinta de la LIMV y la posterior Ley de Presupuestos Generales del Estado concedió a sus respectivas haciendas forales la regulación y el pago del ingreso mínimo vital en sus territorios, algo que fue considerado conforme a la Constitución por la STC 19/2024, de 31 de enero.

El Gobierno de Cataluña recurrió ante el Tribunal Constitucional el carácter estatal del Ingreso Mínimo Vital, pues consideraba que debían ser las Comunidades Autónomas las que

---

46 Encarna Carmona Cuenca, "El derecho a un mínimo vital, la renta básica y las rentas mínimas de inserción", en Agenda Pública de 28 de abril de 2020: https://agendapublica.es/el-derecho-a-un-minimo-vital-y-la-renta-basica/ .

47 Decreto-ley 5/2020, de 29 de junio, del Gobierno de Aragón, por el que se regula la Prestación Aragonesa Complementaria del Ingreso Mínimo Vital y el Servicio Público Aragonés de Inclusión Social.

48 Decreto Ley 28/2020, de 21 de julio, por el que se modifica la Ley 14/2017, de 20 de julio, de la renta garantizada de ciudadanía y se adoptan medidas urgentes para armonizar prestaciones sociales con el ingreso mínimo vital.

49 Decreto Ley 7/2020, de 26 de junio, del Consell, de modificación de la Ley 19/2017, de 20 de diciembre, de renta valenciana de inclusión.

50 Decreto-ley 10/2020, de 12 de junio, de prestaciones sociales de carácter económico de las Illes Balears

51 Ley 14/2022, de 22 de diciembre, del Sistema Vasco de Garantía de Ingresos y para la Inclusión.

tuviesen la competencia sobre esta prestación, por ser más cercanas a la ciudadanía. Sin embargo, el alto Tribunal consideró conforme a la Constitución la asunción por el Estado de esta competencia en su Sentencia 158/2021, de 16 de septiembre.

5. EL INGRESO MÍNIMO VITAL

Aunque hacía tiempo que se venía proponiendo el establecimiento de un ingreso mínimo para cubrir las situaciones de necesidad de la población más vulnerable y de las personas en riesgo de exclusión[52], las consecuencias económicas derivadas de la pandemia por la Covid-19 han supuesto un enorme incremento de los niveles de pobreza, incluso entre personas que gozaban de una situación económica aceptable. Según se expresaba el *Plan Operativo 2020 de desarrollo de la Estrategia Nacional de Prevención y Lucha contra la Pobreza y la Exclusión Social*[53], "en España, según el INE, había más de 11.700.000 personas que estaban en riesgo de pobreza y/o exclusión social, lo que suponía el 25,3 % de la población"[54].

---

[52] El Defensor del Pueblo en su Informe de 2017 (vol. I, 2: 133) afirmaba: "Esta institución considera conveniente que se establezca una prestación, garantizando a los ciudadanos una renta mínima bien diseñada, ya que constituye un mecanismo de cierre para cualquier sistema de políticas sociales".

[53] Del Ministerio de Derechos Sociales y Agenda 2030. En Internet: https://www.mscbs.gob.es/ssi/familiasInfancia/inclusionSocial/inclusionSocialEspana/po-2020-Estrategia-Prev-Lucha_Pobreza_.pdf (última consulta: 20 de abril de 2021).

[54] Ya antes de la pandemia, la situación en España era mala. El Informe del Relator Especial de la ONU sobre la extrema pobreza y los derechos humanos, Philip Alston, que visitó España antes de la pandemia, en 2020, describe así la situación de nuestro país: "Una pobreza generalizada y un alto nivel de desempleo, una crisis de vivienda de proporciones inquietantes, un sistema de protección social completamente inadecuado que arrastra deliberadamente a un gran número de personas a la pobreza, un sistema educativo

En la exposición de motivos del Real Decreto-ley 20/2020 se pone de manifiesto la razón que ha motivado la aceleración del establecimiento del Ingreso Mínimo Vital:

> "...las medidas sanitarias de contención han supuesto la restricción de la movilidad y la paralización de numerosos sectores de la economía española, con el consiguiente efecto negativo para la renta de los hogares, los autónomos y las empresas... Más allá del impacto directo sobre la actividad económica, la pandemia ha desembocado en una profunda crisis social, que afecta especialmente a las personas en situación de vulnerabilidad...que no goza de una estabilidad permanente en sus ingresos, y que además está insuficientemente atendida por la mayor parte de las políticas sociales, vinculadas a la existencia de relaciones estables de empleo...".

El Gobierno optó por establecer una prestación económica con vocación de universalidad, que complementara las denominadas "rentas mínimas de inserción", a las que se hará referencia en el siguiente epígrafe, concedidas por las Comunidades Autónomas. Según el art. 2.1 de la LIMV,

> "El ingreso mínimo vital se configura como el derecho subjetivo a una prestación de naturaleza económica que garantiza un nivel mínimo de renta a quienes se encuentren en situación de vulnerabilidad económica en los términos que se definen en la presente Ley".

---

segregado y cada vez más anacrónico, un sistema fiscal que brinda muchos más beneficios a los ricos que a los pobres y una mentalidad burocrática profundamente arraigada en muchas partes del gobierno que valora los procedimientos formalistas por encima del bienestar de las personas". En Internet: https://www.ohchr.org/SP/NewsEvents/Pages/DisplayNews.aspx?NewsID=25534&LangID=S (última consulta: 22 de enero de 2024).

Aunque la vocación es de universalidad, la norma especifica claramente (en los arts. 4 y 5) quiénes pueden ser beneficiarios de dicha prestación[55].

Así, el art. 5 LIMV establece que "son titulares de esta prestación las personas con capacidad jurídica que la soliciten y la perciban, en nombre propio o en nombre de una unidad de convivencia. En este último caso, la persona titular asumirá la representación de la citada unidad". Para ser titulares es preciso tener una edad mínima de 23 años, salvo que la persona tenga hijos biológicos, adoptados o en acogida. También podrán ser titulares con una edad inferior los huérfanos absolutos (art. 5.2 LIMV). También podrán ser beneficiarias las mujeres víctimas de violencia de género o de trata de seres humano o de explotación sexual aunque no hayan alcanzado esa edad (art. 4.1 LIMV).

No podemos analizar aquí toda la regulación de la LIMV, algo que se ha hecho en otros trabajos[56]. Pero sí podemos decir que, a pesar de que ha supuesto un gran avance para hacer realidad el derecho fundamental a la protección social, aún

55 Es interesante consultar las propuestas de reforma del Ingreso Mínimo Vital formuladas por la sociedad civil. Vid. https://rmituderecho.org/es-vital-mejorar-el-ingreso-minimo-propuestas-para-la-tramitacion-del-proyecto-de-ley-de-ingreso-minimo-vital/ (última consulta: 22 de enero de 2024).

56 DELGADO RINCÓN, L.E. (2023), "El derecho a la prestación social del Ingreso Mínimo Vital: Algunas consideraciones sobre sus elementos y problemas competenciales", Revista de Derecho Político Núm. 116; DALLI, M. (2021), "El ingreso mínimo vital y el derecho a la asistencia social de la Carta Social Europea", en Lex Social. Revista Jurídica de los Derechos Sociales, vol. 11, nº 1; CALVO VÉRGEZ, J. (2020), "A vueltas con la creación del llamado Ingreso Mínimo Vital: Pros y contras derivados de su implantación", Cuadernos Manuel Giménez Abad, Núm. 20 y GONZÁLEZ ORTEGA, S. (2020), El Ingreso Mínimo Vital (Comentarios al Real Decreto Ley 20/2020, de 29 de mayo), Tirant lo Blanch, entre muchos otros.

presenta algunas carencias, como se ha puesto de manifiesto en la doctrina.

Así, María Dalli analiza si esta regulación de la LIMV responde a las exigencias del art. 13 de la Carta Social Europea, tal y como ha sido desarrollado por la jurisprudencia consolidada del Comité Europeo de Derechos Sociales, y concluye que aún son necesarias algunas reformas, como la cobertura de los jóvenes menores de 23 años, la provisión de asistencia social básica para inmigrantes en situación irregular y en casos de sanciones o un mayor desarrollo de las medidas de inclusión[57].

En concreto, esta autora propone interesante mejoras, como la necesaria colaboración entre los servicios sociales autonómicos y las oficinas de empleo, para facilitar el acceso a las prestaciones de las personas con dificultades de empleabilidad; el pago de la prestación a las personas mayores de edad que convivan en la unidad familiar, para evitar vínculos de dependencia económica y situaciones de violencia de género; la apertura de procedimientos no digitales, para facilitar a las personas sin acceso a medios informáticos la presentación de solicitudes; la articulación de una protección adecuada para niños, niñas y adolescentes; la previsión de una ayuda social básica en caso de sanciones y para inmigrantes en situación irregular y, finalmente, una mejora de las cuantías del ingreso, que permitan salir de la pobreza, respondiendo a la obligación de progresividad de los tratados internacionales[58].

En cuanto a la puesta en práctica del Ingreso Mínimo Vital en 2020 y 2021, éste habría permitido a las Comunidades Autónomas destinar todos los recursos de sus Rentas Mínimas de Inserción a llevar a cabo procesos de inclusión social con personas y familias en situaciones de exclusión. Sin embargo,

---

57 DALLI, M., "El ingreso mínimo vital… cit., pp. 231-234.

58 Ibidem., pp. 234-237.

según el Informe anual de la Asociación Estatal de Directoras y Gerentes de Servicios Sociales, los aproximadamente 1.500 millones de euros de las Rentas Mínimas no se han destinado a esta finalidad. Muchas Comunidades han desmantelado sus Rentas Mínimas de Inserción y han dedicado sus recursos a otras partidas diferentes a los servicios sociales.

En 2020 había en España 794.567 personas que percibían las RMI, el 9% de las personas bajo el umbral de la pobreza; en 2021 eran 644.136, el 7,7%: 150.431 personas menos (-19%). Trece Comunidades han reducido los perceptores de sus RMI, mientras que sólo cuatro los han aumentado; esta es la evolución, en porcentaje, de los perceptores de las RMI en cada Comunidad en 2021 respecto a 2020[59]:

Castilla-La Mancha	-62%	Cantabria	-37%	País Vasco	-6%
C. de Murcia	-54%	Aragón	-31%	C. Valenciana	+8%
C. de Madrid	-44%	Extremadura	-20%	Navarra	+10%
Baleares	-42%	Cataluña	-18%	Canarias	+19%
Castilla y León	-42%	Asturias	-10%	La Rioja	+56%
Andalucía	-38%	Galicia	-9%		

De esta forma, el Ingreso Mínimo Vital no ha conseguido llegar a ser universal. Por una parte, la LIMV establece unos requisitos, como hemos visto, que muchas personas necesitadas no cumplen. Y, por otra parte, existen muchas personas que, cumpliendo los requisitos, no llegan ni siquiera a solicitar esta prestación, bien por desconocimiento del procedimiento para hacerlo, bien por carecer de medios informáticos para acceder a las solicitudes[60].

---

59 Tomo los datos del Índice DEC 2022, de la Asociación Estatal de Directoras y Gerentes de Servicios Sociales. En internet: https://directoressociales.com/project/indice-dec-2022 (última consulta: 11 de marzo de 2024).

60 Vid. Emilio Sánchez Hidalgo, "Cuatro de cada diez potenciales beneficiarios del ingreso mínimo vital desconocen su existencia", en EL PAÍS de 15 de

6. EL DERECHO A LA PROTECCIÓN SOCIAL EN LA JURISPRUDENCIA DEL TRIBUNAL CONSTITUCIONAL.

6.1. Preliminar

Como hemos visto, la Constitución española se refiere a la seguridad social en el art. 41, dentro del Capítulo III del Título Primero. Mientras que en otros artículos de este Capítulo III se habla de "derechos" (reconoce el derecho a la protección de la salud en el art. 43, a la cultura en el art. 44, a un medio ambiente adecuado en el art. 45 o a una vivienda digna y adecuada en el art. 47), el art. 41 sólo establece la obligación de los poderes públicos de mantener "un régimen público de Seguridad Social para todos los ciudadanos". Sin embargo, como también hemos visto, tanto la doctrina como la jurisprudencia del Tribunal Constitucional hablan de la existencia de un *derecho a la seguridad social*[61].

En otros preceptos de este mismo Capítulo III del Título I también se contienen referencias a diferentes formas de protección social, como las pensiones de jubilación (art. 50), la protección de las personas con discapacidad (art. 49), la familia (art. 39.1) o la infancia (art. 39.4).

Como no se puede fundamentar un recurso de amparo en estos preceptos, la escasa jurisprudencia sobre los mismos hay que buscarla en otros procedimientos constitucionales y también podemos encontrar referencias indirectas en los recursos

---

marzo de 2024. https://elpais.com/economia/2024-03-15/cuatro-de-cada-diez-potenciales-beneficiarios-del-ingreso-minimo-vital-desconoce-su-existencia.html

61 Vid, supra, Capítulo II. Más adelante, en este Capítulo expondré también la jurisprudencia del Tribunal Constitucional sobre la materia.

de amparo interpuestos para la defensa de otros derechos fundamentales[62].

6.2. La seguridad social como garantía institucional

En varias Sentencias, el Tribunal Constitucional ha afirmado que la Seguridad social se configura como una *garantía institucional*[63]. En la STC 37/1994, de 10 de febrero, se expresa en estos términos:

> "El art. 41 C.E. impone a los poderes públicos la obligación de establecer -o mantener- un sistema protector que se corresponda con las características técnicas de los mecanismos de cobertura propios de un sistema de Seguridad Social. En otros términos, el referido precepto consagra en forma de garantía institucional un régimen público "cuya preservación se juzga indispensable para asegurar los principios constitucionales, estableciendo... un núcleo o reducto indisponible por el legislador" (...), de tal suerte que ha de ser preservado "en términos recognoscibles para la imagen que de la misma tiene la conciencia social en cada tiempo y lugar" (...)"[64].

El concepto de garantía institucional ha sido objeto históricamente de una fecunda elaboración, no exenta de polémica, de la que sólo puedo ofrecer aquí una breve referencia. La expresión "garantías institucionales" fue utilizada por la doctrina alemana del Derecho público de la primera mitad del

---

62 Vid. M. DÍAZ CREGO (2012), "Derechos sociales y amparo constitucional", Revista Vasca de Administración Pública Núm. 94.

63 Para una definición del concepto de garantía institucional, vid. SSTC 5/1981, de 13 de febrero y 32/1981. Vid., también, entre otros, el clásico trabajo de BAÑO LEÓN, J.M. (1988), "La distinción entre derecho fundamental y garantía institucional en la Constitución Española", Revista Española de Derecho Constitucional Núm. 24.

64 Doctrina reiterada en las SSTC 213/2005, de 21 de julio y 84/2015, de 30 de abril, entre otras.

siglo XX. Con ella se aludía a un conjunto de preceptos de la "Segunda Parte" de la Constitucional alemana de Weimar de 1919. Esta Segunda Parte llevaba la rúbrica "Derechos y deberes fundamentales de los alemanes" y en ella se contenían grupos tipos de normas: a) los derechos tradicionales, civiles y políticos, b) lo que hoy llamaríamos "derechos sociales" que se configuraban más bien como objetivos de carácter social y c) algunos preceptos que, en ocasiones con relación a un derecho fundamental y otras veces sin ella, regulaban distintas materias como la autonomía local, el estatus de los funcionarios públicos, el de las iglesias o el régimen de enseñanza pública o privada.

Este tercer grupo de normas eran las que presentaban una mayor singularidad y las que dieron lugar a la formulación del concepto de "garantías institucionales"[65]. El problema que planteaba toda la Segunda Parte de la Constitución de Weimar era el de su eficacia jurídica o "significado normativo", pues no existía en todo el texto constitucional ningún precepto que diera respuesta a esta cuestión. Carl Schmitt[66] puso de manifiesto que los preceptos de la Segunda Parte se ubicaban en la alternativa "programa o Derecho positivo". Es decir, los derechos -más bien, objetivos- sociales del segundo grupo de normas constituían un mero "programa", por lo que caían en la "irrelevancia". Mientras tanto, los derechos clásicos del primer grupo de normas se remitían a una futura ley para ser realmente eficaces[67] (Schmitt hablaba de *Leerlauf* o "giro en el vacío").

---

65 CRUZ VILLALÓN, P. (1989), "Formación y evolución de los derechos fundamentales", Revista Española de Derecho Constitucional Núm. 25 pp. 55-56.

66 SCHMITT, C. (1931), Freiheitsrechte und institutionelle Garantien der Reichverfassung, p. 140, citado por CRUZ VILLALÓN, P., "Formación y evolución...", cit., p. 57.

67 Así, por ejemplo, el art. 118 de la Constitución de Weimar establecía que "Todo alemán tiene el derecho de exponer libremente su opinión dentro de los límites de las leyes generales".

En este marco, el concepto de "garantías institucionales", construido para explicar el tercer grupo de normas de la Segunda Parte de la Constitución alemana de 1919, tuvo la mayor relevancia, pues se aplicó a los derechos clásicos del primer grupo y tuvo una relación muy estrecha con ellos. Esto permitió a los derechos civiles y políticos escapar de la teoría del "giro en el vacío", es decir, escapar de "las garras del puro principio de legalidad"[68].

Cruz Villalón exponía en su conocido trabajo "Formación y evolución de los derechos fundamentales" de 1989 que la expresión "garantía institucional" se presta a una utilización anfibológica, pues es susceptible de tener dos significados diferentes. En primer lugar, se refiere a la institución objeto de esa garantía. En segundo lugar, alude a la garantía misma que protege una determinada institución.

En su primer significado (que podríamos llamar sustantivo), puede decirse que la Segunda Parte de la Constitución de Weimar pretendió garantizar la existencia de una pluralidad de instituciones o institutos[69]. Refiriéndose a la propiedad privada, Martin Wolff la definía como una "garantía de instituto" y afirmaba que, si el constituyente había pretendido proteger determinados institutos, para no considerar ilusoria dicha pretensión había que entender que esos preceptos vinculaban al legislador[70]. De lo que se trataba era de salvar la normatividad de ciertos preceptos sobre la base de identificar un contenido institucionalizado reconocido social e incluso jurídicamente.

---

68 CRUZ VILLALÓN, P., "Formación y evolución…", cit. p. 58.

69 Schmitt llamaba "garantías de instituto" a las que pretendían proteger creaciones del Derecho privado, como el matrimonio, la familia, la propiedad o la herencia y "garantías institucionales" a las que pretendía proteger creaciones del Derecho público, como la autonomía local o el régimen de la función pública. CRUZ VILLALÓN, P., cit. "Formación y evolución…", p. 59.

70 Idem.

Carl Schmitt realizó una aguda crítica del concepto de garantías institucionales en este primer significado. Cruz Villalón recoge esta idea schmittiana en los siguientes términos: “las garantías carecen de sustantividad en todos aquellos casos en los que no son sino otra manera de concebir o comprender, ya sea un derecho (propiedad), ya sea un elemento de la estructura política (autonomía local)”[71].

En su segundo significado (adjetivo), garantía institucional sería la concreta garantía de la que se pretende dotar a un instituto o institución. Cruz Villalón afirmaba en 1989 que garantía institucional, en su significado adjetivo, es lo mismo que “contenido esencial”. Precisamente la idea de contenido esencial es una derivación de la garantía institucional en su significado adjetivo.

Asimismo, el Tribunal se ha pronunciado por el carácter necesariamente público del sistema de Seguridad Social (“la garantía institucional del sistema de Seguridad Social, en cuanto impone el obligado respeto a los rasgos que la hacen recognoscible en el estado actual de la conciencia social lleva aparejado el carácter público del mencionado sistema”). Aunque este carácter público “debe apreciarse en relación con la estructura y el régimen del sistema en su conjunto” y no queda comprometido por la existencia de “fórmulas de gestión o responsabilidad privadas”, siempre que las mismas tengan una importancia relativa en el conjunto de la acción protectora de un sistema que ha de ser predominantemente público”[72].

Y ha dejado claro que la institución de la seguridad social no descansa en un posible pacto o convenio entre el Estado y los individuos:

---

71 *Ibidem.*, p. 60

72 SSTC 37/1994, de 10 de febrero y 89/2009 de 20 de abril.

"La evolución del propio sistema español de Seguridad Social, los parámetros del Derecho Comparado y, muy especialmente, los compromisos asumidos por España en la materia (...) muestran cómo resulta un factor estructural, integrante mismo de la institución Seguridad Social, el diseño legal imperativo de la acción protectora garantizada, de tal suerte que queda excluida a sus beneficiarios la capacidad de decisión sobre las fórmulas de protección, su extensión subjetiva potencial y su intensidad al margen de los cauces legalmente establecidos (...) No otras son las consecuencias que se deducen del fundamental artículo 1 del Reglamento (CEE) núm. 1.248/92, del Consejo y del Convenio 102 O.I.T."[73].

Esta doctrina es sintetizada en la STC 128/2009, de 1 de junio, que establece que:

> "La Constitución ha recogido y consagrado en su art. 41 la evolución que han experimentado los sistemas contemporáneos de Seguridad Social, de tal suerte que la protección de los ciudadanos ante situaciones de necesidad se concibe como "una función del Estado", rompiéndose en buena parte la correspondencia prestación-cotización propia del seguro privado, superada por la dinámica de la función protectora de titularidad estatal (...).
>
> "El art. 41 CE impone a los poderes públicos la obligación de establecer —o mantener— un sistema protector que se corresponda con las características técnicas de los mecanismos de cobertura propios de un sistema de Seguridad Social. En otros términos, el referido precepto consagra en forma de garantía institucional un régimen público "cuya preservación se juzga indispensable para asegurar los principios constitucionales, estableciendo ... un núcleo o reducto indisponible por el legislador" (STC 32/1981, de 28 de julio, FJ 3), de tal suerte que ha de ser preservado "en términos recognoscibles para la imagen que de la misma tiene la conciencia social en cada tiempo y

[73] STC 206/1997 de 27 de noviembre.

> lugar" (STC 26/1987, de 27 de febrero, FJ 4; y 76/1988, de 26 de abril, FJ 4)".

El Tribunal ha confirmado que el sistema de Seguridad Social en España es un sistema estatal: "La mención separada del 'régimen económico' como función exclusiva del Estado trataba de garantizar la unidad del sistema de Seguridad Social y no sólo la unidad de su regulación jurídica, impidiendo diversas políticas territoriales de Seguridad Social en cada una de las Comunidades Autónomas (...) El principio de unidad presupuestaria de la Seguridad Social significa la unidad de titularidad y por lo mismo la titularidad estatal de todos los fondos de la Seguridad Social"[74].

Sobre la finalidad del sistema de Seguridad Social, el Tribunal ha afirmado que persigue "la reducción, remedio o eliminación de la situación de necesidad, mediante asistencia o prestaciones sociales suficientes, suficiencia que se predica también específicamente de las pensiones (art. 50)"[75].

6.3. La seguridad social como derecho fundamental

En cuanto al reconocimiento de un *derecho a la seguridad social,* el Tribunal ha afirmado que existe un "derecho humano" a "la tutela frente a riesgos sociales", cuyo valor interpretativo en nuestro ordenamiento es claro a partir del art. 10.2 CE[76]. Ahora bien, en las ocasiones en que ha aceptado la existencia de un derecho a la seguridad social, el Tribunal ha insistido en que se trata de un "derecho de configuración legal":

> "Salvada esta indisponible limitación, el derecho que los ciudadanos puedan ostentar en materia de Seguridad Social es de

---

74 STC 124/1989, de 7 de julio y 121/2010 de 29 noviembre.

75 STC 65/1987, de 21 de mayo.

76 STC 206/1997, de 27 de noviembre.

> estricta configuración legal, disponiendo el legislador de libertad para modular la acción protectora del sistema, en atención a las circunstancias económicas y sociales que son imperativas para la propia viabilidad y eficacia de aquél"[77].

Es decir, el Tribunal ha mostrado una gran deferencia hacia las posibles opciones del legislador para configurar el sistema de la seguridad social, pero, a mi juicio, la consideración de un derecho como "de configuración legal" no priva a ese derecho de un contenido esencial indisponible para el legislador, de mayor o menor amplitud, pues de otra forma no tendría ninguna virtualidad su reconocimiento en la Constitución. Todos los derechos (tanto los civiles y políticos como los sociales) precisan de un grado mayor o menor de configuración legal para su ejercicio, pero eso no les priva de su carácter de derechos fundamentales ni de poseer un contenido esencial que el legislador debe respetar[78].

Contenido esencial que el Tribunal Constitucional ha identificado como "un núcleo o reducto indisponible por el legislador"[79] que ha de ser preservado "en términos recognoscibles para la imagen que de la misma tiene la conciencia social en cada tiempo y lugar"[80], como hemos mencionado en el epígrafe anterior.

Y ello a pesar de la afirmación del art. 53.3 segundo inciso de la Constitución, según la cual los principios reconocidos en el Capítulo III del Título I "sólo podrán ser alegados ante la

---

77 STC 37/1994, de 10 de febrero, reiterada en las SSTC 213/2005, de 21 de julio y 156/2014, de 25 de septiembre y 61/2018, de 7 de junio, entre otras.

78 En el mismo sentido, IBÁÑEZ MACÍAS, A. (2021), "Identificando derechos fundamentales en la Constitución española", Derechos y Libertades Núm. 44, pp. 286 y ALMAGRO CASTRO, D. (2023), El Estado social en España. La larga marcha inacabada, Comares/Facultad de Derecho de la Universidad de Sevilla, Granada, pp. 173-174, entre otros.

79 STC 32/1981, de 28 de julio, FJ 3.

80 STC 26/1987, de 27 de febrero, FJ 4; y 76/1988, de 26 de abril, FJ 4

Jurisdicción ordinaria de acuerdo con lo que dispongan las leyes que las desarrollen". El carácter obsoleto de este precepto ya ha sido puesto de manifiesto por la doctrina[81]. En primer lugar, en la actualidad, prácticamente todos los derechos constitucionales han sido desarrollados por ley. Y, en segundo lugar, todas las normas contenidas en la Constitución (también los "Principios Rectores de la Política Social y Económica") pueden ser alegados ante los tribunales, como no podría ser de otra manera tratándose de normas constitucionales.

Ahora bien, la determinación de cuál es el contenido esencial[82] de un derecho en concreto no es tarea fácil. Depende mucho de la comprensión que se tenga de la Constitución y de su conexión con la cultura jurídica subyacente, así como de un entendimiento coherente e integrado de las distintas normas de un mismo texto constitucional[83]. Refiriéndose a las dos vías que establece el Tribunal Constitucional para la determinación del contenido esencial de los derechos[84], Fernando

---

81 JIMENA QUESADA, L., "La efectiva protección de los derechos sociales y su afirmación frente a derivas neutralizadoras", cit., pp. 710-711.

82 Sobre el concepto de contenido esencial, puede verse, en español: HÄBERLE, P. (2003), La garantía del contenido esencial de los derechos fundamentales, traducción de Joaquín Brage Camazano, Madrid, Dykinson; GAVARA DE CARA, J.C. (1994), Derechos fundamentales y desarrollo legislativo. La garantía del contenido esencial de los derechos fundamentales en la Ley Fundamental de Bonn, Madrid, CEC y MARTÍNEZ-PUJALTE, A.I. (1997), La garantía del contenido esencial de los derechos fundamentales, Madrid, CEPC, entre otros.

83 VELASCO CABALLERO, F. (2020), "Libertades públicas durante el estado de alarma por la COVID-19", en BLANQUER, D. (Coord.), COVID-19 y Derecho Público (durante el estado de alarma y más allá), Tirant lo Blanch, Valencia, p. 106.

84 El Tribunal Constitucional, en su conocida Sentencia 11/1981, de 8 de abril, estableció cuáles son las dos vías para conocer el contenido esencial de los derechos fundamentales: "El primero es tratar de acudir a lo que se suele llamar la naturaleza jurídica o el modo de concebir o de configurar cada

Velasco afirma: "Lo cierto es que, por una u otra vía, el contenido esencial de los derechos fundamentales no es el bastión último, irreductible, inmutable e imponderable que en ocasiones se ha pretendido"[85]. Por cualquiera de las dos vías, la definición del contenido esencial de un derecho no puede encontrarse solamente mediante una metodología lógica o axiológica, sino que son precisas indagaciones sociológicas. Es preciso identificar cuál es la imagen social de un derecho en cada tiempo y lugar.

Por otra parte, Gavara de Cara, recogiendo la doctrina alemana, sostiene que lo interesante es determinar cuál es el contenido esencial de cada derecho en concreto, más que tratar de definir el concepto de un modo general[86]. A su vez, Martínez-Pujalte afirma que este contenido esencial debe ser descubierto mediante una delicada labor hermenéutica que incluiría el análisis de los preceptos constitucionales, en el marco de una interpretación sistemática y unitaria de la Constitución, y una comprensión de los derechos fundamentales en conexión con los valores morales que subyacen a éstos[87]. En mi opinión, debería añadirse que esa comprensión de los derechos fundamentales debe conectarse con la jurisprudencia de los principales intérpretes de los derechos (en España, el Tribunal Constitucional y, muy especialmente, el Tribunal Europeo de Derechos Humanos en virtud del art. 10.2 CE)[88],

---

derecho" (…) "El segundo posible camino para definir el contenido esencial de un derecho consiste en tratar de buscar lo que una importante tradición ha llamado los intereses jurídicamente protegidos como núcleo y médula de los derechos subjetivos" (F.J. 8).

85 VELASCO CABALLERO, F., "Libertades públicas…", cit., p. 106.

86 GAVARA DE CARA, J.C., Derechos fundamentales…, cit., pp. 213-214

87 MARTÍNEZ-PUJALTE, A.I., La garantía del contenido esencial…, ob. cit., p. 140.

88 Vid. CARMONA CUENCA, E. (2021), "Estado de alarma, pandemia y derechos fundamentales ¿Limitación o suspensión?", Revista de Derecho Político

pero también la jurisprudencia de los órganos internacionales de garantía, como el Comité Europeo de Derechos Sociales, a la que se hará referencia más adelante[89]. Así definido, el contenido esencial de un derecho en concreto puede convertirse en parámetro para juzgar la constitucionalidad de las actuaciones del legislador, pero también las de jueces y tribunales y las de la Administración relativas a los derechos[90].

En la STC 103/1983[91], el Tribunal afirmaba que, si nos atenemos al tenor literal del art. 41 CE (que configura la Seguridad Social como un sistema que garantice a todos los ciudadanos "la asistencia y prestaciones suficientes ante situaciones de necesidad"), eso "implica una tendencia a garantizar a los ciudadanos un mínimo de rentas, estableciendo una línea por debajo de la cual comienza a actuar la protección". Sin embargo, a continuación, ponía de manifiesto que esta tendencia no aparecía plasmada en nuestra normativa legal, que tradicionalmente no se basaba en la protección frente a la pobreza, sino en la compensación frente a un daño, como es un exceso de gastos o un defecto de ingresos originado por la actualización de una determinada contingencia (muerte, incapacidad, etc.)". Es decir, que el texto constitucional ofrece la base para configurar un auténtico derecho a la seguridad social como protección universal de la ciudadanía frente a situaciones de necesidad, pero la legislación había estado siguiendo otra orientación. Esto está cambiando en los últimos años. La regulación de las pensiones no contributivas, las rentas mínimas de inserción y el Ingreso Mínimo Vital, a las que se aludió en

Núm. 112, pp. 32-37.

89 Vid, infra, epígrafes 5 y 6 del Capítulo III, por lo que se refiere a los derechos a la seguridad social y a la asistencia social.

90 MARTÍNEZ-PUJALTE, A.I., La garantía del contenido esencial..., ob. cit., p. 141.

91 STC 103/1983, de 22 de noviembre.

los epígrafes anteriores, serían indicadores de esta nueva configuración de la seguridad social como sistema de cobertura universal de las situaciones de necesidad.

Sobre la posibilidad de que el derecho a la seguridad social pueda ser regulado mediante Decreto-Ley se pronunció la STC 61/2018[92], en el sentido de que la limitación del art. 86.1 CE no afecta al contenido del art. 41 CE que, por tanto, podía ser regulado mediante la legislación de urgencia[93]. En este punto, se ha seguido la doctrina sentada en la STC 139/2016, de 21 de julio, en la que se afirmaba que el derecho a la protección de la salud del art. 43 CE no formaba parte de los "derechos, deberes y libertades de los ciudadanos regulados en el Título I" que están excluidos de su regulación mediante Decreto-Ley. En esta Sentencia, el Voto Particular firmado por D. Fernando Valdés y Dª Adela Asua, afirmaba que el TC había abierto una "preocupante senda" en relación con los derechos sociales "consistente en reinterpretar una anterior doctrina de forma silenciosa", que se ha traducido en no anunciar el cambio y no "aprestar los motivos justificativos del propio cambio". Los Magistrados discrepantes aseveraban que nunca antes "ninguna resolución de este Tribunal ha procedido a excluir del ámbito de aplicación de la cláusula de "no afectación" del art. 86 CE

92 STC 61/2018, de 7 de junio.

93 Esta Sentencia, que resolvía el recurso de inconstitucionalidad contra el Decreto-Ley 5/2013, de 15 de marzo, de medidas para favorecer la continuidad de la vida laboral de los trabajadores de mayor edad y promover el envejecimiento activo, cuenta con un Voto Particular de los Magistrados D. Fernando Valdés, D. Cándido Conde-Pumpido y Dª Mª Luisa Balaguer que consideraban que, en este caso, no se daba el presupuesto habilitante de la "extraordinaria y urgente necesidad" que establece el art. 86.1 CE para poder aprobar un Decreto-Ley. No se daba en cuanto que las circunstancias con las que se justificaba la norma cuestionada no constituían una evolución imprevista de factores demográficos y económicos, sino más bien una situación estructural del sistema de pensiones.

los Principios Rectores enunciados en el Capítulo III del Título I de la Constitución"[94].

El alto Tribunal también ha afirmado que el contenido de las prestaciones de la seguridad social puede variar en función de las circunstancias económicas y sociales:

> "El art. 41 CE convierte a la Seguridad Social en una función estatal en la que pasa a ocupar una posición decisiva el remedio de situaciones de necesidad, pero tales situaciones han de ser apreciadas y determinadas teniendo en cuenta el contexto general en que se producen y en conexión con las circunstancias económicas, las disponibilidades del momento y las necesidades de los diversos grupos sociales"[95].

Esta doctrina ha servido al Tribunal para desestimar recursos contra normas que restringían determinadas prestaciones de la Seguridad Social (gran discapacidad, desempleo). Tal vez en esos casos concretos estaba justificada la desestimación de los recursos, pero es importante "tomarse en serio" los derechos sociales. Los tratados internacionales suscritos por España obligan a hacer efectivos esos derechos y, entre ellos, el derecho a la protección social. Nuestra Constitución no permite interponer un recurso de amparo contra los derechos reconocidos en el Capítulo III del Título I (como el derecho a la seguridad social del art. 41 CE), pero estos derechos sí pueden ser objeto de un recurso o de una cuestión de inconstitucionalidad. Y el Tribunal Constitucional sí debería utilizar los derechos del

---

94 Vid. HERNÁNDEZ RAMOS, M. (2017), "La respuesta del Tribunal Constitucional a los Decretos-Leyes en materia de derechos sociales. El criticable retroceso de la jurisprudencia constitucional", Revista Vasca de Administración Pública Núm. 109-II y CARMONA CUENCA, E. (2020), "El derecho a la igualdad y los derechos sociales" en: VVAA, Cuatro décadas de jurisprudencia constitucional: Los retos. (XXV Jornadas de la Asociación de Letrados del Tribunal Constitucional), CEPC, Madrid, p. 164.

95 STC 197/2003, de 30 de octubre. Se reitera esta doctrina en la STC 128/2009, de 1 de junio.

Capítulo III del Título Primero como parámetro de la constitucionalidad[96]. De esta forma, debería entrar a juzgar el caso concreto y no desechar *a priori* los posibles motivos de inconstitucionalidad que puedan darse en una legislación regresiva de los derechos sociales, amparándose en la caracterización de estos derechos como "derechos de configuración legal".

6.4. En particular, las pensiones de jubilación

El art. 50 CE se refiere a las pensiones de jubilación y señala que el sistema de pensiones debe garantizar la suficiencia económica de las personas de la tercera edad a través de "pensiones adecuadas y periódicamente actualizadas".

Sin embargo, el Tribunal Constitucional no ha deducido un gran contenido de esta previsión. Ha señalado de forma reiterada que la suficiencia de las pensiones no debe analizarse en relación con cada pensión individual, sino analizando el sistema de pensiones en su conjunto, "sin que pueda prescindirse de las circunstancias sociales y económicas de cada momento y sin que quepa olvidar que se trata de administrar medios económicos limitados para un gran número de necesidades sociales"[97]. En cuanto a la garantía de la actualización periódica del art. 50 CE, el TC ha dicho expresamente que "no supone obligadamente el incremento anual de todas las pensiones" [98].

En tiempos más recientes, protagonizados por la crisis económica que ha propiciado la generalización de los llamados "recortes", la STC 49/2015, de 5 de marzo, desestimó el re-

---

96 Vid. CARMONA CUENCA, E. (1992), ""Las normas constitucionales de contenido social…", cit.

97 STC 134/1987, de 21 de julio.

98 STC 100/1990, de 30 de mayo. Se trataba de una cuestión de inconstitucionalidad.

curso de inconstitucionalidad interpuesto por Diputados de varios partidos contra el Real Decreto-Ley 28/2012, de 30 de noviembre, de medidas de consolidación y garantía del sistema de la Seguridad Social. La opinión mayoritaria estimó que no se vulneraba el principio de irretroactividad (art. 9.3 CE) al dejar sin efecto para el ejercicio de 2012 la actualización de las pensiones.

Es muy interesante la opinión minoritaria, plasmada en el Voto Particular de los Magistrados Fernando Valdés, Luis Ignacio Ortega, Adela Asua y Juan Antonio Xiol. Este Voto Particular se enfrentó a la cuestión de la reducción de los derechos sociales en general, afirmando que el nivel previamente reconocido de derechos sociales no constituye necesariamente una frontera infranqueable para el legislador, pero tampoco "es aceptable, sin más, su opuesto, la reversibilidad incondicionada". Los Magistrados disidentes afirman:

> "Ya hemos argumentado que el nivel previamente reconocido de derechos sociales no constituye necesariamente una frontera infranqueable para el legislador; pero una decisión restrictiva con respecto al nivel de protección previamente reconocido coloca a éste en la obligación de justificar de modo mucho más exigente el porqué de la disminución o restricción, en cuanto podría entenderse que esa previa regulación no solo prueba su inicial compatibilidad con los recursos económicos disponibles, sino que, en ciertos aspectos, marca un contenido de lo que los ciudadanos entienden como recognoscible de ese derecho social y, en consecuencia, esperan su efectiva realización por los poderes públicos".

Este Voto Particular recuerda también que, según estableció el propio Tribunal en su STC 134/1987, ya citada, el canon que debe informar las medidas restrictivas de las prestaciones sociales es el principio de solidaridad. Así, afirma: "Este canon, llamado a cumplir un relevante papel en los juicios de constitucionalidad sobre tales medidas, es el principio de solidaridad que, en su aplicación al tema debatido, comporta "el sacrificio de los intereses de los más favorecidos frente a los más desamparados con independencia, incluso, de las consecuencias puramente económicas de estos sacrificios".

6.5. La asistencia social

En varias Sentencias, el Tribunal Constitucional se ha referido a la asistencia social, como sistema de protección frente a las situaciones de necesidad que complementa la Seguridad Social estatal: "De la legislación vigente se deduce la existencia de una asistencia social externa al sistema de Seguridad Social y no integrada en él, a la que ha de entenderse hecha la remisión contenida en el artículo 148.1.20 C.E., y, por tanto, competencia posible de las Comunidades Autónomas[99].

El Tribunal afirma que la asistencia social constituye un mecanismo protector de situaciones de necesidad específicas, sentidas por grupos de población a los que no alcanza el sistema de la Seguridad Social y que opera mediante técnicas distintas a las de ésta. Es característica de la asistencia social su sostenimiento al margen de toda obligación contributiva o previa colaboración económica de los destinatarios o beneficiarios[100].

El Tribunal ha reconocido también que, aunque pueden existir prestaciones no contributivas en el sistema de la Seguridad Social, lo que conformaría una asistencia social "interna"[101], ello no impide la existencia de una asistencia social "externa" competencia de las Comunidades Autónomas, ni supone una merma de las competencias de éstas en la materia: "Una interpretación del artículo 41 CE en el marco del bloque de constitucionalidad, permite inferir la existencia de una asistencia

---

99 STC 76/1986, de 9 de junio.

100 Idem.

101 STC 36/2022, de 10 de marzo

social "interna" al sistema de Seguridad Social y otra "externa" de competencia exclusiva de las Comunidades Autónomas"[102].

Mientras que el sistema de la Seguridad Social estatal se configura como un régimen de protección público, imperativo, legal, con una estructura determinada, "por el contrario, las prestaciones que las Comunidades Autónomas puedan otorgar en materia de asistencia social no exigen ser caracterizadas por su integración en un sistema unitario y permanente ni en el tiempo ni en el espacio, pues la exclusividad de esta competencia permite a aquéllas optar por configuraciones diferentes en sus territorios respectivos"[103].

En la jurisprudencia del TC no se configura un "derecho a la asistencia social" del modo que sí se establece en la doctrina del Comité Europeo de Derechos Sociales, como veremos más adelante[104].

---

102 STC 239/2002, de 11 de diciembre.

103 Idem.

104 Vid., infra, epígrafe 6 del Capítulo III.

CAPÍTULO III:

EL DERECHO A LA PROTECCIÓN SOCIAL EN EL CONSEJO DE EUROPA

1. INTRODUCCIÓN

En el Consejo de Europa se aprobaron dos Convenios genéricos distintos para la protección de los derechos humanos (aparte de otros Convenios específicos en los que no entraremos aquí): El Convenio Europeo para la Protección de los Derechos Humanos y de las Libertades Fundamentales, más conocido como Convenio Europeo de Derechos Humanos (CEDH), que fue adoptado por el Consejo de Europa en Roma el 4 de noviembre de 1950 y la Carta Social Europea (CSE), aprobada en Turín el 18 de octubre de 1961 y revisada en 1996. Mientras que el sistema del CEDH incluye un Tribunal, el Tribunal Europeo de Derechos Humanos, cuyas decisiones tienen fuerza vinculante para los Estados (art. 46 CEDH) y un procedimiento de demandas individuales, el órgano de control de la CSE es el Comité Europeo de Derechos Sociales (CEDS) y el sistema de protección se basa en la presentación de Informes por los Estados. Además, partir de 1998, para los Estados que han ratificado el Protocolo Adicional a la CSE de 1995, el sistema incluye la posibilidad de interponer reclamaciones colectivas. Como resultado de estas reclamaciones colectivas, el CEDS remitirá informes al Comité de Ministros, quien puede emitir recomendaciones a los Estados[1]. España ha ratificado la Carta Social Europea en mayo de 2021 y el Protocolo Adicional de 1995 en octubre de 2022 (aunque ya se aplicaba en nuestro país desde enero de ese año).

El derecho a la protección social está presente en varios artículos de la CSE, pero no está reconocido expresamente en el CEDH. Sin embargo, el TEDH ha otorgado una "protección indirecta" a este derecho, a través de otros derechos civiles y políticos que sí están reconocidos en el Convenio de Roma. En particular, a través del derecho de propiedad privada del art. 1 del Protocolo 1 ha protegido algunos contenidos de la protección social. En este capítulo se hará referencia, en primer lugar, a esta "protección indirecta" del Tribunal de Estrasburgo y, en segundo lugar, a la tutela que el CEDS otorga al derecho a la protección social.

---

1 Sobre la protección de los derechos sociales de prestación en los distintos órganos internacionales europeos, vid., JIMENA QUESADA, L. (2011), "La jurisprudencia europea sobre derechos sociales" en: VON BOGDANDY, A. / FIX-FIERRO, H. / MORALES ANTONIAZZI, M. / FERRER MAC-GREGOR, E., Construcción y papel de los derechos sociales fundamentales. Hacia un Ius Constitutionale Commune en América Latina, México: Instituto de Investigaciones Jurídicas / Max Planck Institut für ausländisches öffentliches Recht un Völkerrecht/Instituto Iberoamericano de Derecho Constitucional/ UNAM, México y CHATTON, G.T. (2008), "La armonización de las prácticas jurisprudenciales del Tribunal Europeo de Derechos Humanos y del Comité Europeo de Derechos Sociales", en Revista de Derecho Político, UNED, Nº 73. Sobre la protección en los órganos internacionales: BINDER, C.; HOFBAUER, S.A. / PIOVESAN, F. / STEINER, A.Z. / STEINER, E. (Eds.) (2016), Social Rights in the Case Law of Regional Human Rights Monitoring Institution, Antwerp, Vienna, Graz: Intersentia.

2. EL DERECHO A LA PROTECCIÓN SOCIAL EN EL CEDH

2.1. La tutela indirecta de los derechos sociales por el TEDH

Aunque en el seno del Consejo de Europa ha habido varios intentos de incluir los derechos sociales en el texto del CEDH, no se ha llegado a un acuerdo sobre esta posibilidad[2]. Más bien se han puesto de manifiesto las dificultades que plantearía otorgar al TEDH la facultad de decidir sobre la justiciabilidad de derechos que implican importantes obligaciones prestacionales de los Estados.

Así pues, con la excepción del derecho a la educación, reconocido en el art. 2 Protocolo 1 CEDH, los derechos sociales de prestación están fuera del CEDH. Por esta razón, en general, el TEDH (y antes la Comisión) han declarado inadmisibles las demandas fundadas en estos derechos sociales de prestación[3].

Sin embargo, ya a partir del Caso Airey contra Irlanda, de 9 de octubre de 1979, el Tribunal ha entendido, en numerosas ocasiones, que no es posible trazar una separación absoluta en-

---

2 Sobre estos intentos, puede verse: MORTE GÓMEZ, C. y SALINAS ALCEGA, S. (2009), "Los derechos económicos y sociales en la jurisprudencia del Tribunal Europeo de Derechos Humanos", en EMBID IRUJO, A. (Dir.), Derechos económicos y sociales, Iustel, Madrid, pp. 366-377. Estos autores no consideran recomendable la incorporación de los derechos económicos y sociales al CEDH, pues se incrementaría en gran medida el volumen trabajo, ya de por sí muy considerable, del Tribunal Europeo.

3 Así lo hace el TEDH, por ejemplo, en la decisión de inadmisibilidad Salvetti c. Italia, de 9 de julio de 2002. Vid. SUDRE, F. (2003), « La protection des droits sociaux par la Cour Européenne des Droits de l'Homme : Un exercice de « Jurisprudence fiction »? », Revue Trimestrielle des Droits de l'Homme, N° 55, p. 755.

tre los derechos civiles y políticos y los derechos económicos y sociales:

> "Aunque el Convenio establece una serie de derechos de carácter esencialmente civil y político, algunos de ellos tienen implicaciones de naturaleza económica o social... El mero hecho de que una interpretación del Convenio pudiera extenderse hacia la esfera de los derechos sociales y económicos no supondría un factor decisivo contra dicha interpretación; no existe una separación drástica entre esa esfera y lo recogido por el Convenio".

De esta forma, a pesar del tenor literal del Convenio, en múltiples sentencias el TEDH ha entrado a conocer demandas que tenían un importante contenido económico y social y, es más, ha llegado a reconocer auténticos derechos sociales de prestación a partir de los derechos que sí están reconocidos en el texto del Convenio. Para ello, ha utilizado diversos mecanismos de protección indirecta[4], realizando lo que se ha denominado una interpretación *evolutiva*[5] del CEDH.

---

4 Vid. LÓPEZ GUERRA, L. (2014), "La protección de los derechos económicos y sociales en el Convenio Europeo de Derechos Humanos" y PÉREZ ALBERDI, M.R. (2014), "La protección de los derechos sociales en la jurisprudencia del Tribunal Europeo de Derechos Humanos", ambos en TEROL BECERRA, M. y JIMENA QUESADA, L. (Dirs.), Tratado sobre protección de derechos sociales, ob. cit., pp. 297-317 y 319-332 respectivamente. Pérez Alberdi concluye que la protección de los derechos sociales ofrecida por el Tribunal Europeo es insuficiente y que sigue siendo necesaria la garantía de la Carta Social Europea. Vid., también GARCÍA VITORIA, I. (2018), "La jurisprudencia del Tribunal Europeo de Derechos Humanos sobre los derechos sociales", en LÓPEZ GUERRA, L. y MASALA, P. (Coords.), La Europa social: alcances, retrocesos y desafíos para la construcción de un espacio jurídico de solidaridad", Centro de Estudios Políticos y Constitucionales, Madrid, pp. 115-141.

5 Vid. DAUGAREILH, I. (2001), "La Convention Européenne de sauvegarde des droits de l'homme et des libertés fondamentales et la protection sociale », Revue Trimestrielle de Droit Européenne N° 1, p. 126.

Una parte de la doctrina se muestra, en términos generales, partidaria de esta extensión de la protección ofrecida por el TEDH a los derechos sociales. En concreto, Sudre afirma que esta extensión es conveniente y ello tanto por razones de principio como por razones de oportunidad[6]. En cuanto a las primeras, expone que no hay que perder de vista la indivisibilidad de los derechos humanos y que tanto los derechos civiles y políticos como los económicos y sociales son igualmente inherentes a la dignidad humana y deben ser protegidos. En cuanto a las razones de oportunidad, pone de manifiesto que la aprobación de la Carta de los Derechos fundamentales de la Unión Europea el 18 de diciembre de 2000[7] supone la introducción de un Documento que reconoce de forma indiferenciada los derechos civiles y políticos y los derechos económicos y sociales[8]. Si el Convenio Europeo quiere seguir siendo un texto de vanguardia en la protección de los derechos humanos en Europa, no debe descartar, en principio, la protección de ninguno de estos derechos, incluidos los económicos y sociales.

Sin embargo, también se ponen de manifiesto en la doctrina las dificultades que conlleva la extensión de la compe-

---

6 SUDRE, F., « La protection des droits sociaux... », cit., pp. 755-757.

7 Texto al que el Tratado de Lisboa, aprobado el 13 de diciembre de 2007, otorga el mismo valor jurídico de los Tratados constitutivos de la Unión Europea.

8 Aunque en la versión de la Carta de 2007 se introduce la distinción entre derechos y principios (arts. 51 y 52) y se otorga una menor eficacia jurídica a estos últimos por lo que se refiere a su invocabilidad ante los tribunales. Es cierto que no se determina claramente qué preceptos reconocen derechos y cuáles establecen principios, con una menor justiciabilidad, pero, en una interpretación sistemática y teniendo en cuenta el Derecho comparado europeo, los derechos sociales de prestación entrarían, en general, en la categoría de principios. Vid, las Conclusiones del Abogado General Pedro CRUZ VILLALÓN presentadas el 18 de julio de 2013 en el asunto C-176-12 del Tribunal de Justicia de la Unión Europea.

tencia del TEDH a la protección de los derechos económicos y sociales y, muy particularmente, a los derechos sociales de prestación. Se dice que, para garantizar estos derechos, es preciso contar con medios económicos suficientes y que son los Estados los que deben establecer la política económica en el interior del país, en particular, es misión de los poderes legislativo y ejecutivo la definición de esa política económica. En atención a estas consideraciones, el Tribunal Europeo se ha mostrado, en general, muy cauteloso a la hora de establecer la violación de un derecho social de prestación por parte del Estado[9]. En general, ha adoptado una posición de deferencia (o autocontención judicial) y ha otorgado un amplio *margen de apreciación* a los Estados[10].

Así lo hizo, por ejemplo, en la decisión de inadmisibilidad Pentiacova y otros c. Moldavia, de 4 de enero de 2005, en la que decidía sobre una prestación sanitaria. Los demandantes se habían quejado de la insuficiente financiación pública en el tratamiento de la hemodiálisis. Aunque el Tribunal reconoció que el asunto podría entrar en el ámbito del derecho a la vida privada y familiar del art. 8 CEDH, inadmitió la demanda, pues consideró que en esta materia son los Estados quienes deben

---

9 Vid., entre otros, BINDER, C. y SCHOBESBERGER, T. (2015), "El Tribunal Europeo de Derechos Humanos y los derechos sociales ¿Nuevas tendencias en la jurisprudencia?", en UGARTEMENDÍA ECEIZABARRENA, J.I.; SAIZ ARNÁIZ, A. y MORALES ANTONIAZZI, M., La garantía jurisdiccional de los derechos humanos. Un estudio comparado de los sistemas regionales de tutela: europeo, interamericano y africano, Instituto Vasco de Administración Pública, Oñati, p. 104 y CLEMENTS, L. and SIMMONS, A. (2008), "European Court of Human Rights. Sympathetic Unease" en LANGFORD, M. (Ed.), Social Rights Jurisprudence. Emerging Trends in International and Comparative Law, Cambridge University Press, 2008.

10 Sobre la aplicación por el TEDH de la doctrina del margen de apreciación, vid. GARCÍA ROCA, J. (2010), El margen de apreciación en la interpretación del Convenio Europeo de Derechos Humanos. Soberanía e integración, Civitas, Madrid.

configurar las prioridades a la vista de las limitaciones presupuestarias. De forma muy gráfica se expresó también el Tribunal en el caso Jane Smith c. Reino Unido, Sentencia de 18 de enero de 2001, sobre el derecho a la vivienda: "El artículo 8 no reconoce el derecho a obtener un domicilio, como tampoco lo hace la jurisprudencia del Tribunal (…) Que el Estado provea fondos para permitir a todos tener un hogar es un asunto político y no una decisión judicial"[11].

A pesar de ello, en algunos casos el TEDH se ha mostrado más inclinado a reconocer la vulneración de un derecho social de prestación derivado de uno de los derechos reconocidos en el Convenio. Esto ha sucedido en determinadas circunstancias que podríamos sintetizar como sigue: a) cuando se han producido unos daños que son responsabilidad directa del Estado; b) cuando se trata de personas que se encuentran bajo la custodia del Estado, como la población reclusa, y c) cuando se trata de personas especialmente vulnerables, como las minorías étnicas o las personas con discapacidad[12].

Para ello ha utilizado diferentes mecanismos, entre los que cabe destacar[13]: a) aplicación de la prohibición de discrimina-

---

11 Parágrafos 105 y 106. Y lo reitera en el caso Chapman c. Reino Unido, de la misma fecha.

12 Vid. BINDER, C. y SCHOBESBERGER, T., "El Tribunal Europeo de Derechos Humanos y los derechos sociales…", cit., pp. 109-110.

13 Otros mecanismos utilizados por el TEDH para proteger indirectamente derechos sociales de prestación han sido: a) la interpretación extensiva del derecho a un proceso equitativo del art. 6 CEDH y b) la interpretación de algunos derechos sociales de prestación como límites a derechos reconocidos en el Convenio. Vid., por ejemplo, SUDRE, F. (1998), "La 'permeabilité' de la Convention Européenne des Droits de l'Homme aux droits sociaux », en Pouvoir et Liberté. Études offertes à Jacques Mougeon, Bruylant, Bruxelles; MALINVERNI, G. (2008), "The Protection of Social Rights in the Case Law of the European Court of Human Rigths", en HANSCHEL, D.; GRAF VON KIELMANSEGG, S.; KISCHEL, U. und LORZ, R.A. (Hrsg.), Praxis des inter-

ción del art. 14 CEDH a determinadas prestaciones sociales; b) ampliación del contenido de varios derechos reconocidos en el Convenio y c) aplicación de la doctrina de las obligaciones positivas del Estado a los derechos sociales de prestación. Ha sido particularmente fructífera la combinación de las técnicas b) y c), es decir la aplicación de la doctrina de las obligaciones positivas del Estado a algunos derechos sociales de prestación no reconocidos en el Convenio, sino derivados de otros derechos civiles y políticos que sí aparecen expresamente en el mismo[14].

2.2. La tutela del derecho a la protección social por el TEDH

El derecho a la protección social (seguridad social o asistencia social) no está reconocido expresamente en el CEDH. Sin embargo, el TEDH ha utilizado uno de los mecanismos citados (la aplicación de la prohibición de discriminación del art. 14 CEDH) para proteger algunos contenidos de aquel derecho.

Este mecanismo constituye una interpretación avanzada y ya consolidada de la prohibición de discriminación. Como es sabido, este artículo garantiza la prohibición de discriminación "en el goce de los derechos reconocidos" en el propio Convenio. Una reiterada jurisprudencia del Tribunal de Estrasburgo ha entendido que esta cláusula no puede ser entendida de forma autónoma y sólo puede ser alegada en combinación

---

nationalen Menschenrechtsschutzes – Entwickung und Perspectiven, Richard Boorberg Verlag, Stuttgart, y MORTE GÓMEZ, C. y SALINAS ALCEGA, S., "Los derechos económicos y sociales…", cit.

14 Sobre estos mecanismos de protección indirecta de los derechos sociales por parte del TEDH, vid. CARMONA CUENCA, E., "Derechos sociales de prestación, cit., 2017, pp. 1209-1238.

con otro artículo del Convenio[15]. Esto significa que, si se trata de un derecho social de prestación diferente del derecho a la educación del art. 2 del Protocolo 1, no podrá serle aplicada la cláusula del art. 14 CEDH.

En el caso Gaygusuz c. Austria, de 16 de septiembre de 1996, el demandante alegaba discriminación por razón de nacionalidad en el disfrute de una prestación económica de urgencia. Era muy dudoso que esta prestación pudiera encuadrarse en alguno de los derechos reconocidos en el CEDH. Sin embargo, el Tribunal interpretó que se trataba un *derecho patrimonial* y que, como tal, formaba parte del ámbito de aplicación del derecho a la propiedad privada reconocido en el art. 1 del Protocolo 1 del Convenio[16]. A partir de ahí, el TEDH apreció vulneración del art. 1 Protocolo 1 combinación con el art. 14 CEDH en la denegación de la prestación al demandante por razón de su nacionalidad. A partir de esta Sentencia, la doctrina consideró que esta interpretación, si se consolidaba, podría suponer la incorporación de un buen número de derechos sociales de prestación al sistema de protección del Convenio Europeo[17].

---

15 CARMONA CUENCA, E., "La prohibición de discriminación. Nuevos contenidos (art. 14 y Protocolo nº 12", en: GARCÍA ROCA, J. y SANTOLAYA, P. (Coords.), La Europa de los Derechos..., ob. cit.

16 HERREROS LÓPEZ, J., (2023), "La protección de las prestaciones sociales de carácter económico en la jurisprudencia del tedh a través del artículo 1 del protocolo n.º 1 CEDH", Revista Española de Derecho Europeo N.º 86.

17 SUDRE, F., "La 'permeabilité' de la Convention Européenne... », cit., pp. 474-475. Vid., también: CARMONA CUENCA, E., "La prohibición de discriminación...", cit. y SANTOLAYA MACHETTI, P. y DÍAZ RICCI, S. (2012), "Los derechos económicos, sociales y culturales y la protección de grupos vulnerables" en: GARCÍA ROCA, J., FERNÁNDEZ SÁNCHEZ, P.A., SANTOLAYA MACHETTI, P. y CANOSA USERA, R. (Eds.), El diálogo entre los sistemas europeo y americano de derechos humanos, Civitas, Madrid, pp. 285-287.

Con posterioridad, se ha reiterado esta interpretación relativa al derecho a recibir prestaciones económicas en los casos Wessels-Bergervoet contra Holanda, 4 de junio de 2002, y Willis contra Reino Unido, de 11 de junio de 2002, (ambos relativos a pensiones de viudedad y discriminación por razón de género). También en el caso Koua Poirrez contra Francia, de 30 de septiembre de 2003, en el que se aprecia violación del art. 14 en combinación con el art. 1 del Protocolo 1 CEDH provocada por la negativa a conceder una prestación por incapacidad a un solicitante extranjero por motivo de nacionalidad.

La aprobación del Protocolo N° 12 al CEDH en 2000 supuso la extensión de la prohibición de discriminación a todos los derechos, tanto del Convenio como de la legislación interna de los Estados. En un trabajo de 2003, Sudre consideraba que el Protocolo 12 estaba llamado a sustituir al art. 14 CEDH, por tratarse de una *lex specialis* sobre igualdad y prohibición de discriminación[18]. También afirmaba que, con la aplicación de este Protocolo, los derechos sociales podrían ser plenamente protegidos por el Tribunal Europeo. Sin embargo, esta interpretación no ha sido incorporada por el Tribunal. Por una parte, hasta la fecha, la aplicación de este Protocolo ha sido excepcional[19]. Y, por otra parte, como se ha puesto de manifiesto en la doctrina, el Protocolo N° 12 no atribuye al TEDH la competencia para verificar si un Estado ha reconocido y protege un derecho social, sino únicamente para pronunciarse respecto

---

18 SUDRE, F., « La protection des droits sociaux... », cit., pp. 774-779.

19 Sobre todo, debido a que este Protocolo no ha sido ratificado por todos los Estados parte del Convenio. La única vez que el TEDH ha considerado vulnerado el art. 1 del Protocolo n° 12 ha sido en el caso Sejdic y Finci c. Bosnia Hercegovina, de 22 de diciembre de 2009, en un caso de discriminación étnica relativa a la posibilidad de concurrir a unas elecciones y, aun así, se declaró vulnerado también el art. 14 en combinación con el art. 3 del Protocolo N° 1.

al derecho a no sufrir discriminación en el disfrute de dicho derecho social[20].

En los últimos años, y como consecuencia de la crisis económica generalizada, se han presentado numerosas demandas ante el TEDH contra los recortes de prestaciones sociales y, en concreto, de las pensiones. Amparándose en la interpretación que hemos visto, los demandantes alegaban violación del art. 1 Protocolo 1 en combinación con el art. 14 CEDH. Sin embargo, el Tribunal ha mantenido una postura más restringida en el reconocimiento de vulneraciones en estos casos[21]. Así, por ejemplo, en las decisiones de inadmisión Frimu y otros c. Rumanía, de 7 de febrero y de 13 de noviembre de 2012, se afirma que las circunstancias económicas y sociales pueden justificar la reducción de las prestaciones sociales y que a estas reducciones debe aplicarse el principio de proporcionalidad.

Del mismo modo, en el Caso Fábián contra Hungría, de 5 de septiembre de 2017, el TEDH analiza si el hecho de suspender la prestación de una pensión estatal a aquellos jubilados que fueran empleados por la Administración pública, a diferencia de los que lo fueran por el sector privado, que seguían manteniendo su pensión, era o no discriminatorio. En contra de su opinión previa[22], el TEDH, reunido en Gran Sala, considera que no hay discriminación alguna y que los argumentos empleados por el Gobierno para justificar la diferencia de trato eran convincentes y tenían una justificación objetiva y razonable. El TEDH, sin cuestionar la legalidad de la medida ni su finalidad de proteger el interés general de salvaguardar el

---

20 MORTE GÓMEZ, C. y SALINAS ALCEGA, S., "Los derechos económicos y sociales…, cit., pp. 388-391.

21 Vid. LÓPEZ GUERRA, L. (2015), "Crisis económica y derechos humanos. Una nota de jurisprudencia", Teoría y Realidad Constitucional, UNED, Nº 36, pp. 404-405.

22 En Sentencia de 15 de diciembre de 2015.

erario público, considera que la injerencia lograba un equilibrio entre los intereses de la comunidad y los del demandante, dado que este último como jubilado sólo veía suspendido su derecho a recibir su pensión mientras prestara sus servicios en la Administración, pudiendo además elegir entre percibir el pago por los servicios prestados o suspender el pago de la pensión de jubilación, por lo que no se le privaba de los medios para poder subsistir.

Por otra parte, hay que mencionar un ejemplo de conexión del derecho a la protección social con otro derecho del Convenio, el derecho a no sufrir tratos inhumanos ni degradantes del art. 3 CEDH. Sudre se preguntaba en 2003[23] si el concepto de "tratos degradantes" podría aplicarse a las condiciones de vida miserables que impone la pobreza extrema y la exclusión social, recordando que el derecho a la protección frente a esas circunstancias está reconocido en el art. 30 de la Carta Social Europea revisada. El autor afirmaba que esta posibilidad no era del todo ilusoria a la vista de la decisión de inadmisibilidad Larioshina c. Rusia de 23 de abril de 2002, en la cual se afirmaba que:

> "El Tribunal considera que una demanda sobre la cuantía totalmente insuficiente de una pensión y de otras prestaciones puede, en principio, caer en el ámbito de aplicación del art. 3 del Convenio, que prohíbe los tratos inhumanos y degradantes. Sin embargo, sobre la base de los antecedentes del caso, el Tribunal no encuentra ningún indicio de que la cuantía de la pensión de la demandante y de las prestaciones sociales adicionales haya causado un daño en su salud física o mental capaz de alcanzar el mínimo de gravedad para caer en el ámbito de aplicación del art. 3 del Convenio".

[23] SUDRE, F., « La protection des droits sociaux…, cit., p. 755.

3. LA CARTA SOCIAL EUROPEA

3.1. La elaboración de la Carta

La Carta Social Europea (CSE), adoptada en Turín el 18 de octubre de 1961, en el marco del Consejo de Europa, constituye el instrumento más emblemático del *Derecho Europeo de los Derechos Sociales*[24]. Se la ha llamado también la *Constitución social de Europa*[25].

Como ya se ha mencionado, la característica más destacable de los derechos reconocidos en la CSE es que gozan de unos instrumentos de protección más débiles que los que tutelan los derechos reconocidos en el CEDH (que son, fundamentalmente, derechos civiles y políticos). Frente al mecanismo jurisdiccional dispuesto en el Convenio, en el que juega un papel central el Tribunal Europeo de Derechos Humanos, la CSE dispuso en su inicio de un mecanismo de *Informes* y de un órgano no jurisdiccional, el denominado *Comité de Expertos Independientes* y, desde 1998, *Comité Europeo de Derechos Sociales* (CEDS). Con posterioridad, diversas reformas han ampliado y

---

24 JIMENA QUESADA, L. (2006), Sistema Europeo de Derechos Fundamentales, Colex, Madrid, p. 89. Vid., también, sobre la Carta Social Europea, LUKAS, K. (2021), The Revised European Social Charter. An Article by Article Commentary, Edward Elgar Publishing, Cheltenham, UK/ Northampton, MA, USA y SALCEDO BELTRÁN, C. (Dir.) (2021), La Carta Social Europea. Pilar de Recuperación y sostenibilidad del modelo social europeo. Homenaje al Profesor José Vida Soria, Tirant lo Blanch, Valencia.

25 Así ha sido declarada oficialmente en el marco del Proceso de Turín iniciado en el Consejo de Europa en el año 2014. El profesor Raúl Canosa ha afirmado que la interpretación de la CSE es una interpretación constitucional. Vid, CANOSA USERA, R., "La interpretación de la Carta Social Europea", en CANOSA USERA, R. y CARMONA CUENCA, E. Eds., La Europa de los derechos sociales: La Carta Social Europea y otros sistemas internacionales de protección, Tirant lo Blanch, Valencia, p. 85.

completado los mecanismos de protección, incluyendo el sistema de *reclamaciones colectivas* ante el CEDS.

Los Trabajos Preparatorios del CEDH revelan que el Consejo de Europa pretendió asegurar en primer lugar los derechos civiles y políticos contenidos en la Declaración Universal de Derechos Humanos de 1948, lo que hizo en el Convenio de Roma de 1950, y relegó a un segundo momento el reconocimiento de los derechos sociales también contenidos en esa Declaración, que sólo vio la luz con la Carta Social Europea en 1961[26]. Esta dualidad de reconocimientos se trasladó también al ámbito de Naciones Unidas, en el que se aprobaron los dos Pactos Internacionales de Derechos Humanos de 1966, por un lado, el de derechos civiles y políticos y, por otro, el de derechos económicos, sociales y culturales.

A pesar de las reiteradas invocaciones al principio de indivisibilidad de todos los derechos humanos, quedó así consagrada una especie de "jerarquía" de derechos, con un distinto sistema de protección, tanto en el ámbito europeo como internacional. Sin embargo, no han dejado de producirse interacciones entre ambos grupos de derechos. Como hemos visto en el epígrafe anterior, el propio Tribunal Europeo de Derechos Humanos ha reconocidos contenidos sociales en los enunciados de derechos del CEDH.

Además, la propia redacción del CEDH y de la CSE mostraba la voluntad de los Estados parte de reconocer de forma reforzada los derechos civiles y políticos del Convenio de Roma. En efecto, en la parte dogmática del CEDH se contienen expresiones rotundas como "toda persona tiene derecho a…", mientras que en la CSE se incluye una Primera Parte que

---

26 JIMENA QUESADA, L. (2018), "Retrospectiva del proceso de Turín: origen y trabajos preparatorios de la Carta Social Europea", Revista del Ministerio de Trabajo, Migraciones y Seguridad Social, Núm. 137, p. 17.

contiene "derechos y principios" y una Segunda Parte en la que se emplean expresiones más débiles, como: "Las Partes se comprometen a...". Además, a diferencia del CEDH, la CSE de 1961 contiene una Tercera Parte (art. 20) que restringe el alcance del propio catálogo de derechos aceptando la posibilidad de *reservas* mediante la técnica de la aceptación o ratificación "a la carta" (art. A.1.b) y c) CSE).

La Carta Social de 1961 tiene su base habilitante en el Estatuto del Consejo de Europa (aprobado en Londres el 5 de mayo de 1949), en la medida en que esta Organización persigue como uno de sus fines esenciales la acción común tendente a facilitar el "progreso económico y social" de sus Estados Miembros (artículo 1.a)) y el mantenimiento y mayor realización de los derechos humanos y las libertades fundamentales (artículo 1.b))[27].

El origen y evolución de los trabajos de la Carta Social pasó por dos fases distintas, con la intervención sucesiva de los dos principales órganos generales del Consejo de Europa. En la primera fase, de 1953 a 1956, la protagonista fue la Asamblea Parlamentaria, que trabajó sobre la base del proyecto de Carta elaborado por su Comisión de Asuntos Sociales. A continuación, el órgano que tomó el relevo fue el Consejo de Ministros (de 1956 a 1961), el cual desde el principio había encargado al Comité Social un proyecto. Ambos proyectos concurrieron de forma paralela, lo que puso de manifiesto la existencia de divergencias desde el comienzo de los trabajos[28].

Ante estas divergencias, la OIT convocó en Estrasburgo en 1958, a petición del Consejo de Europa, una Conferencia

---

27 JIMENA QUESADA, L., "Retrospectiva del proceso de Turín...", p. 20.

28 Una descripción detallada del proceso de elaboración de la Carta puede verse en: RODRÍGUEZ-PIÑERO y BRAVO-FERRER, M. (1970), "Antecedentes, génesis y significado de la 'Carta Social Europea'", Revista de Política Social Núm. 53, 1970, pp. 133-195.

tripartita (representantes gubernamentales, empresariales y sindicales). En este encuentro se consensuaron varias recomendaciones que dieron el impulso definitivo a la Carta Social, firmada finalmente en Turín el 18 de octubre de 1961. Su finalidad, como señala el Preámbulo, era que el goce de los derechos sociales quedara garantizado "sin discriminación por motivos de raza, color, sexo, religión, opinión política, proveniencia nacional u origen social, mejorar el nivel de vida y promover el bienestar de todas las categorías de la población, rurales o urbanas, por medio de instituciones y actividades apropiadas en los países que forman parte del Consejo de Europa". Como veremos en el siguiente epígrafe, este texto fue objeto de tres reformas posteriores y en 1996 se firmó la Carta Social Europea Revisada (CSER).

3.2. Contenido

El texto de la Carta Social Europea de 1961 se estructura en un Preámbulo, en el que se describen los fines perseguidos por la Carta, cinco partes y un anexo[29]. En la Parte I se contienen diecinueve puntos que enumeran los derechos y principios que los Estados parte se comprometen a aceptar como base de su política social. El art. 20.1 de la CSE otorga un valor *declarativo* a esta primera parte, pues establece que constituye una "declaración de los objetivos que [cada Estado parte] tratará de alcanzar por todos los medios adecuados".

La Parte II comprende diecinueve artículos, que se corresponden con los diecinueve puntos de la Primera Parte que

---

29 Sobre el contenido de la CSE, vid. JIMENA QUESADA, L., Sistema Europeo de Derechos Fundamentales, ob. cit., pp. 93-95 y SALCEDO BELTRÁN, C. (2013), Instrumento para la Defensa en el ámbito nacional de los derechos sociales. La Carta Social Europea, Fundación Primero de Mayo, Colección Informes Núm. 60, Madrid, pp. 5-7.

se ven, así, reconocidos como derechos y especificados. Una cláusula general inicial concreta el nivel de vinculatoriedad de esta segunda parte: "Las partes contratantes se comprometen a considerarse vinculadas, en la forma dispuesta en la Parte III, por las obligaciones establecidas en los artículos y párrafos siguientes". Cada uno de los artículos que forman esta segunda parte comienza con un epígrafe que enuncia un *derecho*. Así, se reconocen los siguientes derechos: al trabajo (art. 1), a unas condiciones de trabajo equitativas (art. 2), a la seguridad e higiene en el trabajo (art. 3), a una remuneración equitativa (art. 4), a promover la libertad sindical de los trabajadores y empleadores (art. 5), a la negociación colectiva (art. 6), a la protección de niños y adolescentes (art. 7), a la protección de las trabajadoras (art. 8), a la orientación y formación profesional (arts. 9 y 10), a la seguridad social (art. 12), a la asistencia social y médica (art. 13), a los beneficios de los servicios sociales (art. 14), a la formación profesional y readaptación profesional y social de las personas física o mentalmente disminuidas (art. 15) a la protección social, jurídica y económica de la familia, las madres y niños (arts. 16 y 17), al ejercicio de una actividad lucrativa en el territorio (art. 18) y, finalmente, a la protección y asistencia de los trabajadores migrantes y sus familias (art. 19).

La Parte III se refiere a las obligaciones de los Estados parte con respecto a la CSE, estableciendo un sistema de ratificación muy peculiar. Según este sistema, es posible que no todos los Estados estén obligados por los mismos preceptos, puesto que se comprometen "a considerar la Parte I de la presente Carta como una declaración de los objetivos que tratará de alcanzar por todos los medios adecuados (art. 20.1.a) CSE y a considerarse obligada por al menos cinco de los siete artículos siguientes de la Parte II de la Carta" (art. 20.1.b) CSE.

Es decir, los Estados debían optar por ratificar, en primer lugar, al menos, seis artículos del núcleo duro de la CSE, en concreto, el derecho al trabajo (art. 1), el derecho de sindicación (art. 5), el derecho a la negociación colectiva (art. 6), el derecho a la Seguridad Social (art. 12), el derecho a la asistencia social y médica (art. 13), el derecho de la familia a una protección social, jurídica y económica (art. 16) y el derecho de los trabajadores migrantes y sus familias a la protección y a la asistencia (art. 19).

En segundo y último lugar, los Estados debían ratificar además "(...) un número adicional de artículos o párrafos numerados de la Parte II de la Carta que elija dicha parte contratante, siempre que el número total de los artículos y de los párrafos numerados a los que quedará obligada no sea inferior a 10 artículos o a 45 párrafos numerados" (art. 20.1 c) de la CSE).

Se ha señalado que esta modalidad de ratificación, si bien es flexible, presenta inconvenientes, puesto que los Estados pueden caer en la tentación de aceptar sólo aquellos artículos que no les comprometen a demasiados esfuerzos[30].

La Carta configuró un órgano específico para garantizar su cumplimiento por los Estados. Fue el denominado *Comité de Expertos Independientes*, regulado en el art. 25 de la CSE de 1961. En principio serían siete miembros nombrados por el Consejo de Ministros del Consejo de Europa, con un mandato de seis años, renovable. Posteriormente, la Carta Social Europea revisada de 1996 modificó la composición de este Comité, como veremos más adelante. España ratificó en su totalidad esta CSE originaria por Instrumento de 29 de abril de 1980.

3.3. Reformas

Los cambios acaecidos durante los primeros años de vigencia de la CSE y, especialmente, la incorporación de los países de Europa del Este al Consejo de Europa, hicieron sentir la

---

30 SALCEDO BELTRÁN, C., Instrumento para la Defensa en el ámbito nacional..., cit., p. 7.

necesidad de reformar la Carta, para adaptarla a los nuevos desafíos. La idea era lograr una mayor eficacia de la Carta, asemejarla lo más posible al CEDH. La reforma consistió en ajustes institucionales, pero sobre todo en una metamorfosis política de la Carta, que, para algunos autores, quedó convertida en un verdadero complemento del Convenio de Roma[31].

Las reformas institucionales revistieron la forma de tres Protocolos adoptados respectivamente en 1988, en 1991 y en 1995 y en la aprobación de la Carta Social Europea revisada (CSER) en 1996. Dichos tratados permitieron, por una parte, ampliar la lista de derechos proclamados y garantizados por la CSE y, por otra parte, mejorar el mecanismo de control.

A veces se ha dicho que en el texto originario, la CSE de 1961, hay 19 derechos; con el primer protocolo habría 4 más y con la CSER todavía 8 más. Luego, un total de 31 derechos. Esto no es exacto: en la Carta revisada hay efectivamente 31 artículos, pero es difícil decir que cada artículo se corresponde con un derecho pues hay reiteraciones y solapamientos.

Sobre todo, lo que ha cambiado es que, tras las reformas, los derechos de la CSER están en una situación de mayor coherencia con el Derecho de la Unión Europea[32]. Esto puede comprobarse si se examinan los preceptos que en la Carta revisada se dedican a la igualdad entre mujeres y hombres.

Pero en la CSER también hay algunos derechos nuevos que se inspiran en los Convenios de la Organización Internacional del Trabajo (OIT). Ello ha permitido a la CSE entroncar con su

---

31 BRILLAT, R. (2014), "Evolución y consolidación del pacto europeo de democracia social: La Carta Social Europea", en TEROL BECERRA, M. y JIMENA QUESADA, L. (Dirs.), Tratado sobre protección de derechos sociales, ob. cit. p. 208.

32 Ibidem, p. 209.

origen, pues en 1961 la OIT jugó un papel considerable para favorecer la adopción de la Carta, como hemos visto.

El Primer Protocolo, de 5 de mayo de 1988, añadió cuatro derechos que aumentaron y mejoraron la protección de los trabajadores y trabajadoras: el derecho a la igualdad de oportunidades y de trato en materia de empleo y de profesión, sin discriminaciones por razones de sexo (art. 1), el derecho a la información y consulta dentro de la empresa (art. 2), el derecho a tomar parte en la determinación y mejora de las condiciones de trabajo y del entorno laboral (art. 3) y, por último, el derecho a la protección social de las personas mayores (art. 4). Tiene una estructura idéntica a la CSE. Los Estados que lo ratifiquen adquieren la obligación de considerarse vinculados "por uno o más artículos de la Parte II del presente Protocolo" (art. 5). Este Protocolo fue firmado por España el 5 de mayo de 1998 y ratificado el 24 de enero de 2000.

El segundo Protocolo es el Protocolo de Turín, abierto a la firma en esa ciudad el 21 de octubre de 1991. Modifica algunos artículos de la CSE originaria con la finalidad de mejorar "la eficacia de la Carta y, en particular, el funcionamiento de su mecanismo de control". En concreto, reforma el sistema de control de cumplimiento de la Carta mediante Informes estatales, al que más adelante se hará referencia. Modificó la composición del Comité Europeo de Derechos Sociales, que ahora tendría nueve miembros (que se ampliaron a quince por decisión del Comité de Ministros) y serían elegidos por la Asamblea Parlamentaria (art. 25 Protocolo 1991). A fecha de hoy ha sido ratificado por 23 de los 47 Estados del Consejo de Europa, entre ellos España[33].

---

33 Vid. https://www.coe.int/en/web/conventions/full-list/-/conventions/treaty/142/signatures?p_auth=F3KSQtYr (última fecha de consulta: 21 de marzo de 2024).

No obstante, el Protocolo empezó a aplicarse anticipadamente desde su firma. Todas las disposiciones del Protocolo se aplican cotidianamente por los órganos de control con una sola excepción: la que prevé la elección de los miembros del Comité Europeo de Derechos Sociales por la Asamblea Parlamentaria, en lugar de por el Comité de Ministros. Fue una decisión general de los Estados parte, adoptada por unanimidad en el seno del Comité de Ministros en diciembre de 1991, la que permitió la puesta en práctica anticipada del Protocolo de Turín. La decisión compromete a todos los Estados parte, incluso a los Estados que todavía no han ratificado formalmente el Protocolo.

La finalidad de la reforma de Turín era reforzar la posición del Comité de Expertos Independientes (llamado a partir de 1998 *Comité Europeo de Derechos Sociales*), creado por la Carta de 1961, como órgano de control. A partir de ese momento dispondría del monopolio de la interpretación jurídica de la Carta Social. El Comité no emite "opiniones", sino que es competente para realizar la interpretación jurídica de la Carta, interpretación que los Estados ya no pueden contradecir[34]. Aunque no existía ninguna disposición que lo avalase, durante los años 70 y 80 del pasado siglo, el Comité Gubernamental (formado por representantes de los Estados) había rechazado el monopolio del Comité de Expertos Independientes en la interpretación de la CSE. A partir del Protocolo de Turín esta situación cambió y los Estados, con mayor o menor grado de adhesión y entusiasmo, han aceptado dicha reforma y han aceptado también no volver a contestar las interpretaciones jurídicas del Comité Europeo de Derechos Sociales.

El Comité Gubernamental vio, así, reconducida su misión y pasó a concentrarse en el seguimiento de las conclusiones

---

34 BRILLAT, R., "Evolución y consolidación…", cit., p. 210.

de no conformidad del Comité Europeo de Derechos Sociales. Su trabajo consiste en asegurar que el Estado afectado adopte todas las medidas apropiadas para que la situación sea conforme con la Carta dentro de un plazo razonable. Este cambio ha tenido una gran repercusión en el funcionamiento del sistema de informes, al que me referiré más adelante. Al igual que el anterior, fue firmado por España el 21 de octubre de 1991 y ratificado el 24 de enero de 2000.

Finalmente, el importantísimo tercer y último Protocolo, de 9 de noviembre de 1995, estableció un sistema de reclamaciones colectivas para reforzar los mecanismos de control del cumplimiento por los Estados de las obligaciones que impone la CSE. El objetivo era "mejorar la aplicación efectiva de los derechos sociales garantizados por la Carta", reforzando "la participación de los empresarios y trabajadores, así como de las organizaciones no gubernamentales", que será analizado más adelante. Como se ha mencionado, España ha ratificado este Protocolo en octubre de 2022.

Todos estos cambios han favorecido el desarrollo de una nueva jurisprudencia del CEDS. Durante años, el Comité había interpretado la Carta Social con determinación y método, pero dicha interpretación ha sido completamente redefinida desde la entrada en vigor del Protocolo de 1995, que estableció el importante procedimiento de reclamaciones colectivas. El Comité ha comenzado a interpretar la CSE utilizado las técnicas y los principios de interpretación que el TEDH utiliza para interpretar el CEDH. En primer lugar, el Comité dice y repite que la Carta es vinculante.

Por lo tanto, los Estados tienen *obligaciones positivas,* aplicando un término utilizado por el Tribunal de Estrasburgo. No les basta con abstenerse de injerencias en los derechos de las personas, sino que tienen la obligación de actuar para dotar de efectividad a la Carta Social Europea.

Por otra parte, el Comité ha afirmado que, como la mayor parte de los derechos humanos, los derechos enunciados en la CSE no son absolutos. Las restricciones son posibles y están reguladas en el artículo G, que es interpretado como los conocidos apartados 2 de los artículos 8 a 11 del CEDH. Una restricción sólo es conforme a la Carta si persigue uno de los fines legítimos mencionados en el artículo G y es proporcionada a dicho fin[35].

3.4. La Carta Social Europea revisada

Ante este panorama existente de una CSE originaria y de tres Protocolos, se aprobó el 3 de mayo de 1996 la Carta Social Europea revisada. Señala su Preámbulo que su objetivo es el de "actualizar y adaptar el contenido material de la Carta, con el fin de tener en cuenta, en particular, los cambios sociales fundamentales que se han producido con posterioridad a su adopción". Se afirma que la CSER está destinada a "reemplazar progresivamente la Carta Social Europea, los derechos garantizados por la Carta una vez enmendada, los derechos garantizados por el Protocolo Adicional de 1998 y de añadir nuevos".

La apuesta por firmar una Carta Social Europea revisada era muy arriesgada. Lo que se pedía a los Estados era ratificar nuevamente un tratado que ya habían ratificado 15 años o 20 años antes. Pero fue una apuesta exitosa, puesto que la nueva Carta fue firmada por 45 Estados, de los que 35 ya la han ratificado, incluida España.

La CSER entró en vigor el 1 de julio de 1999 y sustituirá progresivamente a la Carta de 1961, a medida que vaya siendo ratificada por los Estados. Por medio de esta revisión se consolidan en versión única los 4 derechos introducidos por el Protocolo

---

35 Ibidem, p. 211.

de 1988 y se recoge el mecanismo de reclamaciones colectivas previsto en el Protocolo de 1995. No se ha dado acogida formal al Protocolo de 1991, pero éste está siendo aplicado, como hemos visto[36].

Su estructura es similar a la de la CSE originaria. La Parte I tiene ahora treinta y un puntos de carácter programático; la Parte II consta de los correspondientes treinta y un artículos vinculantes, que incluyen los diecinueve de la CSE anterior (habiéndose mejorado la redacción de algunos de ellos), los cuatro nuevos derechos del Protocolo de 1988 (arts. 20 a 23) y nuevos derechos (arts. 24 a 31), que son, en concreto, el derecho a la protección en caso de despido (art. 25), el derecho de los trabajadores a la tutela de sus créditos en caso de insolvencia de su empleador (art. 25), el derecho a la dignidad en el trabajo (art. 26), el derecho de los trabajadores con responsabilidades familiares a la igualdad de oportunidades (art. 27), el derecho de los representantes de los trabajadores a protección en la empresa y facilidades que se les deberán conceder (art. 28), el derecho a la información y consulta en los procedimientos de despido colectivo (art. 29), el derecho a protección contra la pobreza y la exclusión social (art. 30) y el derecho a la vivienda (art. 31).

Se ha valorado de forma positiva la ampliación de derechos. Sin embargo, no se ha valorado igualmente la puesta en práctica del sistema de control[37]. En cuanto al relevante procedimiento de reclamaciones colectivas, la CSER señala que se aplicará sólo a los Estados que hayan ratificado el Protocolo que lo regula (de 1995), pudiendo los Estados que no lo han hecho

---

36 Sobre este Protocolo, vid. CASTILLO DAUDÍ, M. (1993), "La Carta Social Europea treinta años después: El Protocolo de 21 de octubre de 1991", Tribuna Social Núm. 27.

37 Vid. SALCEDO BELTRÁN, C., Instrumento para la Defensa en el ámbito nacional..., cit., p. 8.

declarar su adhesión en el momento del depósito del instrumento de ratificación de la CSE revisada o en uno posterior, "mediante notificación dirigida al Secretario General del Consejo de Europa que acepta la supervisión de sus obligaciones (...) según el procedimiento establecido en dicho Protocolo" (Artículo D.2).

En opinión de Carmen Salcedo[38], dada la relevancia de este mecanismo, hubiera sido deseable que se estableciera de forma generalizada su carácter obligatorio a cualquier Parte contratante que ratificara la CSE revisada, sin necesidad de realizar una adhesión *ad hoc* del Protocolo de reclamaciones colectivas (actualmente hay 35 Estados que han ratificado la CSE revisada y sólo 16 han aceptado el procedimiento de reclamaciones colectivas).

Teniendo en cuenta que la redacción de la CSE originaria es ampliada por la CSER, los Estados se obligan al ratificarla

> "a considerar la Parte I de la presente Carta como una declaración de los objetivos que tratará de alcanzar por todos los medios adecuados (...), a considerarse obligada por al menos seis de los nueve artículos siguientes de la Parte II de la Carta (...), a considerarse obligada por un número adicional de artículos o párrafos numerados de la Parte II de la Carta que ella elija, siempre que el número total de los artículos y de los párrafos numerados a los que quedará obligada no sea inferior a dieciséis artículos o a sesenta y tres párrafos numerados" (art. 20.1 c) de la CSE).

3.5. El procedimiento de informes

El sistema de control o de garantía del cumplimiento de las disposiciones de la CSE por parte de los Estados se lleva a

---

[38] Ibidem, cit., pp. 8-9.

cabo mediante dos procedimientos: los informes estatales y las reclamaciones colectivas.

El procedimiento de informes estaba regulado en la Carta aprobada en 1961, pero fue modificado por el Protocolo de Turín de 1991. Como hemos visto, este Protocolo no ha entrado formalmente en vigor, pues no ha sido ratificado por todos los Estados parte, pero en la práctica es aplicado tras una Decisión del Comité de Ministros de 1991[39], mediante la que se pedía a los órganos de control de la Carta que aplicaran ese Protocolo incluso antes de su entrada en vigor "en la medida en que el texto de la Carta lo permitiere".

De esta forma, todas las disposiciones del Protocolo de 1991 son aplicables, excepto la elección de los miembros del CEDS por la Asamblea Parlamentaria del Consejo de Europa (siguen siendo elegidos por el Comité de Ministros).

El sistema de informes tiene como finalidad exigir a los Estados que mantengan informado al Consejo de Europa de su Derecho interno a la luz de las disposiciones de la Carta Social[40]. Los informes son bianuales para las disposiciones del *núcleo duro* de la Carta y cada cuatro años para el resto de las disposiciones. Se establecen sobre la base de un formulario y deben proporcionar, con relación a cada una de las disposiciones aceptadas de la CSE, todas las informaciones pertinentes sobre las medidas adoptadas para asegurar su aplicación. En particular, deben informar sobre el marco jurídico estatal general, los actos administrativos y políticas públicas adoptadas para poner en práctica ese marco jurídico y los datos estadísti-

---

39 Decisión adoptada en diciembre de 1991 con motivo de la 467ª reunión de los Delegados de los Ministros.

40 Sobre el sistema de informes, puede verse: CHABLAIS, I. (2014), "El sistema de informes en la Carta Social Europea" en: TEROL BECERRA, Manuel y JIMENA QUESADA, Luis (Dirs.), Tratado sobre protección de derechos sociales, ob. cit., pp. 221-230.

cos, cifras e informaciones que permitan apreciar en qué medida las disposiciones de la Carta son aplicadas.

Según el artículo 23 de la Carta de 1961, tras su modificación mediante el Protocolo de 1991, cada Estado parte, cuando presente un informe ante el Secretario General, enviará una copia de dicho informe a sus organizaciones nacionales que estén afiliadas a las organizaciones internacionales de empleadores y de trabajadores invitadas a estar representadas en las reuniones del Comité gubernamental. Estas organizaciones transmitirán al Secretario General sus eventuales observaciones sobre los informes de los Estados parte. El Secretario General remitirá entonces copia de esas observaciones a los Estados parte concernidos, que podrán ser rebatidas por éstos. El Secretario General dirigirá una copia de los informes de los Estados parte a las organizaciones internacionales no gubernamentales dotadas de estatuto consultivo ante el Consejo de Europa y particularmente cualificadas en las materias reguladas por la Carta.

De acuerdo con el artículo 24 de la CSE, tras su modificación mediante el Protocolo de Turín, el Comité evaluará, desde un punto de vista jurídico, la conformidad de las legislaciones, reglamentaciones y prácticas nacionales con el contenido de las obligaciones derivadas de la Carta para los Estados parte afectados.

Si la situación presentada en el informe es positiva y responde a las exigencias de la CSE, el Comité adoptará una conclusión de conformidad. Si el Comité no se encuentra en condiciones de pronunciarse, bien por falta de claridad o por la ausencia de informaciones contenidas en las explicaciones suministradas en el informe, puede aplazar la conclusión y formular preguntas al Gobierno. En tal caso, no se pronunciará y analizará la situación cuando le sean remitidas las respuestas en el informe siguiente. Por último, si la situación presentada en el informe no responde a las exigencias de la Carta, el Comité pronunciará una conclusión de no conformidad.

Las conclusiones de conformidad y los aplazamientos no precisan de un seguimiento particular. En cambio, las conclusiones de no conformidad deben conducir a los Estados afectados a adoptar las medidas necesarias para que la situación sea conforme a la Carta. Un Comité gubernamental, compuesto por representantes de los Estados parte en la CSE y asistido por observadores que representan a los interlocutores sociales examina las decisiones de no conformidad en los meses que siguen a su publicación. En los casos en los que el Comité Gubernamental estime que el Estado afectado no ha adoptado medidas para poner remedio a una violación o no pretenda dar cumplimiento a una decisión de no conformidad, puede proponer al Comité de Ministros que formule una recomendación a dicho Estado. En dicha recomendación se pide al Estado que tome las medidas apropiadas para remediar la situación.

3.6. El procedimiento de reclamaciones colectivas

Como hemos visto, el Protocolo de 1995 estableció un nuevo procedimiento de garantía de la CSE con el que se pretendía reforzar su eficacia. El procedimiento de reclamaciones colectivas permitiría que diversas organizaciones sociales pudiesen presentar *reclamaciones* en las que se denunciase la "aplicación insatisfactoria de la Carta" (art. 1 del Protocolo de 1995) [41].

El artículo D de la CSER ha consolidado de algún modo este procedimiento, pues prevé que se aplique a las disposiciones de la nueva Carta de 1996 y que los Estados que todavía no hayan aceptado el estar vinculados por el citado Protocolo

---

[41] Sobre el procedimiento de reclamaciones colectivas, vid. BELORGEY, J. M. (2014), "La Carta Social Europea y el Comité Europeo de Derechos Sociales: El mecanismo de reclamaciones colectivas", en: TEROL BECERRA, M. y JIMENA QUESADA, L. (Dirs.), Tratado sobre protección de derechos sociales, ob. cit., pp. 231-247.

puedan hacerlo mediante la oportuna declaración al efecto. Hasta la fecha sólo 16 Estados han ratificado este Protocolo, entre ellos España[42].

Hay una diferencia importante entre este mecanismo y el procedimiento de demandas ante el TEDH en lo que se refiere a la legitimación. Mientras que el Tribunal de Estrasburgo admite demandas individuales de personas directamente afectadas (art. 34 CEDH), en el sistema de la CSE sólo se otorga legitimación a determinadas organizaciones sociales. En efecto, según el art. 1 del Protocolo de 1995, podrán presentar reclamaciones las siguientes entidades:

a) Organizaciones internacionales de empleadores y de trabajadores.

b) Otras organizaciones internacionales no gubernamentales reconocidas como entidades consultivas por el Consejo de Europa y que figuren en la lista elaborada a tal fin por el Comité Gubernamental.

c) Las organizaciones nacionales representativas de empleadores y de trabajadores sometidas a la jurisdicción del Estado parte contra el que se dirige la reclamación.

Asimismo, el Estado Parte, cuando manifieste su consentimiento para quedar vinculado por el citado Protocolo, podrá "declarar que reconoce el derecho a presentar reclamaciones contra dicho Estado a cualquier otra organización nacional no gubernamental representativa dentro de su jurisdicción que tenga especial competencia en las materias reguladas por la Carta" (art. 2 Protocolo 1995).

---

42 https://www.coe.int/en/web/conventions/full-list/-/conventions/treaty/158/signatures?p_auth=F3KSQtYr (última fecha de consulta 20 de marzo de 2024).

Entre estas organizaciones, es significativo que los sindicatos no son muy activos a la hora de hacer uso de este importante procedimiento. Deberían reconsiderar esta actitud[43].

Las reclamaciones se presentan ante el Secretario General del Consejo de Europa. No hay un formulario oficial para ello, si bien las reclamaciones han de ser escritas y firmadas por persona habilitada para representar a la organización reclamante. De la práctica del CEDS se deduce que no se exige el agotamiento de los recursos judiciales internos[44].

El Secretario General notificará la reclamación al Estado parte afectado y la remitirá al Comité Europeo de Derechos Sociales (art. 5 Protocolo 1995). El CEDS realiza, en primer lugar, un control de admisibilidad que es esencialmente formal: se examina si la organización que presenta la reclamación tiene legitimidad para hacerlo, tanto por su naturaleza (arts. 1 y 2 Protocolo 1995), como por su objeto social. Se comprueba también que los firmantes de la reclamación ostentan la representación de la organización. En ocasiones, el CEDS se pronuncia con carácter preliminar sobre los motivos impugnatorios, "pero única y esencialmente en esa fase preliminar para ver si se corresponden adecuadamente con el ámbito de aplicación de la Carta y si están suficientemente fundados en apoyo de las conclusiones de la reclamación"[45].

Tras la admisión, el CEDS solicita al Estado parte afectado y a la organización reclamante que presenten "todas las aclaraciones o informaciones escritas que procedan" (art. 7 Protocolo 1995) e insta a los demás Estados parte a que presenten

---

43 BELORGEY, J. M., "La Carta Social Europea...", cit., p. 243.

44 JIMENA QUESADA, L., Sistema europeo de derechos fundamentales, ob. cit., p. 101 y BELORGEY, J. M. "La Carta Social Europea...", cit. p. 245.

45 BELORGEY, J.M., "La Carta Social Europea...", cit. p. 233.

observaciones, si lo desean. También puede organizar una audiencia con los representantes de las partes.

A la vista de todas las actuaciones practicadas, el CEDS pronuncia la decisión sobre el fondo (el art. 8 del Protocolo la denomina *informe*), que es una decisión de violación o de no violación de un cierto número de artículos de la Carta. En ocasiones la reclamación alega violación de varios artículos (que corresponden a varios derechos o a uno sólo, pues no hay una correspondencia exacta entre derechos y artículos). En esos casos, el fallo puede incluir una conclusión sobre la violación de un conjunto de artículos.

La decisión del CEDS se remite al Comité de Ministros, quien adoptará una resolución por mayoría de los votantes. Si el CEDS concluye que ha habido violación de la Carta, el Comité de Ministros adoptará, por mayoría de dos tercios de los votantes, una *recomendación* dirigida al Estado parte afectado (art. 9 Protocolo 1995).

Finalmente, el Estado parte afectado informará sobre las medidas que haya adoptado para poner en práctica la recomendación del Comité de Ministros en el siguiente informe que presente al Secretario General del Consejo de Europa (art. 10 Protocolo 1995). El Comité es informado regularmente del seguimiento dado a una reclamación colectiva a través del sistema de informes. En función de las informaciones recibidas, toma nota de los progresos realizados o pronuncia una conclusión de no conformidad si las evoluciones comunicadas no se consideran suficientes. Existe por tanto un vínculo entre el sistema de informes y el procedimiento de reclamaciones colectivas[46].

Aunque el CEDS no reciba la denominación de tribunal, el método de trabajo en el procedimiento de reclamaciones

---

46 CHABLAIS, I., "El sistema de informes...", cit. p. 227.

colectivas es *cuasi-jurisdiccional*, según entienden algunos autores, que consideren al Comité una *cuasi-jurisdicción,* que se inspira en los modos de proceder de la justicia administrativa[47]. En efecto, se trata de un procedimiento contradictorio, en el que dos partes (la organización reclamante y el Estado parte afectado) presentan sus alegaciones y, a la vista de todas las actuaciones practicadas (análisis de los hechos y del Derecho aplicable), el Comité decide con estrictos criterios jurídicos si ha habido o no violación de la Carta. En este sentido, como pone de manifiesto Luis Jimena Quesada, se ha consolidado el uso del término *jurisprudencia* con referencia a la actividad desplegada por el CEDS[48]. Aunque hay que tener en cuenta que el término jurisprudencia ya fue utilizado en el Prefacio del primer volumen de la recopilación de decisiones relativas a la Carta Social Europea que publicó el Consejo de Europa en 1982[49].

3.7. Ejecución e impacto de las decisiones del CEDS

Para examinar brevemente el procedimiento de ejecución de las decisiones del CEDS, hay que distinguir el mecanismo

---

47 BELORGEY, J.M., "La Carta Social Europea…", cit. p. 241.

48 JIMENA QUESADA, L. (2014), "La ejecución de las decisiones del Comité Europeo de Derechos Sociales: Enfoque comparado con el Tribunal Europeo de Derechos Humanos", en: TEROL BECERRA, M. y JIMENA QUESADA, L. (Dirs.), Tratado sobre protección de derechos sociales, ob. cit., p. 250.

49 Recueil de Jurisprudence relative à la Charte Sociale Européenne/Case Law on the European Social Charter. En Internet: https://www.coe.int/fr/web/european-social-charter/case-law (última fecha de consulta: 21 de marzo de 2024). Una recopilación de las decisiones del CEDS en el procedimiento de reclamaciones colectivas (1998-2005) traducidas al español puede verse en: JIMENA QUESADA, L. (2007), La jurisprudencia del Comité Europeo de Derechos Sociales (Sistema de reclamaciones colectivas Vol. I: 1998-2005), Tirant lo Blanch, Valencia.

de informes del mecanismo de reclamaciones colectivas. En ambos casos el órgano al que se encomienda dicha ejecución es el Comité de Ministros del Consejo de Europa.

Por lo que se refiere al sistema de informes, la tarea del Comité de Ministros con respecto al CEDS se concentra en el control de los progresos de los Estados miembros referentes a las conclusiones de no conformidad con la Carta Social emitidas por el CEDS y que afectan a todos los Estados parte. Por supuesto, las conclusiones son vinculantes para dichos Estados, que deben adaptar su legislación y su práctica a las apreciaciones jurídicas del CEDS, las cuales no son sino la concreción de las obligaciones jurídicas asumidas al comprometerse con la Carta[50].

En cuanto a las reclamaciones colectivas, en primer lugar, se ha destacado la importancia de este mecanismo para desarrollar la jurisprudencia del CEDS, pues, por una parte, le dota de mayor visibilidad, y, por otra parte, está llamado a consolidarse como base de un enriquecimiento mutuo con otras jurisprudencias sociales de alcance regional[51].

Recordemos que mediante las reclamaciones colectivas es posible controlar distintos tipos de actuación estatal. El CEDS puede condenar una violación de la Carta derivada de una norma jurídica o de una praxis jurisprudencial, pero también puede sancionar una práctica administrativa o una carencia normativa[52]. Ahora bien, las decisiones del Comité no son ejecutivas y, para su eficacia, precisan de la actuación del Comité de Ministros, como hemos visto. Las decisiones que concluyen que ha habido una violación de la CSE no dan lugar a ningún tipo de sanción al Estado condenado (más allá de la obliga-

---

50 JIMENA QUESADA, Luis, "La ejecución de las decisiones…", p. 252.

51 Idem.

52 BELORGEY, J.M., "La Carta Social Europea…", cit., p. 244.

ción de dar explicaciones en sus informes) ni tampoco se prevén indemnizaciones[53]. Jean-Michel Belorgey, expresidente del CEDS, se ha mostrado partidario de que pudieran concederse compensaciones económicas en algunos casos[54].

El artículo 8 del Protocolo de 1995 dispone que el CEDS se pronunciará "sobre si la Parte Contratante afectada ha garantizado o no la aplicación satisfactoria de la disposición de la Carta a que se refiere a la reclamación". Luis Jimena considera que, en todo caso, la base de este artículo parece ofrecer al CEDS una apoyatura lo suficientemente amplia como para que en el futuro se abran nuevas expectativas sobre un contenido más rico en materia de reparaciones[55]. De hecho, el CEDS ha llegado a establecer excepcionalmente en algunas decisiones de fondo una compensación financiera, aunque sólo fuera para sufragar las costas procesales abonadas por la organización reclamante[56]:

La ejecución de las decisiones de fondo del CEDS puede exigir distintos tipos de actuación estatal. Normalmente comporta la adopción de medidas legislativas en el ámbito interno[57]. En ocasiones, la eficacia de la decisión puede venir dada

53 Ahora bien, la falta de indemnizaciones no constituye un obstáculo para que en el ámbito interno los justiciables puedan invocar decisiones del CEDS ante las jurisdicciones nacionales para obtener una reparación individualizada. Vid. JIMENA QUESADA, L., "La ejecución de las decisiones…", p. 253.

54 BELORGEY, J.M., "La Carta Social Europea…", cit., p. 244.

55 JIMENA QUESADA, L., "La ejecución de las decisiones…", cit., p. 257.

56 Efectivamente, en la Decisión de fondo de 12 de octubre de 2004 (Reclamación nº 16/2003, Confederación francesa de directivos-Confederación general de ejecutivos contra Francia) el CEDS otorgó a la reclamante una compensación de dos mil euros por gastos procesales (§§ 75-80, y punto dispositivo 6 de la decisión de fondo). Vid. JIMENA QUESADA, L., "La ejecución de las decisiones…", cit., p. 259.

57 Por ejemplo: Reclamación nº 48/2008 (ERRC contra Bulgaria, decisión de fondo de 18 de febrero de 2009).

por la actuación judicial, incluso a través del ejercicio del *control de convencionalidad* por las jurisdicciones internas[58] (sobre esta cuestión, volveré en el epígrafe siguiente). En otras ocasiones, la ejecución de la decisión del CEDS puede llevarse a cabo mediante prácticas administrativas[59].

En cuanto a la posibilidad de adoptar medidas cautelares, es cierto que el CEDS carece de una cláusula similar al artículo 39 del Reglamento del TEDH. Sin embargo, el CEDS ha utilizado el artículo 26 de su Reglamento, que prevé un procedimiento preferente y sumario y, por tanto, tendente a prevenir en cierto grado que las reparaciones derivadas de una eventual decisión de fondo condenatoria no dificulten innecesariamente una satisfacción lo más equitativa posible. La finalidad sería anticipar en lo posible la adopción de una decisión para que las reparaciones satisfagan al máximo la idea de la *restitutio in integrum*[60]. La primera vez que el CEDS acudió al artículo 26 de su Regla-

---

58 Así sucedió con motivo de la Reclamación nº 14/2003 (caso Federación internacional de ligas de derechos humanos contra Francia, decisión de fondo de 7 de septiembre de 2004), que no sólo fue ejecutada por las autoridades francesas [Circular DHOS/DSS/DGAS nº 141 de 16 de marzo de 2005 relativa a la asunción de la atención urgente ofrecida a los extranjeros residiendo en Francia de manera irregular y no beneficiaros de la ayuda médica de Estado], sino también llevada a la práctica por el Consejo de Estado, mediante su Decisión de 7 de junio de 2006, Association Aides et autres al descartar la aplicación de la legislación francesa controvertida asumiendo la solución alcanzada en la Reclamación nº 14/2003. Vid. JIMENA QUESADA, L., "La ejecución de las decisiones...", cit., p. 255.

59 Como, por ejemplo, la retirada por el Gobierno de libros de texto del sistema educativo que incluían manifestaciones homófobas contrarias a la educación sexual y reproductiva no discriminatoria impuesta por el artículo 11 de la Carta: Reclamación nº 45/2007 (Interights contra Croacia, decisión de fondo de 30 de marzo de 2009). Vid. JIMENA QUESADA, L., "La ejecución de las decisiones...", cit., p. 255.

60 JIMENA QUESADA, L., "La ejecución de las decisiones...", cit., p. 259.

mento lo justificó en virtud de la gravedad de las alegaciones hechas valer por la organización reclamante[61].

En cuanto al impacto de las decisiones del CEDS, autores como Raúl Canosa han apuntado que la trascendencia práctica de estas decisiones ha ido en aumento y que los Estados cada vez son más proclives a modificar sus legislaciones y sus prácticas judiciales y administrativas para dar cumplimiento a lo dispuesto por este Comité[62].

Un hito importante en este proceso ha sido la acentuación de la visibilidad de la Carta Social Europea en el seno del Consejo de Europa. A tal efecto, fue muy importante la decisión de Catherine Lalumière, a la sazón Secretaria General del Consejo de Europa, tomada en 1990, de transferir el Servicio de la Carta Social a la Dirección General de Derechos Humanos. Esta decisión supuso un avance en la materialización orgánica de la proclamada indivisibilidad de los derechos humanos. A partir de entonces, la Carta pudo iniciar el camino que la ha conducido a convertirse en un texto incontestable del sistema europeo de los derechos humanos[63]. Otro hito importantísimo ha sido la aprobación de la Carta Social Europea revisada, ratificada por 34 Estados, como hemos visto.

Esta evolución ha llevado al Tribunal Europeo de Derechos Humanos a referirse cada vez más a menudo a la Carta y a las decisiones del CEDS, lo que evidentemente es muy importante.

Más allá de ello, la CSE ha desempeñado una función muy destacable en la elaboración de la Carta de los Derechos Fun-

---

61 Decisión de admisibilidad del CEDS de fecha 8 de diciembre de 2009 (Reclamación nº 58/2009, COHRE contra Italia).

62 CANOSA USERA, R. (2024), "La interpretación de la Carta Social Europea" cit., pp. 49-87.

63 BRILLAT, R., "Evolución y consolidación…", cit., p. 213 y ESTRADA TANCK, D., Nuevos horizontes…, ob. cit., p. 196.

damentales de la Unión Europea (CDFUE), en la que los derechos sociales aparecen reconocidos junto con los derechos civiles y políticos en un mismo documento. Régis Brillat se muestra convencido de que, sin la reforma y sin la adopción de una Carta Social Europea revisada, los derechos sociales no habrían sido tomados en cuenta del mismo modo en el proceso de elaboración de la Carta de los Derechos Fundamentales de la Unión Europea[64]. Del mismo modo, la *jurisprudencia* del CEDS ha ido calando y está siendo utilizada de forma importante por el Tribunal de Justicia de la Unión Europea[65].

Por otra parte, en el Derecho interno, muchas leyes, convenios colectivos y resoluciones judiciales se refieren a la CSE. El impacto de la Carta en las decisiones de los órganos jurisdiccionales internos es cada vez más importante, pese a no estar todavía al nivel del impacto del Convenio Europeo de Derechos Humanos[66]. A ello me referiré en el siguiente epígrafe.

Hay que contrastar estos avances con la realidad de la crisis financiera-económica que comenzó en 2008 y en la que, en buena medida, seguimos inmersos, máxime después de la crisis sanitaria-económica de 2020. Los efectos de una crisis económica se dejan sentir sobre la eficacia de todos los derechos, pero, en el inconsciente colectivo, los derechos sociales son los primeros afectados. En lo que se refiere a la CSE, esta situación se ha manifestado en una cierta erosión social de la afirmación de que tanto la Carta como las decisiones del CEDS son vinculantes para los Estados, a pesar de que esta afirmación ha sido reiterada en numerosas ocasiones por este Comité[67].

64 BRILLAT, R. "Evolución y consolidación…", cit., p. 213.

65 BELORGEY, J.M., "La Carta Social Europea…", cit., pp. 245-246.

66 BRILLAT, R., "Evolución y consolidación…", cit., p. 213.

67 Ibidem., pp. 215-216.

3.8. Aplicación de la CSE y de las decisiones del CEDS por los jueces nacionales

La tesis de la aplicabilidad directa de la CSE y de las decisiones del CEDS por parte de los órganos judiciales estatales es rechazada por algunos autores. Sin embargo, como veremos, este rechazo choca con la práctica de un buen número de jueces, puesto que ya son numerosas los órganos jurisdiccionales o las instancias cuasi-jurisdiccionales que consideran aplicable la Carta[68].

Quienes defienden la falta de justiciabilidad de la CSE se apoyan sobre todo en la formulación de las disposiciones sustanciales, y más precisamente en el hecho de que, en la mayor parte de los casos, la expresión utilizada es: "Las Partes se comprometen a..." reconocer un derecho o a dotarle de consistencia en su ordenamiento jurídico. La fórmula "se comprometen a reconocer..." debería significar, por tanto, según esta interpretación, que los Estados parte no han querido que la Carta confiera ella misma y directamente derechos subjetivos. Éstos sólo podrían existir cuando el Estado haya realizado el compromiso asumido, cuando efectivamente haya reconocido el derecho (por medio de una norma de Derecho interno)[69].

Esta conclusión se presenta como general, en el sentido de que debe valer para el conjunto de la CSE. Sin embargo, algunas disposiciones de la Carta establecen que los Estados "reconocen" algún derecho en concreto, como el art. 6.4 (derecho a emprender acciones de conflicto colectivo y huelga) o el art. 18.4 (derecho de los ciudadanos a salir de su país para ejercer una actividad lucrativa en otro Estado parte).

---

68 AKANKJI-KOMBÉ, J.F., "La aplicación de la Carta Social Europea...", p. 277.

69 Ibidem., pp. 278-279.

Otro argumento que se esgrime contra la justiciabilidad de la CSE se apoya en la cláusula contenida en el Anexo, Parte III, párrafo primero, que declara que "la Carta contiene obligaciones jurídicas de carácter internacional cuya aplicación está sometida únicamente a la supervisión establecida en la Parte IV". Los autores que defienden esta tesis estiman que hay que "interpretar este pasaje del Anexo relativo a la Parte III en el sentido de descartar no sólo la competencia de los tribunales internacionales u otros órganos interestatales no especificados por la Carta para aplicar ésta, sino también la de los tribunales internos"[70].

Esta postura busca su apoyo en los trabajos preparatorios de la CSE. Seguramente es la prolongación de algunas opiniones expresadas entonces, pero que, en realidad, se inscribían más bien en una discusión sobre la naturaleza del control internacional a establecer para asegurar el cumplimiento de la Carta. En esa discusión, llegó a afirmarse que

> "es evidente que esta tarea no debería ser confiada a un órgano jurisdiccional. El recurso judicial no solamente abocaría a una injerencia directa en las legislaciones y la administración de los Estados signatarios, sino además debería versar, para ser eficaz, sobre objetivos técnicos con respecto a los cuales, en la mayoría de los casos, los órganos jurisdiccionales no estarían en condiciones de emitir un pronunciamiento" [71].

De esta forma, a partir de la imposibilidad postulada de un control internacional de naturaleza judicial se ha deducido la no justiciabilidad de la Carta en el Derecho interno. Este argumento ha llegado a tener un peso considerable y ha desempeñado un gran papel en la marginación de la CSE entre los instrumentos europeos de protección de los derechos humanos. También ha influido en la doctrina, lo que explica, en parte, la

---

70 Ibidem., p. 279.

71 *Travaux préparatoires*, vol II, p. 162.

escasa atención que se ha prestado a la Carta en los trabajos especializados. Pero también ha tenido eco en la jurisprudencia de la mayor parte de los Estados, pues ha sido práctica común que los jueces descarten los motivos impugnatorios basados en la violación de este Tratado. Sin embargo, esta situación está cambiando en los últimos años[72].

Por una parte, hay que tener en cuenta que también se han aportado argumentos en favor de la justiciabilidad de la CSE por parte de la doctrina. Así, por ejemplo, algunos autores acuden al art. 32 de la Carta de 1961 (que se corresponde con el art. H de la CSER), que establece el principio de aplicación de la norma más favorable:

> "Las disposiciones de la presente Carta no afectarán a las disposiciones de Derecho interno ni a las de los Tratados, Convenios o Acuerdos bilaterales o multilaterales que estén vigentes o puedan entrar en vigor y conforme a los cuales se concediere un trato más favorable a las personas protegidas".

Según estos autores, este artículo se basa necesariamente en el postulado según el cual la Carta puede ser aplicada por el juez interno[73].

Por otra parte, aunque es cierto que los jueces internos no han reconocido de manera general la aplicabilidad de la Carta y las resistencias han sido y continúan siendo considerables, y diferentes según los países, lo cierto es que también podemos encontrar casos en que los órganos judiciales han aplicado di-

---

72 AKANKJI-KOMBÉ, J.F., "La aplicación de la Carta Social Europea…", cit., p. 280.

73 Ibidem., pp. 280-281.

rectamente las disposiciones de la Carta[74] e, incluso, las decisiones del CEDS[75].

Esto viene sucediendo, especialmente, desde que ha entrado en vigor el procedimiento de reclamaciones colectivas. En efecto, si la ausencia de justiciabilidad ha podido deducirse del rechazo inicial de dichos Estados a someterse a un control europeo de tipo judicial, la institución de un mecanismo de recurso como el de las reclamaciones colectivas ha dado pie para cambiar el método de interpretación de la Carta por parte de algunos jueces internos.

---

74 Así, por ejemplo, el Tribunal mercantil de Nivelle (Bélgica) que, mediante un pronunciamiento de 21 de abril de 1997 (S.A. Forges de Clabecq, aff. 270/97, no confirmada en casación), anuló una decisión de la Comisión de las Comunidades Europeas que constataba la incompatibilidad de una ayuda a empresas en dificultad, basándose en que esta decisión violaba, por una parte, el derecho a la seguridad y a la higiene en el trabajo y, por otra, el derecho a una remuneración equitativa, garantizados respectivamente por los artículos 3 y 4 de la CSE. También son significativas las decisiones de otras jurisdicciones belgas de rango superior, reconociendo efecto directo a los artículos 1 y 13 de la Carta, considerando que enunciaban un derecho subjetivo al trabajo [Tribunal de Casación belga, 31 de enero de 1997, n° C940151N, Pasicrisie belge 1997 (I/56)] y a las prestaciones sociales (Tribunal de Trabajo de Mons, 27 de abril de 1999, Siraut c. CPAS de Mons, RG n° 15205, que se refiere especialmente al artículo 13 de la CSE como estableciendo "el principio de un derecho individual [a la asistencia social] mediante el recurso a una lógica de individualización"), Sentencias citadas por AKANKJI-KOMBÉ, J.F., "La aplicación de la Carta Social Europea...", cit., p. 288.

75 Se puede citar una sentencia del Tribunal Supremo noruego a propósito de las cotizaciones que deben satisfacer los asalariados no afiliados a un sindicato (Norges Hoyesterret – Dom, 2008-11-24, Elin Tasas et alii). Para apreciar la licitud de dichas cotizaciones, el Tribunal se basó no solamente en el artículo 5 de la CSE (libertad sindical), sino también y de forma abundante en la jurisprudencia del CEDS. Sentencia citada por AKANKJI-KOMBÉ, J.F., "La aplicación de la Carta Social Europea...", cit., p. 290.

Se ha afirmado que el órgano de control, el Comité Europeo de Derechos Sociales, no es una jurisdicción. Pero, como hemos visto, el procedimiento de las reclamaciones colectivas sigue los parámetros de un procedimiento jurisdiccional. Se inicia con un recurso, continúa con la presentación de alegaciones por cada una de las dos partes en conflicto (organización reclamante y Estado demandado) y concluye con la decisión de un órgano independiente basada únicamente en Derecho. Es más, como afirma Raúl Canosa, la interpretación que realiza el CEDS es una interpretación constitucional[76].

También se ha esgrimido, con apoyo en una práctica ya superada del Comité de Ministros, que las decisiones del CEDS no eran verdaderamente tales decisiones, puesto que este órgano sólo pronunciaría un dictamen u opinión, mientras que el poder de decidir lo ostentaría la instancia política, que es precisamente el Comité de Ministros. Esta interpretación ha sido claramente combatida por el propio CEDS, para quien, del Protocolo de 1995, que establece el procedimiento de reclamaciones colectivas, se desprende que "la apreciación jurídica de la conformidad o no de la situación con la Carta corresponde solamente al Comité Europeo de Derechos Sociales"[77]. Y es esta la interpretación la que ha acabado prevaleciendo[78].

Del mismo modo, el CEDS ha afirmado que "corresponde a los órganos jurisdiccionales nacionales pronunciarse al respecto a la luz de los principios que el propio Comité ha establecido en la materia y, en su caso, al legislador incorporar

---

76 CANOSA USERA, R. (2024), "La interpretación de la Carta Social Europea", cit., p. 87.

77 (Decisiones del CEDS: 12 octubre 2004, CFE-CGC contra Francia, Reclamación nº 16/2003; 7 diciembre 2004, CGT contra Francia, Reclamación n° 22/2003 y 7 diciembre 2004, Reclamación nº 18/2003, OMCT contra Irlanda).

78 AKANKJI-KOMBÉ, J.F., "La aplicación de la Carta Social Europea...", cit., pp. 281-282.

esos principios para extraer todas las consecuencias en lo que concierne a la conformidad a la Carta y a la legalidad de las disposiciones denunciadas"[79]. A la vista de esta jurisprudencia, puede decirse que el CEDS está afirmando la existencia de un deber de los poderes públicos internos, incluidos los órganos judiciales, de aplicar las decisiones del CEDS. No podía ser de otra forma, pues se trata de un órgano de control del cumplimiento de un tratado a cuyo respeto se han comprometido internacionalmente los Estados que lo han ratificado.

En la jurisprudencia de los órganos judiciales españoles también encontramos ejemplos de aplicación de la CSE en litigios donde se dirimía un asunto que afectaba a un sujeto o sujetos concretos.

Así, la STS 2340/2015, de 17 de marzo de 2015 (Sala de lo Social) que, aunque de forma muy breve, hace referencia al art. 6 de la CSE como uno más de sus fundamentos jurídicos para determinar la vigencia (ultraactividad) de convenio colectivo de Air Nostrum.

Por otra parte, varias sentencias de juzgados de lo social han afirmado el carácter vinculante de las decisiones del CEDS, denominándolas claramente *jurisprudencia*[80]. Mientras tanto,

---

79 Vid. la Decisión de 15 de mayo de 2003, Confederación de empresas suecas contra Suecia, Reclamación n° 12/2002.

80 SJS nº 2 de Barcelona de 19 de noviembre de 2013 (nº 412/2013), SJS nº 1 de Tarragona de 2 de abril de 2014 (nº 179/2014), SJS nº 3 de Barcelona de 5 de noviembre de 2014 (nº 352/2014), SJS nº 19 de Barcelona de 17 de noviembre de 2014 (nº 491/2014), SJS nº 1 de Toledo de 27 de noviembre de 2014 (nº 667/2014) y SJS nº 31 de Barcelona de 8 de junio de 2015, entre otras. Vid. SALCEDO BELTRÁN, C. (2015), "La aplicación de la Carta Social Europea por los órganos jurisdiccionales: cuestiones conflictivas y argumentos para superarlas", Editorial Bomarzo, Albacete, pp. 3-4. En Internet: https://editorialbomarzo.es/la-aplicacion-de-la-carta-social-europea-por-los-organos-jurisdiccionales-cuestiones-conflictivas-y-argumentos-para-superarlas/ (última fecha de consulta 21 de marzo de 2024).

otros juzgados se han negado a considerarlas obligatorias, relativizando su valor[81].

Pero no solamente es preciso aplicar la CSE en los litigios internos en que se decide sobre una vulneración de la Carta que tiene como víctima a un sujeto individual. También es posible y preciso aplicar la carta cuando el litigio interno es *objetivo*, es decir, cuando se trata de un proceso para dirimir si una norma general interna es contraria a la CSE[82]. Así, el Tribunal de Casación francés admite, desde una sentencia de 14 de abril de 2010, la invocabilidad de la CSE frente a una ley. La aplicabilidad se reconoce, en este caso, al artículo 5 (libertad sindical) combinado con el artículo 6.4 (derecho a la negociación colectiva), pero, según expone Akankji-Kombé, nada impediría que se predicase lo mismo de los demás preceptos de la Carta[83].

Existe otra posibilidad de aplicación de la CSE en los procesos objetivos internos. En ocasiones, los jueces estatales acuden a la técnica de la interpretación conforme, esto es, a la interpretación de las normas internas sobre derechos fundamentales de conformidad con los tratados internacionales, en este caso, con la CSE. Esto es algo particularmente conocido en nuestro ordenamiento, pues lo prescribe el art. 10.2 de la Constitución. De esta forma, el Tribunal Constitucional español ha interpretado la libertad sindical y el derecho de huelga

---

81 SJS nº 9 de Madrid de 28 de marzo de 2014 (nº 154/2014) o la STSJ de Cataluña de 2 de diciembre de 2014 (Rec. 5253/2014), que justamente revocó la SJS nº 1 de Mataró de 29 de abril que 2014 (nº 144/2014), que así lo estimó. Vid. SALCEDO BELTRÁN, C., "La aplicación de la Carta…", cit., p. 4.

82 Sobre las posibilidades de aplicación de la CSE en estos casos, con algunos ejemplos concretos, vid. AKANKJI-KOMBÉ, J.F., "La aplicación de la Carta Social Europea…", cit., pp. 291-296.

83 AKANKJI-KOMBÉ, J.F., "La aplicación de la Carta Social Europea…", cit., p. 292.

combinando los arts. 7 y 28 de la Constitución española y los arts. 5 y 6.4 de la Carta en varias sentencias[84].

3.9. Aplicación de la CSE y de las decisiones del CEDS por los jueces ordinarios en España

En España se han dictado algunas sentencias en procedimientos comunes que realizaban una suerte de *control de convencionalidad difuso*[85]. Con esta expresión, se alude a la posibilidad de que los jueces y tribunales ordinarios lleven a cabo, en los procedimientos comunes, un control de adecuación de la norma aplicable a los tratados internacionales suscritos por España, con el resultado de dejar de aplicar la ley cuando exista contradicción. No se trata de anular la ley, que sigue en vigor para otros casos. Además, este control puede ser fiscalizado por los tribunales superiores y, en última instancia, por el Tribunal Constitucional.

La cuestión que han tratado buena parte de estos casos se ha centrado en torno a la figura del contrato de apoyo a em-

---

84 SSTC 112/2004, de 12 de julio, FJ 4; 142/2004, de 13 de septiembre, FJ 3; 358/2006, de 18 de diciembre, FJ 4 y 259/2007, de 19 de diciembre, FJ 7, entre otras.

85 Sobre el control de convencionalidad difuso, vid. CANOSA USERA, R. (2015), El control de convencionalidad, Civitas/Thomson Reuters, Cizur Menor (Navarra); JIMENA QUESADA, L. (2014) "Control de convencionalidad y tutela multinivel de derechos: una cuestión de voluntad doctrinal y jurisprudencial", GOIZUETA, J./CIENFUEGOS, M. (dirs.) (2014), La eficacia de los derechos fundamentales de la UE, Aranzadi, Cizur Menor (Navarra), pp. 112 y ALONSO GARCÍA, R. (2020), "El control de convencionalidad", Revista Española de Derecho Constitucional, Núm. 40, p. 20. Asimismo, pueden verse varios trabajos recientes sobre el control de convencionalidad de los profesores Raúl Canosa, Francisco Balaguer, Itzíar Gómez y Luis López Guerra en FERRER MAC-GREGOR (Coord.) (2023), La garantía jurisdiccional de la Constitución, ob. cit., pp. 833-885.

prendedores, regulado en el art. 4 de la Ley 3/2012, de 6 de julio, de medidas urgentes para la reforma del mercado laboral. Como antecedentes, hay que señalar que a Grecia, como consecuencia de la ayuda financiera recibida por la Unión Europea, se le impuso como condición que reformara la contratación laboral e incrementara a un año el período de prueba.

Cumplida la exigencia, y puesto que Grecia tenía ratificado el Protocolo de reclamaciones colectivas, los sindicatos helenos demandaron al Estado por estimar que esa medida vulneraba el art. 4.4 de la CSE. Mediante la decisión de fondo de 23 de mayo de 2012 (Reclamación nº 65/2011), el CEDS declaró que Grecia había vulnerado la Carta.

Ese mismo periodo de prueba fue establecido en España para el contrato de apoyo a emprendedores mediante la citada Ley 3/2012. Una vez se fueron produciendo las correspondientes finalizaciones de los contratos o faltando escasos días para alcanzar el período máximo, los trabajadores demandantes en diversos procedimientos reclamaron a los órganos judiciales la inaplicación de la norma interna (Ley 3/2012) y la consiguiente aplicación directa de la Carta Social Europea. Para ello, se asumía la interpretación de la decisión de fondo del CEDS citada, como interpretación auténtica y vinculante, para declarar la extinción del contrato improcedente. Todo ello se fundamentaba en el art. 96 CE, en el principio de jerarquía normativa y en la Convención de Viena de Derechos de los Tratados, de 23 de mayo de 1969, también ratificada por España, y que determina en los arts. 26 y 27 que "todo Tratado en vigor obliga a las partes" (*pacta sunt servanda*) y que "una parte no podrá invocar las disposiciones de su Derecho interno como justificación del incumplimiento de un tratado"[86]. Así lo interpretó la conocida Sentencia del Juzgado de lo Social

---

86 Vid. SALCEDO BELTRÁN, C. (2014), "Jurisprudencia del Comité Europeo de Derechos Sociales y período de prueba del Contrato de Apoyo a Empren-

(SJS) nº 2 de Barcelona, de 19 de noviembre de 2013; a la que siguieron las SSJS nº 1 de Tarragona, de 2 de abril de 2014 y nº 1 de Mataró, de 29 de abril de 2014 y nº 1 de Toledo de 27 de noviembre de 2014.

Sin embargo, el tema es polémico entre los órganos judiciales. La Sala de lo Social del Tribunal Superior de Justicia del País Vasco presentó una cuestión de inconstitucionalidad ante el Tribunal Constitucional contra el art. 4.3 de la citada Ley 3/2012, que ampliaba el periodo de prueba de los contratos de trabajo a un año. La STC 140/2015, de 22 de junio, desestimó la cuestión. Pero es significativo que el auto de planteamiento de la cuestión contase con Votos Particulares en los que se ponía de manifiesto expresamente la oposición a la presentación de la cuestión y la necesidad de resolver el conflicto aplicando directamente la Carta Social Europea, así como la decisión de fondo del CEDS de 23 de mayo de 2012[87].

El art. 4.3 de la Ley 3/2012 fue objeto también de un recurso de inconstitucionalidad, que igualmente fue desestimado por la STC 119/2014, de 16 de julio. En esta Sentencia no se hace mención alguna de la Carta Social Europea, pero sí se hace en el Voto Particular firmado por los Magistrados Fernando Valdés, Adela Asua y Luis Ignacio Ortega. En este Voto Particular se afirma expresamente que:

> "Pero además de la doctrina constitucional, es obligado traer a colación y examinar los condicionamientos internacionales y comunitarios [...] a los que igualmente se halla vinculado el legislador en la medida en que, una vez cumplidos los requisitos constitucionalmente establecidos, se convierten en normas vinculantes para el legislador, como acontece con las normas comunitarias (art. 93 CE), o pasan a formar parte del ordenamiento interno, como sucede con los tratados internacionales

---

dedores: La aplicación del control de convencionalidad en España", Lex Social. Revista Jurídica de los Derechos Sociales, vol. 4, Núm. 2, pp. 29-56.

87 Ibidem., pp. 46-47.

> (art. 96.1 CE). En materia de derechos y libertades fundamentales, el art. 10.2 CE exige, además, la interpretación de los reconocidos en nuestro texto constitucional conforme, se dice expresamente, "a la Declaración Universal de los Derechos Humanos y a los tratados y acuerdos internacionales sobre las mismas materias".

De acuerdo con ello, el Voto Particular estima que los tratados internacionales ratificados por España sobre el derecho al trabajo forman parte del contenido del art. 35.1 de la Constitución. En concreto, entre otras normas internacionales, trae a colación el art. 24[88] y otros de la CSE, la decisión de fondo del CEDS de 23 de mayo de 2012, ya citada, y el Convenio de la OIT Núm. 158 de 1982 sobre terminación de la relación de trabajo por iniciativa del empleador[89]; para concluir la inconstitucionalidad del art. 4.3 de la Ley 3/2012 por contradicción contra el contenido del derecho al trabajo del art. 35 CE.

Podría pensarse que con la STC 119/2014 quedó zanjada la cuestión de la aplicabilidad de la CSE por parte de los órganos judiciales, pero no fue así. El Juzgado de lo Social nº 3 de Barcelona dictó el 5 de noviembre de 2014 una sentencia que, siguiendo el criterio interpretativo de las anteriores sentencias citadas, estimó que la CSE debía aplicarse directamente y dejar inoperativa la parte de la Ley 3/2012 que lo vulnera, en concreto, la del período de prueba de un año.

Para fundamentar su resolución recurrió a todos los argumentos que ya se habían esgrimido, añadiendo los del Voto particular de la STC 119/2014, para concluir, por un lado, que

---

88 "Derecho a la protección en caso de despido".

89 El art. 4 de este Convenio, ratificado por España, establece que: "No se pondrá término a la relación de trabajo de un trabajador a menos que exista para ello una causa justificada relacionada con su capacidad o su conducta o basada en las necesidades de funcionamiento de la empresa, establecimiento o servicio".

las normas internacionales, ratificadas y publicadas oficialmente cuando es necesario, vinculan al juzgador. Éste debe cumplir el mandato constitucional del art. 96.1 de la CE, que determina su incuestionable aplicabilidad directa, pues en el caso de no hacerlo estaría incumpliendo, además del precepto aludido, los principios de legalidad y de jerarquía normativa que el mismo texto recoge en el art. 9.3. Y, por otro lado, que "los tratados internacionales están por debajo de la Constitución Española, pero por encima de las leyes internas, de manera que, si las disposiciones de una norma legal violan un tratado internacional, se debe aplicar preferentemente éste" (F.J. 5°). En suma, distingue entre la caracterización de constitucionalidad de una norma y su legalidad, para determinar que el Tribunal Constitucional se ha pronunciado respecto de la primera, pero no en cuanto a la segunda, que es la que corresponde hacer a los órganos jurisdiccionales ordinarios, y es en ese plano en el que entra la Carta Social Europea, que debe ser aplicada[90].

La doctrina sentada en esta importante sentencia fue reiterada posteriormente en otras: SJS n° 19 de Barcelona, de 17 de noviembre de 2014; SJS n° 1 de Toledo, de 27 de noviembre de 2014; SJS n° 9 de Las Palmas de Gran Canaria, de 31 de marzo de 2015 y SJS n° 2 de Toledo, de 9 de abril de 2015[91]. En todas estas sentencias se utilizaron otros argumentos adicionales. Por una parte, la condena directa a España que se publicó en enero de 2015, al emitir el CEDS las correspondientes Conclusiones XX-3 (2014) en las que valoró ese aspecto en concreto. Y, por otra parte, la aprobación de la mencionada Ley 25/2014, de 27 de noviembre, de Tratados y otros Acuerdos Internacionales. Esta Ley contiene preceptos muy claros, como el art. 29 ("Todos los poderes públicos, órganos y organismos del Estado deberán respetar las obligaciones de los tratados internaciona-

---

90 SALCEDO BELTRÁN, C., "La aplicación de la Carta...", cit., p. 5.

91 Ibidem., p. 6.

les en vigor en los que España sea parte y velar por el adecuado cumplimiento de dichos tratados" y el art. 31 ("Las normas jurídicas contenidas en los tratados internacionales válidamente celebrados y publicados oficialmente prevalecerán sobre cualquier otra norma del ordenamiento interno en caso de conflicto con ellas, salvo las normas de rango constitucional").

Más recientemente, se ha pronunciado el Tribunal Supremo (Sala de lo Social) sobre esta cuestión en su Sentencia 268/2022, de 28 de marzo, afirmando que

> "El análisis de convencionalidad que tiene cabida en nuestro ordenamiento constitucional no es un juicio de validez de la norma interna o de constitucionalidad mediata de la misma, sino un mero juicio de aplicabilidad de disposiciones normativas; de selección de Derecho aplicable, que queda, en principio, extramuros de las competencias del Tribunal Constitucional".

En esta sentencia, el Tribunal Supremo afirma que el periodo de prueba de la Ley 3/2012 puede considerare extraordinario, por su duración excesiva, y en este periodo el desistimiento del empleador constituye, en realidad, una extinción de contrato. Por ello aplica directamente al caso el art. 4.4 CSE y el art. 53.1.c) del Estatuto de los Trabajadores, inaplicando la Ley 3/2012.

En los últimos años ha surgido otra cuestión polémica en varias sentencias sobre la indemnización por despido improcedente[92]. Así, la STSJ de Cataluña, Sala de lo Social, de 30 de enero de 2023, estimó que el sistema español de cálculo de indemnizaciones tasadas por despido improcedente (art. 56.1 del Estatuto de los Trabajadores) era contrario al art. 24 de la

---

92 SSTSJ de Cataluña de 23 de abril de 2021 y de 14 de julio de 2021.

Carta Social Europea y al Convenio 158 de la OIT[93]. En concreto, ponía de manifiesto que en los últimos años se han dictado varias sentencias que admiten la posibilidad de reconocer a los trabajadores una indemnización superior a la establecida legalmente basándose en lo dispuesto en el art. 24 CSE, en la doctrina del CEDS y en el Convenio 158 de la OIT "en aquellos supuestos en que la indemnización correspondiente por despido improcedente sea exigua y no tenga efecto disuasorio para la empresa, ni compense suficientemente a la persona trabajadora por la pérdida de ocupación, concurriendo asimismo una clara y evidente ilegalidad, fraude de ley o abuso de derecho en la decisión empresarial extintiva del contrato"[94]. En el mismo sentido se ha pronunciado la SJS nº 3 de Barcelona, de 26 de septiembre de 2023 y la SJS nº 3 de Bilbao de 20 de julio de 2023[95].

---

93 Este incumplimiento de la Carta Social Europea por parte de España, entre otros, ha sido puesto de manifiesto en las Conclusiones del Comité Europeo de Derechos Sociales de 2023. Vid. SALCEDO BELTRÁN, C. (2024). "Conclusiones 2023 del Comité Europeo de Derecho Sociales: los incumplimientos de la Carta Social Europea por parte de España". Lex Social, Revista De Derechos Sociales", 14 (1), pp. 1–6. En Internet: https://doi.org/10.46661/lexsocial.10316 (última consulta: 28 de marzo de 2024).

94 Esta ampliación de la indemnización podría tener cobertura legal en el art. 281.2 de la Ley 36/2011, de 10 de octubre, reguladora de la Jurisdicción Social, que dispone que: "En atención a las circunstancias concurrentes y a los perjuicios ocasionados por la no readmisión o por la readmisión irregular, podrá fijar una indemnización adicional de hasta quince días de salario por año de servicio y un máximo de doce mensualidades".

95 Sobre esta Sentencia, vid. el comentario de MOLINA NAVARRETE, C. (2023), "¡Eppur si mouve¡": la indemnización adicional por despido arbitrario gana adhesiones judiciales" publicado en la página web de la Asociación Española de Derecho del Trabajo y de la Seguridad Social el 29 de noviembre de 2023: https://www.aedtss.com/eppur-si-mouve-la-indemnizacion-adicional-por-despido-arbitrario-gana-adhesiones-judiciales/ (última consulta: 18 de marzo de 2024). Por otra parte, el CEDS ha adoptado una resolución en el periodo de sesiones 18-22 de marzo de 2024 sobre la reclamación

El tema del control de convencionalidad difuso es polémico y no existe unanimidad en la doctrina y la jurisprudencia españolas. Así, por ejemplo, Raúl Canosa afirmaba que, si los jueces ordinarios pueden inaplicar una ley por su contradicción con un tratado internacional, eso significaría que se rompería el monopolio del Tribunal Constitucional sobre la revisión judicial de la legislación, lo que sería contrario a la lógica de todo el sistema español de control de constitucionalidad. La revisión de las leyes nacionales en términos de contradicción con la Constitución o con los tratados internacionales de derechos humanos, que operan como una de sus herramientas interpretativas en virtud del art. 10.2 CE, debe reservarse al Tribunal Constitucional. Si los jueces ordinarios identifican una posible contradicción entre una ley interna y un tratado internacional, pueden plantear una cuestión de inconstitucionalidad ante el TC, según lo dispuesto en el art. 163 CE[96].

Sin embargo, otros autores afirman la aplicabilidad directa en España de la Carta Social Europea (y de otros tratados internacionales sobre derechos humanos), aunque ello implique inaplicar leyes internas. Así afirma Carmen Salcedo:

> "Los Estados deben modificar o derogar las normas internas que violen los compromisos internacionales que han suscrito. En el caso de no realizar ninguna actuación en ese sentido, son los órganos jurisdiccionales los que deben proceder, y así se les puede exigir, a aplicar directamente los Tratados y ju-

---

colectiva presentada por UGT contra el sistema de cálculo español de las indemnizaciones por despido improcedente. A la fecha de escribir estas líneas, la resolución aún no se ha hecho pública, pues, de acuerdo con el art. 8.2 del Protocolo sobre reclamaciones colectivas, el Comité de Ministros debe antes emitir una resolución o una recomendación. En Internet: https://www.coe.int/en/web/european-social-charter/-/decisions-adopted-by-the-european-committee-of-social-rights-at-its-340th-session (última consulta 2 de abril de 2024).

96 CANOSA USERA, R., El control de convencionalidad, ob. cit. pp. 115-120.

> risprudencia o interpretación internacional, apartándose de la normativa que la vulnera"[97].

Por su parte, el Tribunal Constitucional parece haber zanjado el tema. Aunque rechaza el uso de los tratados como parámetro de la constitucionalidad de las leyes, confía a los tribunales ordinarios la misión de seleccionar la ley aplicable y, específicamente, de elegir entre los tratados y la ley en caso de contradicción. Lo ha afirmado en varias Sentencias, pero muy claramente en la STC 140/2018, de 20 de diciembre, como hemos visto[98]. También lo ha hecho el Tribunal Supremo, en la citada Sentencia 268/2022, Sala de lo Social.

4. EL DERECHO A LA PROTECCIÓN SOCIAL EN LA CARTA SOCIAL EUROPEA

4.1. Preliminar

La Carta Social Europea reconoce el contenido del derecho a la protección social en varios preceptos: En la Parte I, el apartado 12 establece que "Todos los trabajadores y las personas a su cargo tienen derecho a la seguridad social" y el apartado 13 dispone que "Toda persona que carezca de recursos suficientes tiene derecho a la asistencia social y médica". Estos derechos se complementan con lo dispuesto en el apartado 14 ("Toda persona tiene "derecho a beneficiarse de servicios de bienestar

---

97 SALCEDO BELTRÁN, C., "La aplicación de la Carta…", cit., p. 7. Vid., también, JIMENA QUESADA, L. (2009), "La vinculación del Juez a la jurisprudencia internacional", en: REVENGA SÁNCHEZ, Miguel (Coord.), El poder judicial. VI Congreso de la Asociación de Constitucionalistas de España, Tirant lo Blanch, Valencia, pp. 502-506.

98 Vid. supra, Capítulo I, epígrafe 3.2.

social") y el apartado 30 ("Toda persona tiene derecho a protección contra la pobreza y la exclusión social"). Todos estos derechos están desarrollados por los artículos correspondientes de la Parte II (arts. 12, 13, 14 y 30). Los derechos que han recibido un mayor desarrollo por parte del Comité Europeo de Derechos Sociales son el derecho a la seguridad social del art. 12 CSE y el derecho a la asistencia social del art. 13 CSE, en los que se centrará el presente análisis[99]. A continuación, se hará referencia a la diferencia entre seguridad social y asistencia social en la Carta Social Europea.

4.2. Seguridad social y asistencia social

La redacción de la Carta Social Europea no contiene indicaciones específicas sobre el concepto de seguridad social y el de asistencia social, pero de la doctrina sentada por el CEDS pueden deducirse algunos criterios. Así, se puede afirmar que el principal elemento para decidir si una determinada prestación pertenece a la seguridad social o a la asistencia social es el propósito y las condiciones de la prestación en cuestión: "Las prestaciones de la seguridad social son beneficios otorgados en caso de riesgos que surjan, pero que no están destinados a compensar un estado potencial de necesidad que podría resultar del riesgo mismo[100].

Para entender el ámbito y contenido de la seguridad social, el art. 12 CSE debe ser puesto en relación con el *Código Europeo*

---

99 Para un mayor desarrollo, vid. CARMONA CUENCA, E. (2024) "El derecho a la seguridad social y el derecho a la asistencia social", en CANOSA USERA, R. y CARMONA CUENCA, E. Eds., La Europa de los derechos sociales: La Carta Social Europea y otros sistemas internacionales de protección, ob. cit., pp. 345-375.

100 Sociedad Finlandesa de Derechos Sociales c. Finlandia, Decisión sobre el fondo de 4 de diciembre de 2016 (Reclamación Nº 108/2014).

de Seguridad Social, aprobado en el marco del Consejo de Europa el 16 de abril de 1964[101] (CESS). El catálogo de prestaciones de este Código es muy completo, comprendiendo: Asistencia sanitaria, indemnización por enfermedad, prestaciones por desempleo, por vejez, por accidente de trabajo o enfermedad profesional, por maternidad, por invalidez y por supervivencia, además de prestaciones familiares[102]. Pero lo cierto es que la seguridad social incluye prestaciones contributivas, no contributivas y combinadas relacionadas con determinados riesgos[103].

A su vez, las prestaciones de asistencia social se conceden atendiendo al criterio de la necesidad individual, sin ningún requisito de afiliación a un régimen de seguridad social, ni ningún requisito de actividad profesional o pago de cotizaciones. Se pagan a cualquier persona por el único motivo de que las necesite[104]. Se trata de una protección subsidiaria para personas que no tienen rentas ni recursos ni han podido acceder a las prestaciones de la seguridad social.

---

101 Ratificado por España el 7 de marzo de 1995 (BOE Núm. 65, de 17 de marzo de 1995).

102 MONEREO PÉREZ, J.L. (2017), "Derechos de la seguridad social. El artículo 12 de la Carta Social Europea" en: MONEREO ATIENZA, C. y MONEREO PÉREZ, J.L., (Dirs.), La garantía multinivel de los derechos fundamentales en el Consejo de Europa, Comares, Granada, p. 60.

103 Conclusiones 2017, Georgia.

104 Centro Europeo de Derechos de los Romaníes c. Bulgaria, Decisión sobre el fondo de 18 de febrero de 2009, §38 (Reclamación Nº 48/2008).

5. EL DERECHO A LA SEGURIDAD SOCIAL EN LA CARTA SOCIAL EUROPEA

5.1. Contenido

El art. 12 de la Parte II CSE es un precepto extenso. Ha sido modificado de forma notable desde el primer borrador de la Carta de 1955. Inicialmente, realizaba una enumeración de las concretas circunstancias cubiertas por la seguridad social (pérdida de ingresos debida a diversas razones: enfermedad, discapacidad, viudedad, desempleo, edad avanzada…) y de las prestaciones otorgadas (pensiones, prestaciones sanitarias, familiares, etc.). Esta redacción fue reformulada y en la actualidad se establece la obligación de los Estados de mantener un sistema de seguridad social de un nivel satisfactorio y de mejorarlo progresivamente[105]. En varios apartados se detalla cuáles son las obligaciones a las que se comprometen los Estados parte para "garantizar el ejercicio efectivo del derecho a la seguridad social".

El apartado 1 consagra la obligación de las Partes de "establecer o mantener un régimen de seguridad social". El CEDS ha concretado que los Estados deben garantizar el derecho a la seguridad social mediante un sistema establecido por ley que funcione en la práctica[106].

---

[105] LUKAS, K. (2021), The Revised European Social Charter. An Article by Article Commentary, Edward Elgar Publishing, Cheltenham UK, Northampton, USA, p. 175.

[106] Conclusiones XIV-1 (1998), Irlanda. En general, puede verse: GARCÍA NINET, J.I. y BARCELÓ FERNÁNDEZ, J. (2021), "La seguridad social en la Carta Social Europea", en SALCEDO BELTRÁN, C. (Dir.), La Carta Social Europea. Pilar de recuperación y sostenibilidad del modelo social europeo. Homenaje al Profesor José Vida Soria, Tirant lo Blanch, Valencia, pp. 105 y ss.

Por lo que se refiere al ámbito material, el sistema de seguridad social debe cubrir los riesgos tradicionales, esto es, debe proporcionar las siguientes prestaciones: asistencia médica, prestación por enfermedad, prestación por desempleo, prestación por vejez, prestación por accidentes del trabajo, prestación familiar y prestación por maternidad[107]. Un sistema de seguridad social también debe garantizar un derecho efectivo a la seguridad social con respecto a las prestaciones proporcionadas en cada rama[108].

De acuerdo también con el CEDS, del artículo 12.1 CSE se deriva que, cuando se trata de prestaciones de sustitución de ingresos, el nivel de prestación debe ser tal que se mantenga en un nivel razonable proporcional a la renta anterior y no debe caer por debajo del umbral de pobreza. Este se define como el 50 por ciento de la renta media equivalente, calculada sobre la base del valor del umbral de riesgo de pobreza de Eurostat. Sin embargo, cuando una prestación de sustitución de ingresos se sitúe entre el 40 y el 50 por ciento de la renta media equivalente, también se tendrán en cuenta otras prestaciones, cuando proceda[109]. Ahora bien, el Comité también ha afirmado que cuando el nivel mínimo de una prestación de sustitución de ingresos sea inferior al 40 por ciento de la media del ingreso equivalente (o el indicador del umbral de pobreza), la agregación con otras prestaciones no supondrá que la situación sea conforme a la CSE[110].

Las prestaciones por desempleo también deben cumplir otras condiciones específicas para ser conformes con el art.

---

107 Conclusiones 2006, Bulgaria y Conclusiones 2013, Georgia.

108 Conclusiones XIII-4 (1996), Declaración de Interpretación del Artículo 12.

109 Conclusiones 2013, Hungría.

110 Conclusiones 2013, Austria; Conclusiones 2013, Finlandia, y Sociedad Finlandesa de Derechos Sociales v. Finlandia, Decisión sobre el fondo de 14 de septiembre de 2022 (Reclamación N° 172/2018).

12.1 CSE: el pago debe tener una duración razonable[111]. Debe haber un período inicial razonable durante el cual una persona desempleada puede rechazar un trabajo o una oferta de capacitación que no coincida con sus habilidades previas sin perder sus prestaciones de desempleo[112]. En ciertos casos y bajo ciertas circunstancias la pérdida de prestaciones por desempleo por la negativa a aceptar el empleo ofrecido podría constituir, indirectamente, una restricción a la libertad de trabajo y, como tal, la situación sería evaluada bajo el art. 1.2 CSE[113]. De esta forma, el art. 1.2 CSE cubre las situaciones más allá del período inicial razonable, mientras que el artículo 12.1 CSE se refiere situaciones dentro de dicho período.

El CEDS se ha referido también a la financiación, estableciendo que el sistema de seguridad social debe ser financiado colectivamente, es decir, financiado con contribuciones de empleadores y empleados y/o con cargo al presupuesto estatal[114].

El apartado 2 del art. 12 CSE establece la obligación de los Estados parte de "mantener el régimen de seguridad social en un nivel satisfactorio, equivalente, por lo menos, al exigido para la ratificación del *Código Europeo de Seguridad Social*". El CESS exige, para su ratificación, que los Estados acepten, al menos, seis de las nueve Partes de que consta (aunque ciertas ramas cuentan por más de una parte, como las relativas a la asistencia médica y a la vejez). El Comité ha establecido que, cuando un Estado ha ratificado el CESS, el incumplimiento de dicho Código dará lugar a una conclusión de no conformidad con el artículo 12.2 CSE cuando el Estado no cumpla al menos con las partes mínimas para la ratificación[115].

---

111 Conclusiones 2006, Malta

112 Conclusiones XVIII-1 (2006), Alemania.

113 Conclusiones 2012, Declaración de Interpretación del Artículo 1.2.

114 Conclusiones 2006, Países Bajos.

115 Conclusiones 2006, Italia.

Cuando el Estado en cuestión no ha ratificado el CESS, el Comité valora el sistema de seguridad social para decidir sobre la conformidad con el artículo 12.2 CSE. Con el fin de examinar si el sistema de seguridad social se encuentra en un nivel, al menos, igual al necesario para la ratificación del Código, el Estado debe proporcionar información completa sobre las ramas cubiertas, el alcance personal y el nivel de prestaciones ofrecidas[116].

5.2. Obligación de elevar progresivamente el nivel de protección

El apartado 3 del art. 12 CSE establece la obligación de los Estados parte de "esforzarse por elevar progresivamente el nivel del régimen de seguridad social". Interpretando este precepto, el CEDS consideró que una situación de progreso puede estar en conformidad con el mismo incluso si no se han cumplido los requisitos de los artículos 12.1 y 2 CSE o si las disposiciones precisas aún no han sido no han sido aprobadas[117].

Asimismo, el Comité afirmó que "una evolución restrictiva en el sistema de seguridad social no vulnera automáticamente el artículo 12.3 CSE" y estableció unos criterios para evaluar la situación concreta[118]: a) La naturaleza de los cambios (campo de aplicación, condiciones para la concesión de prestaciones, cuantías de la prestación, etc.); b) Las razones dadas para los cambios y el marco de la política social y económica en los que surgen; c) El alcance de los cambios introducidos (categorías y número de personas afectadas, niveles de las prestaciones antes y después de la modificación); d) La necesidad de la reforma; e) La existencia de medidas de asistencia social para quienes

---

116 Conclusiones XIV-1 (1998), Finlandia.

117 Conclusiones 2009, Declaración de Interpretación del Artículo 12.3. En general, sobre la obligación de progresividad, puede verse:

118 Conclusiones XVI-1 (2002), Declaración de Interpretación del Artículo12.3.

se encuentran en una situación de necesidad como resultado de los cambios realizados y f) Los resultados producidos por tales cambios.

A raíz de la crisis financiera y económica que comenzó en 2008, el CEDS ha tenido ocasión de pronunciarse sobre los denominados "recortes" de prestaciones de la seguridad social establecidos por los Estados. Ha sentado una doctrina que, aun admitiendo la posibilidad de reducir prestaciones, impone unos límites que no deben ser transgredidos. Así, el Comité ha establecido que puede darse el caso de que las medidas restrictivas específicas estén, como tales, en conformidad con la Carta, pero que su efecto acumulativo equivalga a una violación del artículo 12.3 CSE[119].

El CEDS admite que "las medidas adoptadas para consolidar las finanzas públicas pueden considerarse un medio necesario para garantizar el mantenimiento y la sostenibilidad del sistema de seguridad social". Asume que, en vista de la estrecha relación entre la economía y los derechos sociales, la búsqueda de objetivos económicos no es incompatible con el artículo 12 CSE[120]. Sin embargo, afirma que "esto es así siempre que las modificaciones no socaven la protección social efectiva de todos los miembros de la sociedad contra los riesgos sociales y económicos y no supongan la transformación gradual del sistema de seguridad social en un sistema básico de asistencia social"[121].

---

119 Federación de pensionistas asalariados de Grecia c. Grecia, Decisión sobre el fondo de 7 de diciembre de 2012, §§ 78-83 (Reclamación N° 76/2012).

120 Ibidem., §71.

121 Conclusiones XIV-1 (1998), Declaración de Interpretación del Artículo 12 y Sociedad Finlandesa de Derechos Sociales c. Finlandia, Decisión sobre el fondo de 9 de septiembre de 2014, §85-86 (Reclamación N°88/2013).

En varias decisiones sobre las leyes anticrisis dictadas en Grecia en 2010[122], el Comité consideró que la reducción drástica de las pensiones tanto en el sector público como en el sector privado había vulnerado el art. 12 CSE. La fundamentación jurídica común de dichas decisiones era la siguiente: a) El art. 12 CSE está concebido más en términos de progresividad que de regresión. Pero, en caso de establecerse restricciones, éstas no deben llevar a una precarización de la población afectada; b) El Gobierno griego no había demostrado que, bajo el pretexto de las medidas de austeridad impuestas por la Troika, haya intentado adoptar otras medidas alternativas menos costosas para la población afectada; c) Dicho Gobierno tampoco había acreditado que haya habido consultas y diálogo con los interlocutores sociales en un ámbito tan esencial y d) el efecto acumulativo de todos estos *déficits*, unido a las reducciones de las pensiones en sí, hace descansar exclusivamente sobre los pensionistas, en su calidad de contribuyentes, las consecuencias de la crisis económica de manera injustificada y contraria a la Carta[123].

En algunas decisiones recientes, el Comité se ha referido de forma genérica a la viabilidad del sistema de pensiones. Así, por lo que se refiere a las pensiones de jubilación, ha afirmado que

---

122 Se trata de varias Decisiones sobre el fondo de 7 de diciembre de 2012: Federación de pensionistas asalariados de Grecia c. Grecia, (Reclamación Nº 76/2012); Federación Pan-helénica de pensionistas de la función pública c. Grecia (Reclamación Nº 77/2012); Sindicato de pensionistas del personal ferroviario de Atenas-Piraeus c. Grecia, (Reclamación Nº 78/2012); Federación Pan-helénica de pensionistas de la empresa pública de electricidad c. Grecia (Reclamación Nº 79/2012) y Sindicato de Pensionistas del Banco Agrícola de Grecia c. Grecia (Reclamación Nº 80/2012).

123 Vid. JIMENA QUESADA, L. (2018), "El papel del Comité Europeo de Derechos Sociales en el contexto de la crisis económica", en MASALA, P. (Ed.), La Europa Social: alcances, retrocesos y desafíos para la construcción de un espacio jurídico de solidaridad, CEPC, Madrid, pp. 185-186.

el hecho de que los Estados parte trabajen en el saneamiento de las finanzas públicas, con miras a evitar déficits crecientes y sobrecargar la deuda interna, constituye un medio legítimo que contribuye a salvaguardar el sistema de seguridad social. En este marco, considera aceptable la adopción de medidas destinadas a asegurar la viabilidad de la financiación de los planes de jubilación, teniendo en cuenta la evolución demográfica y la situación en el mercado laboral. Asimismo, afirma que pueden introducirse nuevos métodos de financiación sin que ello sea contrario a la Carta. De esta forma, considera que los Estados disfrutan de un amplio margen de discrecionalidad en cuanto a cómo organizan su sistema de seguridad social[124].

5.3. Titularidad

En cuanto a la titularidad del derecho a la seguridad social, el apartado 12 de la parte I de la CSE establece que este derecho se predica de "todos los trabajadores y las personas a su cargo". El CEDS ha establecido que el sistema debe cubrir a un porcentaje significativo de la población activa en lo que respecta a prestaciones de sustitución de ingresos, como enfermedad, maternidad y prestaciones por desempleo, pensiones y prestaciones por accidentes de trabajo o enfermedades profesionales[125].

5.3.1. Igualdad de trato entre nacionales de los Estados parte

A su vez, el apartado 4 del art. 12 CSE establece el principio de igualdad de trato entre los nacionales de cada uno de los

---

[124] Federación Panhelénica de Pensionistas de las Telecomunicaciones del Grupo OTE (FPP-OTE) c. Grecia, Decisión sobre el fondo de 17 de mayo de 2022 (Reclamación Nº 165/2018).

[125] Conclusiones 2013, Bulgaria y Conclusiones 2017, Turquía.

Estados parte y los nacionales de las demás Partes en lo relativo a los derechos de la seguridad social, "incluida la conservación de las ventajas obtenidas por las leyes de seguridad social, sean cuales fueren los desplazamientos que las personas protegidas pudieran efectuar entre los territorios de las Partes". El principio de reciprocidad no se aplica al artículo 12.4 CSE[126].

Este artículo debe ser interpretado de conformidad con el párrafo 1 del Apéndice de la Carta, que establece:

> "Sin perjuicio del Artículo 12.4, las personas cubiertas por los Artículos 1 a 17 incluyen a los extranjeros sólo en la medida en que son nacionales de otras Partes Contratantes que residen legalmente o trabajan regularmente en el territorio de la Parte Contratante en cuestión".

De esta interpretación conjunta se desprende que el párrafo 4 del artículo 12 se aplica a los nacionales de otros Estados parte que ya no residen en el territorio en cuestión, pero que residieron o trabajaron regularmente allí en el pasado y adquirieron derechos de seguridad social.

Por otra parte, el CEDS ha extendido la protección del art. 12.4 CSE a los refugiados y apátridas[127]. También a los autónomos[128].

A su vez, la garantía de igualdad de trato en el sentido del artículo 12.4.a) CSE requiere que los Estados parte eliminen todas las formas de discriminación de su legislación de seguridad social contra los extranjeros que sean nacionales de otros Estados parte. Se cubren tanto la discriminación directa como la indirecta. La legislación nacional no puede reservar una prestación de seguridad social únicamente a los nacionales, ni imponer condiciones adicionales o más restrictivas a los

---

126 Conclusiones XIII-4 (1996), Declaración de Interpretación del Artículo 12.4.

127 Conclusiones XIV-1 (1998), Turquía.

128 Conclusiones XIII-4 (1996), Declaración de Interpretación del Artículo 12.4.

extranjeros[129]. La legislación nacional no puede tampoco estipular criterios de concesión para las prestaciones de seguridad social que, aunque se aplican sin referencia a la nacionalidad, son más difíciles de cumplir para los extranjeros y, por lo tanto, afectarlos en mayor medida[130]. Sin embargo, la legislación puede exigir el cumplimiento de un período de residencia para las prestaciones no contributivas. A este respecto, el artículo 12.4 CSE exige que cualquier período de residencia sea razonable[131].

5.3.2. Derecho a la conservación de los derechos acumulados (art. 12.4.b CSE)

Por otra parte, el Comité ha concretado que ciertas prestaciones (invalidez, jubilación, supervivencia y enfermedad o accidente de trabajo) adquiridas en virtud de la legislación de un Estado de acuerdo con los criterios establecidos en la legislación nacional se mantienen independientemente de si el beneficiario se traslada entre los territorios de los Estados parte[132]. Pero esto no se aplica a la prestación por desempleo, pues se considera una prestación a corto plazo, estrechamente vinculada a las tendencias del mercado de trabajo[133].

Con respecto al mantenimiento de prestaciones (exportabilidad), el Comité ha concluido que las obligaciones contraídas por los Estados parte deben ser cumplidas independientemente de cualquier otro acuerdo multilateral de seguridad social que pudiera ser aplicable[134]. Para asegurar la exportabilidad de

---

129 Conclusiones XIII-4 (1996), Declaración de Interpretación del Artículo 12.4.

130 Conclusiones XIII-4 (1996), Declaración de Interpretación del Artículo 12.4.

131 Conclusiones 2004, Lituania.

132 Conclusiones XIV-1 (1998), Finlandia.

133 Conclusiones XIV-1 (1998) Noruega.

134 Conclusiones XIII-4 (1996), Declaración de Interpretación del Artículo 12

las prestaciones, los Estados pueden elegir entre acuerdos bilaterales o cualquier otro medio[135], como medidas unilaterales, legislativas o administrativas.

6. EL DERECHO A LA ASISTENCIA SOCIAL

6.1. Contenido

El art. 13 de la Parte II CSE fue introducido como un artículo separado en 1959. En la redacción anterior del art. 12 CSE figuraban dentro de la seguridad social los cuidados básicos de salud gratuitos para todos, sin distinguir grupos específicos de personas. Pero en 1959 este enfoque universal fue reemplazado por una perspectiva que tenía en cuenta razones económicas. De esta forma, sólo se garantiza una asistencia adecuada a las personas sin recursos suficientes. Esta redacción se ha mantenido en la Carta Social Europea Revisada[136].

Así, el apartado 1 contiene la obligación de los Estados de

> "velar por que toda persona que no disponga de recursos suficientes y no esté en condiciones de conseguir éstos por su propio esfuerzo o de recibirlos de otras fuentes, especialmente por vía de prestaciones de un régimen de seguridad social, pueda obtener una asistencia adecuada y, en caso de enfermedad, los cuidados que exija su estado".

De este modo, la Carta rompe con el concepto tradicional de asistencia, que estaba ligado al deber moral de la caridad. El CEDS afirmó que "las Partes Contratantes no están meramente facultadas para otorgar la asistencia que estimen conve-

---

135 Conclusiones XIII-2 (1994), Noruega y Conclusiones XIII-4 (1996), Declaración de Interpretación del Artículo 12.

136 LUKAS, K., The Revised European Social Charter…", ob. cit., p. 187.

niente; tienen una obligación que puede ser reclamada en los tribunales"[137]. Del mismo modo, el Comité ha establecido que el derecho de acceso a la asistencia social se configura como un "derecho individual"[138].

El CEDS también ha afirmado que el sistema de asistencia debe ser universal en el sentido de que las prestaciones deben pagarse a "cualquier persona" por el solo hecho de que las necesite[139]. Esto no significa que no puedan proporcionarse prestaciones específicas para las categorías de población más vulnerables, siempre y cuando las personas que no entren en estas categorías tengan derecho a una asistencia adecuada[140].

Por otra parte, el Comité ha puesto de manifiesto que la garantía de ingresos para las personas mayores es relevante tanto para el Artículo 13.1 CSE como para el Artículo 23 CSE (el derecho de las personas mayores a la protección social). Por ello, el nivel de la pensión no contributiva pagada a una persona mayor sola sin recursos se examina desde la óptica del artículo 23 de la Carta para los Estados que han aceptado esta disposición, y en virtud del artículo 13.1 CSE en lo que respecta a los Estados parte que no han aceptado el artículo 23.

De la doctrina del CEDS también se desprende que la obligación de brindar asistencia surge tan pronto como la persona la necesita, es decir, cuando no puede obtener "recursos adecuados"[141], entendidos como éstos como los recursos necesarios para vivir una vida digna y "satisfacer las necesidades bá-

---

[137] Conclusiones I (1969), Declaración de Interpretación del Artículo 13.

[138] Conclusiones I (1969), Declaración de Interpretación del Artículo 13.1.

[139] Centro Europeo de Derechos de los Romaníes c. Bulgaria, Decisión sobre el fondo de 18 de febrero de 2009, §38 (Reclamación N° 48/2008).

[140] Conclusiones X-2 (1990), España y Conclusiones XIII-4 (1996), Declaración de Interpretación del Artículo 13.

[141] Conclusiones 2013, Bulgaria.

sicas de manera adecuada"[142]. El nivel de recursos por debajo del cual una persona tiene derecho a recibir asistencia se evalúa por referencia al umbral de pobreza, que se establece en el 50 por ciento de la renta disponible media equivalente y se calcula sobre la base del umbral de riesgo de pobreza de Eurostat[143]. Las prestaciones de asistencia social no pueden estar manifiestamente por debajo del umbral de la pobreza[144].

Del mismo modo, la asistencia social debe proporcionarse mientras persista la situación de necesidad y, por lo tanto, no puede estar sujeta a límites de tiempo[145]. El derecho a la asistencia social debe estar condicionado únicamente al criterio de la necesidad y la disponibilidad de recursos adecuados por parte del beneficiario debe ser el único criterio según el cual la asistencia puede ser denegada, suspendida o reducida[146]. En particular, condicionar determinadas formas de asistencia social a los recursos presupuestarios no es compatible con la Carta[147].

Por otra parte, el Comité ha establecido que el establecimiento de un vínculo entre la asistencia social y la voluntad de buscar empleo o de recibir formación profesional es conforme a la Carta, en la medida en que tales condiciones sean razonables y acordes con el objetivo perseguido, es decir, encontrar una solución duradera a las dificultades del individuo[148].

---

142 Conclusiones XIII-4 (1996), Declaración de Interpretación del Artículo 13.1 y Conclusiones XIV-1 (1998), Portugal.

143 Conclusiones XIX-2 (2009), Letonia.

144 Conclusiones 2013, Italia.

145 Centro Europeo de Derechos de los Romaníes c. Bulgaria, Decisión sobre el fondo de 18 de febrero de 2009, §39 (Reclamación N° 48/2008).

146 Conclusiones XVIII-1 (2006), España.

147 Conclusiones XV-1 (2000), España.

148 Conclusiones XIV-1 (1998), Declaración de Interpretación del Artículo 13.1; Conclusiones 2006, Estonia y Conclusiones 2009, Estonia.

El artículo 13.1 CSE no indica qué forma debe adoptar la asistencia social. Por tanto, puede adoptar la forma de prestaciones en efectivo o en especie. El Comité ha observado que "se ha establecido una garantía de ingresos en la mayoría de las Partes Contratantes"[149]. Pero no ha convertido la introducción de un sistema general de garantía de ingresos en una condición de conformidad con el artículo 13.1, al menos no expresamente. Sin embargo, se ha considerado que la situación de los Estados parte que no han introducido un sistema general de garantía de ingresos no es conforme a la Carta debido a que su sistema de asistencia no cubre a toda la población necesitada[150].

En general, el sistema de asistencia social debe adoptar una estrategia integrada de alivio de la pobreza y de empoderamiento de las personas para que recuperen su lugar como miembros plenos de la sociedad. Todo ello a través de los medios más adecuados a sus intereses, circunstancias, deseos y capacidades y a las costumbres de la sociedad en la que viven. En la mayoría de los casos, las oportunidades de empleo, junto con la formación o readiestramiento profesional, constituyen el elemento central de cualquier estrategia de este tipo[151].

Por otra parte, incluso si, en virtud del Derecho interno, las autoridades locales o regionales tienen atribuida la competencia en materia asistencia social, los Estados parte de la CSE siguen siendo responsables, en virtud de sus obligaciones

---

149 Conclusiones XIII-4 (1996), Declaración de Interpretación del Artículo 13.1. Sobre las "rentas mínimas" en la CSE, puede verse: MONEREO PÉREZ, J.L. (2021), "La garantía del derecho a la existencia y los fundamentos jurídicos de la renta mínima en la Carta Social Europea" en SALCEDO BELTRÁN, C. (Dir.), La Carta Social Europea La Carta Social Europea. Pilar de recuperación y sostenibilidad del modelo social europeo. Homenaje al Profesor José Vida Soria, Tirant lo Blanch, Valencia, pp. 197-271.

150 Conclusiones 2006, Moldavia.

151 Conclusiones XIV-1 (1998), Declaración de Interpretación del Artículo 13.

internacionales, de garantizar que sus cometidos se ejerzan debidamente. Por lo tanto, la responsabilidad final de la implementación de la política oficial recae en el Estado. En consecuencia, cuando los servicios de asistencia social estén descentralizados, se evalúa el cumplimiento de la Carta teniendo en cuenta la aplicación efectiva también por parte de los entes locales o regionales. En este sentido, aunque la Carta no exige el mismo nivel de protección en todo el país, exige una razonable uniformidad de trato. En función de sus opciones y prioridades estratégicas, las entidades locales (regiones, provincias y/o municipios) deben, no obstante, cumplir con el Artículo 13 de la Carta[152].

Por otra parte, el Comité ha expresado que la referencia a la seguridad social en el art. 13 CSE no prejuzga el vínculo entre seguridad social y asistencia social que existe dentro de cada Estado. Es posible que el mecanismo de asistencia social haya evolucionado al margen de la seguridad social o que sea parte intrínseca de este sistema.

A su vez, la solidaridad familiar no se considera como "otra fuente" de ingresos en el sentido del art. 13.1 CSE[153].

El art. 13.2 CSE dispone que los Estados deben "velar por que las personas que se beneficien de tal asistencia no sufran por ese motivo disminución alguna en sus derechos políticos y sociales". El Comité ha afirmado que se debe erradicar cualquier discriminación contra las personas que reciben asistencia social que pudiera resultar, directa o indirectamente[154], de una disposición expresa[155].

---

152 Conclusiones 2013, Italia.

153 Conclusiones XIII-2 (1994), Grecia y Conclusiones 2009, Francia.

154 Conclusiones XVIII-1 (2006), Croacia.

155 Conclusiones I (1969), Declaración de Interpretación del Artículo 13.2 y Conclusiones XIII-4 (1996), Declaración de Interpretación del Artículo 13.2.

Además, las disposiciones que consagran el principio de igualdad y prohíben la discriminación deben interpretarse en la práctica de manera que se impida el uso de las condiciones materiales de vida, el estatus social o cualquier otra circunstancia personal (por ejemplo, el estado de salud) como justificación de la restricción con respecto a los derechos civiles o sociales[156].

6.2. Titularidad

6.2.1. Criterios para el acceso igualitario y efectivo

Como se ha expresado en el apartado anterior, el Comité ha establecido que el derecho a la asistencia social es universal (para los nacionales de cada Estado y personas con permiso de residencia). Para cumplir con la Carta, los principales servicios de bienestar social deben asegurar a sus usuarios un acceso equitativo y efectivo. Para comprobar este extremo, el CEDS tendrá en cuenta la forma en que estos servicios funcionan y están organizados; su distribución geográfica; el número, cualificación y deberes del personal empleado, incluido el personal voluntario; los fondos aportados para dichos servicios y la adecuación de los recursos materiales y de personal al número de usuarios[157].

Los criterios seleccionados para determinar si los interesados tienen un acceso equitativo y efectivo a los servicios y para evaluar la calidad de esos servicios y otras cuestiones relacionadas con los derechos y la participación de los usuarios son los

---

156 Conclusiones 2002, Eslovenia.

157 Conclusiones XIII-4 (1996), Declaración de Interpretación del Artículo 13.

mismos que se utilizan para evaluar los servicios sociales generales, contemplados en el art. 14 CSE. En particular:

- El criterio que regula el acceso a los servicios sociales es la falta de capacidades personales y de medios para hacer frente a las necesidades diarias.
- Se garantizará el derecho individual de acceso a la orientación y el asesoramiento de los servicios sociales a todas las personas susceptibles de necesitarlo.
- Se protegerán los derechos del beneficiario: cualquier decisión debe tomarse tras consulta con éste y no en contra de su voluntad.
- Los recursos deben estar disponibles para aquellos que deseen presentar una queja sobre los servicios de bienestar social y debe existir el derecho de recurrir ante un organismo independiente cuando se presenten denuncias de discriminación y violación de la dignidad humana[158].

En los países en los que los servicios sociales generales son responsables de la aplicación del artículo 13.3 CSE, el CEDS evalúa la situación en base al artículo 14.1 CSE[159], teniendo en cuenta, sin embargo, el hecho de que el artículo 13.3 CSE impone que los servicios demandados deben proporcionarse gratuitamente[160].

158 Conclusiones 2005, Declaración de Interpretación del Artículo 14.1.

159 Conclusiones XVIII-1 (2006), Islandia.

160 Conclusiones 2005, Declaración de Interpretación del Artículo 14.1.

6.2.2. Acceso de los nacionales de otros Estados Parte

De acuerdo con el CEDS, del Apéndice de la Carta[161] se desprende que los extranjeros que sean nacionales de los Estados parte y residan legalmente o trabajen regularmente en el territorio de otra Parte y carezcan de los recursos adecuados deben gozar del derecho individual a la asistencia social en pie de igualdad con los nacionales del Estado en que residan[162], sin la necesidad de reciprocidad[163].

Por lo que se refiere a los nacionales de los Estados Parte, rige el principio de igualdad de trato. Ello implica que el derecho a las prestaciones de asistencia, incluidas las garantías de ingresos mínimos, no debe limitarse a los nacionales ni a determinadas categorías de extranjeros[164] y que los criterios aplicados en la práctica para la concesión de prestaciones no difieren en razón de la nacionalidad[165]. También implica que no se les podrán imponer condiciones adicionales como la duración de la residencia, lo que supondría una discriminación indirecta contra los extranjeros[166] o condiciones que sean más difíciles de cumplir para los extranjeros[167].

---

161 Art. 13 párrafo 4 del Anexo a la Carta Social Europea (revisada), que regula el ámbito de aplicación de dicha Carta en lo que se refiere a las personas protegidas: "Los gobiernos que no sean Partes en el Convenio Europeo de Asistencia Social y Médica podrán ratificar la Carta con respecto a este párrafo siempre que otorguen a los nacionales de otros Estados parte un trato que esté en conformidad con las disposiciones de dicho Convenio".

162 Conclusiones XIII-4 (1996), Declaración de Interpretación del Artículo 13.

163 Conclusiones VII (1981), Declaración de Interpretación del Artículo 13.4.

164 Conclusiones XVIII-1 (2006), Bélgica.

165 Conclusiones XVIII-1 (2006), Alemania.

166 Conclusiones XVIII-1 (2005), Dinamarca.

167 Médicos del Mundo – Internacional c. Francia, Decisión sobre el fondo de 11 de septiembre de 2012, §176 (Reclamación Nº 67/2011).

Por otra parte, el Comité aplica el art. 13.4 CSE a los nacionales de otros Estados parte que se encuentren legalmente dentro de sus territorios, pero que no tengan la condición de residentes. Ellos serán beneficiarios del derecho a la asistencia social y médica *de emergencia*[168]. Afirma que, por definición, no se puede establecer una condición de tiempo de presencia para el derecho a la asistencia de emergencia[169]. En cuanto al contenido de la asistencia de emergencia, el CEDS considera que los Estados parte están obligados a proporcionar a los extranjeros no residentes sin recursos asistencia social y médica de *emergencia* (alojamiento, alimentación, atención de emergencia y ropa) para hacer frente a un estado de necesidad urgente y grave[170]. Ahora bien, los Estados parte no están obligados a aplicar las disposiciones sobre ingresos mínimos garantizados en sus sistemas de protección social[171].

6.2.3. Acceso de los nacionales de terceros Estados

En cuanto a los refugiados, tal como se definen en la Convención de Ginebra de 1951, el apéndice de la Carta de 1961 requiere que los Estados otorguen a los que residan legalmen-

---

168 Conclusiones XIV-1 (1998), Declaración de Interpretación del Artículo 13.4 y Conclusiones VII (1981), Declaración de Interpretación del Artículo 13.4.

169 Conclusiones XIV-1 (1998), Reino Unido y Federación europea de organizaciones nacionales que trabajan con personas sin hogar c. Países Bajos, Decisión sobre el fondo de 2 de julio de 2014, §171.

170 Conclusiones XIV-1 (1998), Países Bajos; Conclusiones XX-2 (2013), República Checa; Médicos del Mundo – Internacional c. Francia, Decisión sobre el fondo de 11 de septiembre de 2012: §178 (Reclamación Nº 67/2011); Conferencia de Iglesias Europeas c. Países Bajos, Decisión sobre el fondo de 1 de julio de 2014, §105 (Reclamación Nº 90/2013) y Federación europea de organizaciones nacionales que trabajan con personas sin hogar c. Países Bajos, Decisión sobre el fondo de 2 de julio de 2014, §171.

171 Conclusiones XIII-4 (1996), Declaración de Interpretación del Artículo 13.

te en su territorio un trato lo más favorable posible y en ningún caso menos favorable que el establecido en virtud de las obligaciones aceptadas por el Estado Parte en dicho Convenio o en cualquier otro instrumento internacional existente aplicable a esos refugiados.

La Carta extiende ese requisito a los apátridas en el sentido de la Convención de Nueva York de 1954, así como a los apátridas de hecho por falta de documentos[172]. Debe garantizarse la igualdad de trato una vez que el extranjero ha recibido permiso para residir legalmente o para trabajar regularmente en el territorio de una Parte Contratante.

Pero la CSE no regula los procedimientos de admisión de extranjeros al territorio de los Estados parte y las reglas que rigen el estatus de "residente" se dejan a la legislación nacional. Esto se deriva en particular del apéndice de la Carta con respecto al Artículo 18.1 CSE:

> "Se entiende que estas disposiciones (Artículo 18.1 y párrafo 18 de la Parte I) no se refieren a la cuestión de la entrada en los territorios [de los Estados que han ratificado la Carta] y no prejuzgan las disposiciones del Convenio Europeo de Establecimiento, firmado en París el 13 de diciembre de 1955."

En consecuencia, la condición de residente puede quedar supeditada a determinados requisitos de tiempo de residencia o de presencia en el territorio para gozar de igualdad de trato, siempre que no sea manifiestamente excesiva[173].

Por otra parte, los extranjeros que residan legalmente en el territorio de un Estado Parte no pueden ser repatriados por el solo hecho de que necesiten asistencia[174]. Mientras continúen su residencia legal o su trabajo regular gozan de igualdad de

---

172 Conclusiones 2013, Serbia.

173 Conclusiones XVIII-1 (2006), República Checa.

174 Conclusiones 2017, Bosnia y Herzegovina.

trato, así como de la protección que brinda el artículo 19.8 CSE, que no permite la expulsión por necesitar asistencia[175].

Una vez que ha expirado la validez del permiso de residencia y/o trabajo, los Estados parte no tienen más obligaciones hacia los extranjeros derivadas de la CSE, incluso si se encuentran en un estado de necesidad[176]. Sin embargo, esto no significa que las autoridades de un país estén autorizadas a retirar un permiso de residencia por el único motivo de que la persona en cuestión no tenga recursos y no pueda satisfacer las necesidades de su familia[177].

Por lo que se refiere a los extranjeros en situación irregular, el CEDS estableció que el art. 13.1 CSE también reconoce su derecho a la asistencia social y médica *de emergencia*[178]. El Comité considera que, en virtud de lo dispuesto en el artículo 13.1 CSE, los Estados parte tienen la obligación de proporcionar a los migrantes extranjeros que se encuentren en situación irregular asistencia médica urgente y la asistencia social básica necesaria para hacer frente a un estado de necesidad inmediato (alojamiento, alimentación, atención de emergencia y ropa). Esta obligación deriva del art. 13.1 CSE de forma limitada y excepcional, en lugar del art. 13.4 CSE, como era la práctica anterior[179].

---

175 Conclusiones XIII-4 (1996), Declaración de Interpretación del Artículo 13.1y Conclusiones XIV-1 (1998), Declaración de Interpretación del Artículo 13.

176 Conclusiones XXI-2 (2017) Dinamarca.

177 Conclusiones XIV-1 (1998), Noruega.

178 Federación Internacional de Ligas de Derechos Humanos c Francia, Decisión sobre el fondo de 8 de septiembre de 2004, §32 (Reclamación N° 14/2003); Conferencia de Iglesias Europeas c. Países Bajos, Decisión sobre el fondo de 1 de julio de 2014, §§66, 73-75 (Reclamación N° 90/2013) y Federación europea de organizaciones nacionales que trabajan con personas sin hogar c. Países Bajos, Decisión sobre el fondo de 2 de julio de 2014, §141.

179 Conclusiones 2013, Declaración de Interpretación del Artículo 13.1 and 13.4.

6.3. Garantías

6.3.1. Derecho a un recurso efectivo

El CEDS ha insistido en que el derecho a la asistencia social no debe depender únicamente de la discrecionalidad de las autoridades administrativas. Al contrario, debe constituir un derecho individual establecido legalmente y respaldado por un recurso efectivo[180].

El recurso no tiene por qué plantearse exclusivamente ante un órgano judicial. El Comité se centra en la función judicial del órgano de revisión, que consiste en pronunciarse sobre los casos que se le sometan y dictar decisiones vinculantes basadas en la ley. Por tanto, el órgano puede ser un tribunal ordinario o un órgano administrativo, siempre que se cumplan las siguientes garantías:

1) Debe ser un órgano independiente del ejecutivo y de los partidos. Al decidir si un órgano puede considerarse independiente, se examina la forma de nombramiento de sus miembros, la duración de su mandato y las salvaguardias existentes contra presiones externas[181].

2) Todas las decisiones desfavorables relativas a la concesión y el mantenimiento de la asistencia deben ser objeto de recurso, incluidas las decisiones de suspender o reducir las prestaciones de asistencia, por ejemplo, en caso de que el interesado se niegue a aceptar una oferta de empleo o formación[182].

---

180 Conclusiones I (1969), Declaración de Interpretación del Artículo 13.1.

181 Conclusiones XVIII-1 (2006), Islandia.

182 Conclusiones XVIII-I (2006), Hungría.

3) El órgano de revisión debe tener la facultad de juzgar el caso por los hechos y no solamente por cuestiones de Derecho[183]. Si este requisito relativo al alcance del recurso no se cumple en primera instancia, debe cumplirse en el nivel posterior de revisión[184].

4) Para garantizar a los solicitantes el ejercicio efectivo de su derecho al recurso, se debe proporcionar asistencia letrada[185].

6.3.2. Derecho a asesoramiento y ayuda personal

El art. 13.3 CSE establece la obligación de los Estados de "disponer lo preciso para que todas las personas puedan obtener por medio de servicios adecuados, públicos o privados, el asesoramiento y ayuda personal necesarios para prevenir, eliminar o aliviar su estado de necesidad personal o familiar".

El CEDS ha explicado que este artículo se refiere a los servicios gratuitos de asesoramiento y asistencia personal dirigidos específicamente a personas sin los recursos adecuados o en riesgo de serlo[186]. Se trata de una disposición más específica, mientras que el art. 14.1 CSE se refiere a los servicios de bienestar social en general[187]. Los servicios sociales cubiertos por el artículo 13.3 CSE deben desempeñar una función preventiva, de apoyo y de tratamiento. Esto significa ofrecer asesoramiento y asistencia para que los interesados sean plenamente cons-

---

183 Conclusiones XIII-4 (1996), Declaración de Interpretación del Artículo 13 y Conclusiones XVIII-1 (2006), Hungría.

184 Conclusiones XIII-4 (1996), Declaración de Interpretación del Artículo 13.

185 Conclusiones XVI-1 (2003), Irlanda.

186 Conclusiones 2013, Bosnia y Herzegovina.

187 Conclusiones I (1969), Declaración de Interpretación del Artículo 13 y Conclusiones XIII-4 (1996), Declaración de Interpretación del Artículo 13.

cientes de su derecho a la asistencia social y médica y de cómo pueden ejercerlos[188].

El artículo 13.3 CSE no requiere prestaciones específicas distintas de los servicios de bienestar social del artículo 14 CSE, siempre que las personas sin recursos suficientes reciban las prestaciones y los servicios adaptados a sus necesidades[189].

---

188 Conclusiones XIII-4 (1996), Declaración de Interpretación del Artículo 13.

189 Conclusiones XIII-4 (1996), Declaración de Interpretación del Artículo 13.

CAPÍTULO IV:

EL DERECHO A LA PROTECCIÓN SOCIAL EN LA UNIÓN EUROPEA

1. INTRODUCCIÓN

El art. 34 de la Carta de los Derechos Fundamentales de la Unión Europea (CDFUE), proclamada en el Consejo Europeo de Niza el 7 de diciembre de 2000 y a la que el Tratado de Lisboa de 2009 otorgó el mismo valor jurídico que los Tratados, lleva la rúbrica: "Seguridad social y ayuda social" y su texto es el siguiente:

> "1. La Unión reconoce y respeta el derecho de acceso a las prestaciones de seguridad social y a los servicios sociales que garantizan una protección en casos como la maternidad, la enfermedad, los accidentes laborales, la dependencia o la vejez, así como en caso de pérdida de empleo, según las modalidades establecidas por el Derecho de la Unión y las legislaciones y prácticas nacionales.
>
> 2. Toda persona que resida y se desplace legalmente dentro de la Unión tiene derecho a las prestaciones de seguridad social y a las ventajas sociales de conformidad con el Derecho de la Unión y con las legislaciones y prácticas nacionales.
>
> 3. Con el fin de combatir la exclusión social y la pobreza, la Unión reconoce y respeta el derecho a una ayuda social y a una ayuda de vivienda para garantizar una existencia digna a todos aquellos que no dispongan de recursos suficientes, según las modalidades establecidas por el Derecho de la Unión y por las legislaciones y prácticas nacionales."

Este artículo se encuentra en el Título IV de la CDFUE, que lleva la rúbrica "Solidaridad", en el que se reconocen otros derechos sociales, como el derecho a la negociación y acción colectiva y a unas condiciones de trabajo justas y equitativas, la protección de la familia y de la juventud o la protección de la salud. En unos casos se habla de "derechos" y en otros no.

El art. 34 CDFUE utiliza diversas denominaciones en la enumeración de los derechos reconocidos. En el primer párrafo habla del "derecho de acceso a las prestaciones de seguridad social y a los servicios sociales". En el segundo reconoce el "derecho a las prestaciones de seguridad social y a las ventajas sociales". Y en el tercer párrafo se refiere al "derecho a una ayuda social y a una ayuda de vivienda".

Estas distintas expresiones de la CDFUE (seguridad social, ventajas sociales y ayuda social) han de inscribirse en el término más amplio "protección social", que es el empleado en el art. 151 del Tratado de Funcionamiento de la Unión Europea (TFUE), así como en el art. 161 TFUE, que se refiere a la función del "Comité de Protección Social, cuyo objeto es fomentar la cooperación entre los Estados miembros en materia de "protección social". Esto nos lleva a pensar que, en el Derecho de la Unión Europea (UE), protección social engloba las tres expresiones del art. 34 CDFUE (excluyendo la que este precepto denomina "ayuda de vivienda")[1].

De esta forma, podemos concluir que la seguridad social es la prevista para la protección de las personas trabajadoras y estaría construida sobre la base de las contribuciones de éstas en orden a la protección de situaciones de jubilación, enferme-

---

1 GARCÍA PECHUÁN, M. (2019), "Art. 34. Seguridad social y ayuda social", en: LÓPEZ CASTILLO, A. (Dir.), La Carta de Derechos Fundamentales de la Unión Europea. Diez años de jurisprudencia, Tirant Lo Blanch, Valencia, pp. 1057-1058.

dad, accidente, etc. -las previstas en el Convenio 102 de la OIT, según hemos visto.

La expresión "ayuda social" presenta un carácter novedoso, pero habría que relacionarlo con el art. 13 CSE ("asistencia social") y estaría destinado a la protección de situaciones de necesidad y vulnerabilidad y no estaría basado en contribuciones previas ni en la actividad laboral de los beneficiarios.

El término "ventajas sociales" tiene un claro correlato en el art. 7.2 del Reglamento 492/2011, relativo a la libre circulación de trabajadores dentro de la Unión, que dispone que los trabajadores nacionales de un Estado miembro cuando trabajen en otro Estado miembro se beneficiarán "de las mismas ventajas sociales y fiscales que los trabajadores nacionales". El art. 34.2 CDFUE las equipara a la seguridad social como un derecho de las personas que residan y se desplacen legalmente dentro de la Unión[2].

En este capítulo, se estudiará el valor jurídico y las garantías del derecho a la protección social en la Unión Europea. Para ello, comenzaré por hacer una breve referencia a la incorporación de los derechos sociales al Derecho de la Unión. A continuación, se examinará el valor de los derechos sociales que están reconocidos en la Carta de los Derechos Fundamentales de la Unión Europea, para centrarnos en el derecho a la protección social reconocido en el art. 34 CDFUE. Para ello en insoslayable analizar, siquiera sea en sus rasgos fundamentales, las normas de Derecho derivado y la jurisprudencia del Tribunal de Justicia de la Unión Europea.

---

2 Ibidem., p. 1061.

2. LA INCORPORACIÓN DE LOS DERECHOS SOCIALES AL DERECHO DE LA UNIÓN EUROPEA

Es sabido que una de las características más señaladas del Derecho de la Unión Europea (antes "Derecho Comunitario") ha sido durante mucho tiempo la inexistencia de un catálogo de derechos similar a los existentes en las Constituciones de los Estados miembros. Los únicos derechos que se afirmaron desde el inicio fueron los necesarios para garantizar el mercado único, esto es, las libertades comunitarias fundamentales: circulación de trabajadores, servicios, capitales y mercancías. Para apuntalar estas libertades se garantizaron también la libertad de circulación y residencia, el derecho a la igualdad y la no discriminación de mujeres y hombres[3].

El motivo de la ausencia de una declaración de derechos fue la configuración de las Comunidades Europeas, en su inicio, como una organización de carácter esencialmente económico, una organización que tenía como fin la creación de un mercado común europeo.

Sin embargo, pronto se puso de manifiesto que esta ausencia podía provocar distorsiones en el funcionamiento de las instituciones europeas. A este respecto, fue importante la jurisprudencia de los Tribunales Constitucionales alemán e italiano, que se negaron a reconocer la supremacía de los Tratados Comunitarios en el caso de que se apreciase contradicción entre éstos y las normas constitucionales internas que reconocían derechos fundamentales. Esta jurisprudencia provocó que el entonces denominado Tribunal de Justicia de la Comunidad

---

[3] CARMONA CONTRERAS, A. (2018), "La afirmación de derechos en el espacio social europeo: Luces y sombras de un proceso (todavía) en construcción", en: MASALA, P. (Ed.), La Europa social: alcances, retrocesos y desafíos para la construcción de un espacio jurídico de solidaridad, Centro de Estudios Políticos y Constitucionales, Madrid, p. 54.

Europea declarase, desde los años 70, que los derechos fundamentales, tal como estaban reconocidos en las tradiciones constitucionales comunes de los Estados miembros y en el Convenio Europeo de Derechos Humanos, poseían la consideración de principios generales del Derecho Comunitario[4].

En cuanto a los derechos sociales, fue importante la aprobación de la Carta de los Derechos Sociales Fundamentales de los Trabajadores (CDSFT) por el Consejo Europeo el 9 de diciembre de 1989, aunque su carácter de aceptación voluntaria por los Estados, le ha restado aplicación efectiva. Partiendo de lo declarado en el Preámbulo del entonces vigente Tratado de la Comunidad Europea, según el cual la Europa Comunitaria debe perseguir "el progreso económico y social (...) y la mejora constante de las condiciones de vida y de empleo de sus pueblos", la Carta pretendía establecer un modelo de relaciones laborales que garantizase una serie de derechos de los trabajadores entre los que se pueden destacar los siguientes: libertad de asociación y negociación colectiva, no discriminación en el acceso al empleo, igualdad de trato en cuanto a las condiciones de trabajo, protección social a través de un sistema de seguridad social, protección de la salud y de la seguridad laborales y protección de los niños y adolescentes[5]. A pesar de su carácter

4 Vid. las conocidas SSTJUE de 12 de noviembre de 1969, Caso Stauder; de 17 de diciembre de 1979, Caso Internationale Handelgessellschaft, y de 14 de mayo de 1974, Caso Nold. Vid., también, entre otros, PI LLORENS, M. (1999), Los derechos fundamentales en el ordenamiento comunitario, Ariel, Barcelona; CORCUERA ATIENZA, J. (coord..) (2002), La protección de los derechos fundamentales en la Unión Europea, Dykinson, Madrid; MATÍA PORTILLA, F. J. (Dir.) (2002), La protección de los derechos fundamentales en la Unión Europea, Civitas, Madrid, y DÍAZ CREGO, M. (2009), Protección de los derechos fundamentales en la Unión Europea y en los estados miembros, Reus, Madrid.

5 En desarrollo de algunos de estos derechos se han ido dictando diferentes Directivas –o modificando las ya existentes-, entre las que pueden señalarse

no vinculante, la CDSFT pasó a ser una referencia en la materia para las instituciones europeas. Y el Tratado de Ámsterdam, no sólo integró el Protocolo de política social en las políticas de la UE, sino que también incluyó una referencia expresa a los derechos sociales reconocidos en la CDSFT y en la Carta Social Europea en el título dedicado a la política social de la Unión. Así, el art. 151 TFUE establece que las instituciones europeas y los Estados tendrán presentes los derechos reconocidos en ambas Cartas cuando desarrollen su política social.

La primera referencia a los derechos fundamentales en el articulado de los Tratados llegó con el Tratado de la Unión Europea o Tratado de Maastricht de 1992, cuyo artículo F.2 (actual 6.2) contenía una declaración general de respeto de los derechos fundamentales por parte de la Unión, remitiéndose a las tradiciones constitucionales estatales y al Convenio Europeo de Derechos Humanos.

Si los derechos civiles y políticos no habían recibido una atención destacable por parte del entonces denominado Derecho Comunitario, aún menos la habían recibido los derechos sociales. A este respecto, el Informe emitido por un "Comité de Sabios" encargado de evaluar el estado de los derechos en Europa en febrero de 1996 propuso que los Tratados incluyeran un listado de derechos cívicos y sociales, cuya protección debía garantizarse a través de un sistema de jurisdicción propio

la Directiva 96/97/CEE, relativa a la aplicación del principio de igualdad de trato entre hombres y mujeres en los regímenes profesionales de la seguridad social; la Directiva 91/533/CEE, relativa a la obligación del empresario de informar al trabajador acerca de las condiciones aplicables al contrato de trabajo o a la relación laboral; la Directiva 89/391/CEE, que establece el marco de seguridad y salud laboral; o la Directiva 94/45/CE, sobre la constitución de un Comité de Empresa Europeo y de un procedimiento de información y consulta a los trabajadores en las empresas o grupos de empresas de dimensión comunitaria. Vid. CRUZ VILLALÓN, J. y PÉREZ DEL RÍO, T. (Coords.), (2000), Una aproximación al Derecho Social Comunitario, Tecnos, Madrid.

de la Unión Europea. En este informe se señalaba la necesidad de reconocer los derechos de contenido social en el nivel más alto del ordenamiento comunitario, con el acompañamiento de las oportunas políticas socio-económicas, pues la satisfacción de los mismos resultaba imprescindible para la de los derechos civiles y políticos[6].

El Tratado de Amsterdam, de 1997, introdujo algunas novedades, sobre todo en el terreno político. Pero la mayor innovación, a este respecto, la supuso la proclamación en Niza de la mencionada Carta de los Derechos Fundamentales de la Unión Europea el 7 de diciembre de 2000, entonces sin valor vinculante, que sí adquirió en 2009, con la entrada en vigor del Tratado de Lisboa. A ella, especialmente a su contenido social, nos referiremos en el siguiente apartado.

Posteriormente, en fechas recientes, ante la creciente desafección de la ciudadanía de la Unión Europea hacia el proceso de integración, se puso de manifiesto la necesidad de reforzar la dimensión social de la Unión, para que no apareciese como un mero mercado ajeno a las demandas de la población trabajadora y de los colectivos vulnerables.

En este contexto, el 17 de noviembre de 2017 se celebró la Cumbre social en favor del empleo justo y el crecimiento, celebrada en Gotemburgo, Suecia[7]. En ella el Parlamento Europeo, el Consejo y la Comisión proclamaron solemnemente

---

6 Vid. HERREROS LÓPEZ, J. M. (2006), "El contenido social de la Carta de los Derechos Fundamentales", cit. pp. 420-421. Sobre los derechos sociales en el ordenamiento comunitario, puede verse, también, GARCÍA HERRERA, M. A. (2006), "Derechos sociales y tratados comunitarios: evolución normativa" y MAESTRO BUELGA, G. (2006), "Constitución económica y derechos sociales en la Unión Europea", en CORCUERA ATIENZA, J. (coord..), La protección de los derechos fundamentales en la Unión Europea, op. cit.

7 Vid. LASA LÓPEZ, A. (2018), "Potencialidades del Pilar Europeo de Derechos Sociales en la praxis jurisprudencial del Tribunal de Estrasburgo: Entre la

el Pilar Europeo de Derechos Sociales (PEDDSS)[8]. En veinte principios -algunos enunciados como derechos- la Unión proclama varios objetivos sociales que tienen que ver con la educación; la igualdad de género; la igualdad de oportunidades; el apoyo activo al empleo; el empleo seguro y estable; los salarios; la información sobre las condiciones de trabajo y la protección en caso de despido; el diálogo social y la participación de los trabajadores; el equilibrio entre vida profesional y vida privada; un entorno de trabajo saludable, seguro y adaptado; la asistencia y apoyo a los niños; la protección social[9]; las prestaciones por desempleo; la renta mínima; las pensiones y prestaciones de vejez; el "sector sanitario"; la inclusión de las personas con discapacidad; los cuidados de larga duración; vivienda y asistencia a personas sin hogar y acceso a servicios esenciales.

Este activismo social de los órganos de la UE surge en paralelo con la lectura social de los derechos civiles y políticos que está realizando el TEDH, según hemos visto en el capítulo III. Ahora bien, se ha puesto de manifiesto que, frente la interpretación social de los derechos del CEDH que realiza el Tribunal de Estrasburgo, el Tribunal de Justicia de la Unión Europea (TJUE) se centra en el planteamiento de la integración económica, lo que resta eficacia a los objetivos sociales enunciados en el PEDDSS[10].

---

heterarquía vínculo social-vínculo económico y la disfuncionalidad", Teoría y Realidad Constitucional Núm. 42, pp. 609-631.

8 Puede verse información actualizada sobre el PEDDSS en: https://op.europa.eu/webpub/empl/european-pillar-of-social-rights/es/#annex3 (última consulta: 30 de julio de 2023).

9 Se establece literalmente que: "Con independencia del tipo y la duración de su relación laboral, los trabajadores por cuenta ajena y, en condiciones comparables, los trabajadores por cuenta propia, tienen derecho a una protección social adecuada".

10 LASA LÓPEZ, A., "Potencialidades del Pilar Europeo de Derechos Sociales...", cit., p. 611.

También se ha puesto de manifiesto la insuficiencia del Pilar Europeo de Derechos Sociales para conseguir una mayor juridificación de los derechos sociales en el Derecho de la Unión Europea. El ambicioso programa de acción propuesto por el Parlamento Europeo sufrió una notable reducción en el texto finalmente proclamado en la Cumbre de Gotemburgo, al no acompañarse de las imprescindibles modificaciones normativas para llevarlo a la práctica[11].

Así, Lasa López[12] afirma que el Pilar no crea ni reconoce nuevos derechos sociales a nivel europeo, solamente reafirma derechos que ya están reconocidos en el acervo de la UE y en el Derecho internacional y los complementa para tener en cuenta nuevas realidades, pero no los redefine. Tampoco rediseña el marco competencial UE-Estados miembros en lo relativo a las políticas sociales y de empleo, por lo que en esta materia se mantienen las dinámicas de coordinación social de tipo *soft law*. Finalmente, mantiene la distinción entre derechos y principios, con lo que reproduce la clásica teoría de la divisibilidad de los derechos civiles y políticos (con mayor eficacia jurídica), por un lado, y los sociales y económicos, por otro.

Como seguimiento del PEDDSS, la Comisión aprobó el 4 de marzo de 2021 un *Plan de Acción del Pilar Europeo de Derechos Sociales*[13], en el que fijaban unas líneas de actuación de la Comisión y en las que ésta instaba a las instituciones europeas, los parlamentos nacionales, los interlocutores sociales y la sociedad civil a organizar debates políticos conjuntos periódicos para hacer balance de los avances hacia una Europa social fuerte para 2030. La Comisión revisará el Plan de Acción en 2025 y

---

11 CARMONA CONTRERAS, A. "La afirmación de los derechos…", cit., p. 72.

12 Ibidem., p. 619.

13 https://eur-lex.europa.eu/resource.html?uri=cellar:b7c08d86-7cd5-11eb-9ac9-01aa75ed71a1.0004.02/DOC_1&format=PDF (Última consulta: 6 de agosto de 2023).

dicha revisión servirá de base para posteriores actuaciones a nivel de la UE a fin de alcanzar los objetivos de la UE para 2030.

El 7 y 8 de mayo de 2021 se celebró una nueva Cumbre Social, organizada por la Presidencia portuguesa en Oporto. El objetivo era confirmar, al nivel político más elevado, el compromiso social de la Unión Europea. La consigna había sido, sin embargo, no establecer medidas concretas, sino sólo un mensaje político voluntarista ante una situación particular sistémicamente grave. La crisis económica de 2008, las políticas de austeridad[14] y la pandemia por Covid-19 habían puesto de relieve la falta de compromiso social de la Unión como un fin en sí mismo y el coste que ello podría acarrear para el futuro del proyecto europeo. Se pretendía relanzar las políticas del bienestar ante la realidad de una Europa con 91 millones personas en situación de pobreza. Ahora bien, no se previó un presupuesto específico dedicado a paliar los desequilibrios estructurales entre los socios para alcanzar la convergencia social común, sino sólo inversiones puramente coyunturales para paliar la degradación de la situación vigente en ese momento. Quedaba por definir qué modelo de Europa social se podía consensuar entre los socios, pues existían divergencias importantes entre los países del norte y los del este y el sur[15].

3. LOS DERECHOS SOCIALES EN LA CARTA DE LOS DERECHOS FUNDAMENTALES DE LA UNIÓN EUROPEA.

Como hemos visto, la Carta de los Derechos Fundamentales de la Unión Europea fue aprobada en 2000 por el Consejo

---

14 CARMONA CONTRERAS, A., "La afirmación de los derechos...", cit., pp. 67-70.

15 Sami Naïr, "La lejana Europa social", EL PAÍS, 10 de mayo de 2021.

Europeo celebrado en Niza, en principio sin valor vinculante. A pesar de ello, las disposiciones de la Carta fueron utilizadas desde el inicio por el Tribunal de Justicia de la Comunidad Europea, el Tribunal Europeo de Derechos Humanos y los Tribunales Constitucionales de los Estados en su labor interpretativa de los preceptos del Convenio Europeo de Derechos Humanos y de las declaraciones de derechos estatales[16]. Y, finalmente, el Tratado de Lisboa otorgó a esta Carta el mismo valor jurídico de los Tratados constitutivos, aunque establece que sus disposiciones no ampliarán en modo alguno las competencias de la Unión tal como se definen en los Tratados (art. 6.1 TUE, en la redacción dada por el Tratado de Lisboa).

Los derechos reconocidos en la CDFUE se agrupan en seis Títulos desarrollados bajo otras tantas denominaciones: Dignidad, Libertades, Igualdad, Solidaridad, Ciudadanía y Justicia, más un Título Séptimo relativo al ámbito de aplicación de la Carta y al alcance e interpretación de los derechos en ella contenidos. Se trata de una declaración extensa y generosa en el reconocimiento de derechos, tanto en cuanto a su número como en cuanto a los contenidos y bienes protegidos, incluyendo varios de los denominados nuevos derechos o derechos de tercera generación.

Su estructura es original en comparación con las estructuras tradicionales en las Constituciones nacionales y en los Tratados que contienen declaraciones de derechos. No se hacen distinciones expresas entre derechos civiles y políticos y derechos sociales. Tampoco entre derechos exigibles directa e inmedia-

---

16 El Tribunal Constitucional español ya lo ha hecho en las Sentencias 290 y 292/2000, de 3 de noviembre. Vid. GARCÍA ROCA, J. (2003), "Originario y derivado en el contenido de la Carta de los Derechos Fundamentales de la Unión Europea: los tests de constitucionalidad y convencionalidad", Revista de Estudios Políticos Núm. 119, p. 188.

tamente y derechos que precisan un desarrollo legislativo para su exigibilidad jurídica.

De esta forma, los derechos sociales aparecen reconocidos, al menos en apariencia, al mismo nivel que los derechos civiles y políticos, de acuerdo con la jurisprudencia del Tribunal Europeo de Derechos Humanos que, desde 1979, ha venido declarando que los derechos fundamentales son indivisibles y que los mismos comprenden tanto los derechos civiles y políticos como los derechos sociales, económicos y culturales[17].

Esta agrupación de derechos de naturaleza distinta ha sido objeto de algunas críticas, por la confusión que pueda generar sobre el contenido y exigibilidad de los derechos, pero también ha sido alabada por algunos autores porque puede constituir un impulso en el incremento de la vinculación jurídica de los derechos sociales[18].

Desde el inicio del proceso de redacción de la CDFUE quedó claro que no se trataba de reconocer nuevos derechos, sino de hacer visibles los ya existentes y que, entre los derechos a incluir deberían estar los derechos sociales, utilizando como fuentes de inspiración la Carta Social Europea y la CDSFT. Esto fue objeto de grandes discusiones, pues una parte de los redactores de la CDFUE -liderados por el representante del gobierno británico- se opusieron a la inclusión de derechos sociales en el mismo documento y con el mismo valor jurídico que los derechos civiles y políticos, mientras que otros Estados miembros -liderados por los representantes del Gobierno francés- defendieron la posición contraria. Finalmente, se llegó al acuerdo de que la Carta de Niza incluiría una distinción entre

---

17 Vid. DE LA VILLA GIL, L. E. (2001), "La Carta de los Derechos Fundamentales de la Unión Europea", Revista del Ministerio de Trabajo y Asuntos Sociales Núm. 32, pp. 18 y 19.

18 HERREROS LÓPEZ, J. M., "El contenido social de la Carta de los Derechos Fundamentales", cit., p. 428.

derechos y *principios*, entendiendo que entre estos últimos quedarían incluidos los contenidos sociales de la Carta y que no tendrían el mismo valor jurídico que los primeros[19].

El art. 52.5 CDFUE consagra esta distinción entre derechos y principios:

> "Las disposiciones de la presente Carta que contengan *principios* podrán aplicarse mediante actos legislativos y ejecutivos adoptados por las instituciones, órganos y organismos de la Unión, y por actos de los Estados miembros cuando apliquen el Derecho de la Unión, en el ejercicio de competencias respectivas. Sólo podrán alegarse ante un órgano jurisdiccional en lo que se refiere a la interpretación y control de la legalidad de dichos actos".

En cuanto al número y calidad de los derechos sociales reconocidos en la CDFUE, éstos pueden considerarse una síntesis de los proclamados en la Carta Social Europea y en la CDSFT. Pero es cierto que algunos de ellos aparecen más extensamente consagrados en la CSE, especialmente en su versión revisada, como son los derechos de la infancia y adolescencia o la igualdad de mujeres y hombres[20].

Entre los derechos sociales reconocidos se encuentran los clásicos derechos de libertad (libertad sindical –art. 12- y huelga y negociación colectiva –art. 28-). Pero también se contiene

---

19 DÍAZ CREGO, M. (2024) "La protección de los derechos (y principios) sociales en la Carta de Derechos Fundamentales de la Unión Europea", en CANOSA USERA, R. y CARMONA CUENCA, E. (Eds.), La Europa de los derechos sociales. La Carta Social Europea y otros sistemas internacionales de protección, ob. cit., pp.695-699.

20 Vid. ALEGRE MARTÍNEZ, M.A. (2004) "Derechos sociales en la Carta de los Derechos Fundamentales de la Unión Europea" en JIMENA QUESADA, L. (coord..), Escritos sobre Derecho europeo de los derechos sociales, Tirant lo Blanch, Valencia, pp. 93-94. Vid., también, HERVEY, T. Y KENNER, J. (2003), Economic and Social Rights under the E.U. Charter of Fundamental Rights. A Legal Perspective, Oxford-Portland, Oregon.

un amplio reconocimiento de los derechos sociales de prestación, fundamentalmente, en el apartado *Solidaridad*, como hemos visto: derecho de acceso a los servicios de colocación –art. 29-; derecho a unas condiciones de trabajo justas y equitativas –art. 31-; derecho a la seguridad social y a la ayuda social –art. 34-; derecho a la protección de la salud –art. 35-; derecho de acceso a los servicios de interés económico general –art. 36-; entre otros. El derecho a la educación se encuentra reconocido en el Capítulo dedicado a las *Libertades* –art. 14-, igual que el derecho al trabajo –art. 15-. La protección de los grupos, que tradicionalmente se viene encuadrando entre los derechos sociales y que tiene un importante contenido prestacional, se contiene en diversos artículos incluidos en el Capítulo *Igualdad*: derechos de los menores –art. 24-; de las personas mayores –art. 25-; de los discapacitados –art. 26- e igualdad entre el hombre y la mujer.

La cuestión más importante que suscitan estos derechos sociales de prestación se refiere a su eficacia jurídica. Se trataría de precisar si se diferencian del resto de los derechos reconocidos en dicho documento en cuanto a su exigibilidad directa e inmediata ante los órganos judiciales, esto es, si en lugar de derechos han de ser considerados *principios*. Pues bien, la interpretación mayoritaria concluye que la mayoría de estos derechos sociales no generan una vinculación para los poderes públicos mayor a la que han venido generando en las Constituciones estatales o en las declaraciones internacionales[21].

---

[21] HERREROS LÓPEZ, J. M., "El contenido social de la Carta de los Derechos Fundamentales", cit., pp. 429-430. Vid., también, GIL Y GIL, J. L. y USHAKOVA, T. (2002), "Los derechos sociales en la Carta de los Derechos Fundamentales de la Unión Europea", Cuadernos Electrónicos de Filosofía del Derecho Núm. 5. Dirección electrónica: http://www.uv.es/CEFD/, p. 10 y CARAZO LIÉBANA, M. J. (2006), "La eficacia de la Carta de Derechos Fundamentales en la proyectada Constitución europea. En especial: los derechos sociales", en CARRILLO, M. y PÉREZ BOFILL, H., La Constitución europea. Actas

El hecho de que los derechos sociales se hayan incluido en la CDFUE junto con los derechos civiles y políticos, sin aparentes distinciones jurídicas entre ellos, no implica que unos y otros posean la misma vinculación jurídica. Mientras que los derechos civiles y políticos poseen eficacia directa, sin necesidad de leyes de desarrollo, los derechos sociales de prestación sólo serían justiciables en el marco de un desarrollo legal.

El primer problema que se plantea, no obstante, es reconocer cuáles son los artículos de contenido social de la CDFUE que enuncian derechos y cuáles enuncian principios. Como pone de manifiesto Díaz Crego no es tarea fácil. Las explicaciones de esta Carta dan ejemplo de algunos principios reconocidos en la misma (así, por ejemplo, arts. 25 -derechos de las personas mayores; 26 -integración de las personas con discapacidad y 35 -protección de la salud; entre otros), pero estos ejemplos no incluyen todos los contenidos sociales de la Carta de Niza. En otros casos, la redacción de la Carta no resuelve la duda de si se refiere a derechos o a principios. Tampoco la jurisprudencia del TJUE ha resuelto todas las dudas al respecto. Por una parte, no hay jurisprudencia relevante sobre todos los preceptos de contenido social de la Carta y, por otra, cuando la hay, el TJUE no aclara si el artículo en cuestión es un derecho o un principio[22]. En cuanto al art. 34 CDFUE, el Tribunal de Luxemburgo parece considerarlo un principio, al menos en lo que se refiere al acceso a las prestaciones de la seguridad social y servicios sociales (apartado 1º) y a la ayuda social y de vivienda (apartado 3º)[23].

---

del III Congreso de la Asociación de Constitucionalistas de España, op. cit., pp. 249 y ss.

22 A este respecto, vid. DÍAZ CREGO, M., "La protección de los derechos…", cit.

23 STJUE de 24 de abril de 2012 (caso Servet Kamberaj contra Istituto per l'Edilizia Sociale della Provincia autonoma di Bolzano (IPES) y otros). Vid. DÍAZ CREGO, M., "La protección de los derechos…", cit.

4. EL DERECHO A LA PROTECCIÓN SOCIAL EN LA UNIÓN EUROPEA

4.1. El artículo 34 de la Carta de los Derechos Fundamentales de la Unión Europea

Como ya hemos visto, el art. 34 CDFUE consagra los derechos a la seguridad social (en sus apartados 1 y 2) y a la asistencia social (en su apartado 3, aunque en este último se habla de la expresión francesa "ayuda social"[24]). Fue objeto de intensos debates en el seno de la Convención que redactó la Carta ya que existen grandes discrepancias entre los sistemas de protección social de los Estados miembros y éstos se resistían a una comunitarización fuerte de esta materia[25].

Las fuentes de inspiración de este precepto fueron la Carta Social Europea y la Carta de los Derechos Sociales Fundamentales de los Trabajadores. En concreto, el primer apartado del art. 34 CDFUE se inspira en el principio 12 ("todos los trabajadores y las personas a su cargo tienen derecho a la seguridad social") y en el art. 12 de la Carta Social Europea y en el punto 10 de la CDSFT, que reconoce el derecho de los trabajadores a

---

24 Vid. OJEDA AVILÉS, A. y GORELLI FERNÁNDEZ, J., "Asistencia social y protección social", cit., p. 1259.

25 Vid. BORGETTO, M. y LAFORE, R. (2005), "Article II-94", en BURGORGUE-LARSEN, L.; LEVADE, A. y PICOD, F., Traité établissant une Constitution pour l'Europe, Partie II, La Charte des droits fondamentaux de l'Union, Bruylant, Bruxelles, pp. 445-446. Vid, también, TOOZE, J. (2003), "Social Security and Social Assistance", en HERVEY, T. y KENNER, J., Economic and Social Rights under the E.U. Charter of Fundamental Rights. A Legal Perspective, op. cit. y CARMONA CUENCA, E., "El derecho a la protección social y la lucha contra la pobreza y la exclusión…", cit.

una protección adecuada y de un nivel suficiente[26]. El segundo apartado del art. 34 se inspira en los mismos textos anteriores y en el principio 13 –desarrollado por el art. 13- de la Carta Social Europea, que consagra el derecho a la asistencia social y médica. Además, la CDSFT incluye un principio equivalente en su punto 2 que, para facilitar la libre circulación de trabajadores, prevé para los que se desplacen el derecho a la protección social en el país de acogida. Y, por fin, el tercer párrafo del art. 34 de la CDFUE está inspirado en los principios 30 ("toda persona tiene derecho a la protección contra la pobreza y la exclusión social") y 31 ("toda persona tiene derecho a la vivienda") de la CSE, añadidos en la reforma de 1996. Estos principios están desarrollados en los artículos 30 y 31 CSE. También pueden considerarse fuente de inspiración del tercer apartado del art. 34 de la CDFUE los ya citados principio 13 de la CSE y punto 10 de la CDSFT.

Sobre la intensidad normativa de los tres apartados del art. 34 de la CDFUE, hay que recordar lo que se ha expuesto sobre la juridicidad de los derechos sociales en general en la Carta de Niza. En este precepto se muestran claramente las contradicciones entre la voluntad de reconocer el derecho a la protección social y el temor a otorgarle una vinculación fuerte para los Estados. La formulación fue fruto de difíciles compromisos y hace pensar en una voluntad de restringir su alcance como medida de prudencia de cara a evoluciones inciertas[27]. En efecto, los tres párrafos concluyen con una expresión similar: "según las modalidades establecidas por el Derecho de la Unión y las legislaciones y prácticas nacionales" o "de conformidad

---

26 Así se pone de manifiesto en las Explicaciones sobre la Carta elaboradas por el Praesidium de la Convención que la redactó. Vid. Diario Oficial de la Unión Europea C-303, de 14 de diciembre de 2007.

27 Vid. BORGETTO, M. y LAFORE, R., "Article II-94", cit., p. 451.

con el Derecho de la Unión y con las legislaciones y prácticas nacionales".

Con estas formulaciones se reafirma el principio de subsidiariedad de la actuación de la Unión con relación a la de los Estados, de forma que la Unión debe permanecer en el ámbito de las competencias que le han sido expresamente delegadas por los Tratados. Y así es como lo han entendido los sindicatos de trabajadores, que han visto en la disposición que comentamos un freno puesto a todo progreso social a nivel europeo. De cualquier forma, nada garantiza que la actuación a nivel de la Unión resulte más progresiva desde el punto de vista social que la actuación de los Estados. Más bien, al contrario, parece más factible que las legislaciones nacionales resulten más avanzadas que los equilibrios mínimos conseguidos a nivel europeo[28].

Del primer párrafo del art. 34 CDFUE cabe destacar la extensión con la que define el contenido del derecho reconocido. Este se extiende a las "prestaciones de seguridad social y a los servicios sociales", aunque a continuación enumera todos los riesgos sociales que deben ser cubiertos, que son los que figuran en el Convenio 102 de la O.I.T. y también en el Reglamento comunitario 1408/1971, al que más adelante se hará referencia. No obstante, el precepto de comentamos no parece establecer la obligación de configurar un determinado sistema de protección social. Más bien deja en libertad a los legisladores nacionales e incluso a las instituciones comunitarias para diseñar el modelo que estimen conveniente. De esta forma, podrían mantener la tradicional distinción entre seguridad social y asistencia social o bien optar por un sistema único para todos los ciudadanos, superando la clásica diferencia entre trabajadores y no trabajadores[29].

---

28 Ibidem., pp. 451-452.

29 Vid. GIORGIS, A. (2001), "Art. 34. "Sicurezza sociale e assistenza sociale", en BIFULCO, R; CARTABIA, M. y CELOTTO, A. (Dirs.), L'Europa dei

Por lo que se refiere al nivel de prestaciones, algunas opiniones apuntan a considerar que el art. 34.1 CDFUE establece una "garantía de irreversibilidad" de las prestaciones sociales alcanzadas en los Estados miembros en un proceso que comenzó en la segunda mitad del siglo XIX y se extiende hasta nuestros días. De esta forma, más que un programa para futuro, este precepto establecería un límite a eventuales decisiones comunitarias y nacionales de desmantelamiento radical de las prestaciones sociales existentes[30].

En cuanto al ámbito personal, es significativo que haya desaparecido la referencia a "los trabajadores" que sí aparecía en los textos de la Carta Social Europea y en la CDSFT, como hemos visto. En el artículo comentado no se determina quienes son los titulares del derecho, con lo que la cuestión queda abierta. La referencia final al "Derecho de la Unión y a las legislaciones y prácticas nacionales" remite esta cuestión al Derecho de los Estados, por lo que se puede entender que de la Carta de Niza no cabría derivar un derecho a la seguridad social de todas las personas, si no lo establecen así las legislaciones nacionales.

En el segundo párrafo, en cambio, el art. 34 CDFUE atribuye el derecho reconocido –"a las prestaciones de seguridad social y a las ventajas sociales[31]"- a "toda persona que resida y se desplace legalmente dentro de la Unión". Incluye, por tanto, entre los titulares del derecho a todos los residentes y personas que se desplacen por el territorio de la Unión, incluso nacionales de terceros países, con el único requisito de que

---

diritti. Commento alla Carta dei diritti fondamentali dell'Unione Europea, Il Mulino, Bolonia, p. 242.

30 Ibidem., p. 242 y GARCÍA PECHUÁN, M., "Art. 34. Seguridad social y ayuda social", cit., p. 1085.

31 Más adelante se hará referencia al concepto de "ventaja social" en el Derecho de la Unión Europea, aunque adelanto que no es un concepto claro y diferenciado de otros similares.

hayan regularizado su situación. Es significativo que se haya sustituido la referencia a "los trabajadores" que aparecía en la CDSFT y también en el Reglamento 1408/71 por la referencia a "toda persona". Frente a la lógica comunitaria inicial, que consideraba los derechos sociales como un instrumento para facilitar la movilidad del mercado de trabajo y la libre circulación de trabajadores, la Carta de Niza parte de una filosofía de los derechos humanos dirigida a la protección de las personas y de su dignidad. Persiste, sin embargo, la limitación en lo que se refiere a los nacionales de terceros países en situación irregular. Aunque es cierto que éstos no se encuentran totalmente excluidos de determinadas prestaciones, con diferencia según los países, el art. 34 CDFUE no les reconoce un derecho pleno, pues los Estados consideraron que tal reconocimiento produciría efectos incontrolables[32].

El tercer párrafo del art. 34 CDFUE parece más generoso en cuanto al ámbito personal de los derechos reconocidos pues se refiere a "todos los que no disponen de recursos suficientes". Se podría pensar que incluye a los extranjeros no comunitarios en situación irregular. Sin embargo, una vez más, el último inciso del párrafo se remite a "las modalidades establecidas por el Derecho de la Unión y por las legislaciones y prácticas nacionales". Serán estas legislaciones nacionales, fundamentalmente, las que determinen la extensión del conjunto de beneficiarios de las prestaciones a las que se refiere este párrafo.

Con relación al contenido de los derechos reconocidos –"a una ayuda social y a una ayuda de vivienda"- se pueden hacer algunas consideraciones. En opinión de Borgetto y Lafore[33], la expresión "ayuda social" rompe con la vieja noción de "asistencia", que todavía figura en la Carta Social Europea revisada. Aunque esta elección no tiene un gran efecto práctico, mani-

---

32 BORGETTO, M. y LAFORE, R., "Article II-94", cit., p. 453.

33 Ibidem., pp. 453-454.

fiesta una voluntad de modernizar este sector de la protección social, sustituyendo la vieja concepción tutelar y, en cierta medida, estigmatizante, por la finalidad de asegurar a todas las personas una existencia digna, en línea con las declaraciones internacionales de derechos[34].

Por lo que se refiere a la "ayuda de vivienda", se trata de una expresión innovadora con relación al clásico Derecho Comunitario y a los Derechos nacionales en general, con las notables excepciones de los arts. 47 de la Constitución española y 65 de la Constitución portuguesa[35]. Es de destacar que no se ha consagrado aquí un "derecho a la vivienda" –como sí aparece en las Constituciones española y portuguesa. La expresión "ayuda de vivienda" parece tener, con relación a la anterior, un contenido más limitado. No se trata de garantizar a cada persona necesitada un derecho subjetivo a obtener una vivienda, lo que, en la lógica de la economía de mercado, se considera muy difícil, por no decir imposible, en la actualidad. Pero la expresión "ayuda a la vivienda" puede tener otras consecuencias jurídicas. Borgetto y Lafore mencionan, entre ellas, la legitimación –al máximo nivel en el Derecho de la Unión- de las políticas nacionales y comunitarias para garantizar el acceso a la vivienda a todas las personas[36].

En ambos casos –ayuda social y ayuda de vivienda- se puede considerar, siguiendo a GIORGIS, que el art. 34 CDFUE deja

---

34 El art. 25.1 de la Declaración Universal de Derechos Humanos y el art. 11 del Pacto Internacional de Derechos Económicos y sociales reconocen a toda persona "un nivel de vida adecuado".

35 El art. 47 de la Constitución española de 1978 establece: "Todos los españoles tienen derecho a disfrutar de una vivienda digna y adecuada". Y el art. 65.1 de la Constitución portuguesa de 1976 dice: "Todos tendrán derecho, para sí y para su familia, a una vivienda de dimensión adecuada, en condiciones de higiene y comodidad, y que preserve la intimidad personal y familiar".

36 BORGETTO, M. y LAFORE, R., "Article II-94", cit., p. 454.

libertad a los Estados miembros para determinar cuál será el modelo de financiación para hacer realidad estas ayudas, aunque resulta inevitable el recurso a la fiscalidad general[37].

Finalmente, por lo que se refiere al tercer párrafo del art. 34 CDFUE es destacable la alusión inicial a la "lucha contra la pobreza y la exclusión social". Si bien, en su inicio, la Comunidad Europea no establecía entre sus fines estos objetivos sociales, la temática fue introducida por el Tratado de Niza en el art. 137 del Tratado de la Comunidad Europea (TCE), que hacía figurar "la lucha contra la exclusión" entre los campos en los cuales la Comunidad "apoya y completa la acción de los Estados miembros" (art. 137.1.j) TCE). A su vez, el Tratado de Lisboa incorpora la referencia a la lucha contra la exclusión al TUE, concretamente en su artículo 3.3.

Más allá del reconocimiento del derecho a la protección social y de la lucha contra la pobreza y la exclusión en el art. 34 CDFUE, nos interesa examinar el Derecho de la Unión Europea sobre la materia pues, como se ha puesto de manifiesto, el reconocimiento de estos derechos se realiza "según las modalidades establecidas por el Derecho de la Unión y las legislaciones y prácticas nacionales". Así pues, estos derechos no podrán ser exigidos a partir únicamente de este texto, sino más bien a través del intermedio de la legislación de la Unión Europea y nacional. Realizaré, pues, una sintética exposición del Derecho de la Unión Europea en materia de protección social, lo que nos dará una idea de los recursos con los que cuenta este ordenamiento para hacer realidad el art. 34 CDFUE.

[37] GIORGIS, A., "Art. 34. Sicurezza sociale e assistenza sociale", cit., p. 244.

4.2. La protección social en los Tratados constitutivos.

Ya se ha puesto de manifiesto que la protección social es una competencia básicamente estatal. No existe ningún fundamento jurídico que permita a la Unión desarrollar una política social dotada de fuerza vinculante. Durante mucho tiempo, sólo se había establecido un objetivo indeterminado de "acercamiento de legislaciones sociales" confiado a la Comunidad por el antiguo artículo 118 TCEE, sin que se atribuyesen poderes propios de acción para el cumplimiento de esta misión.

Esta situación cambió con el "Acuerdo sobre Política Social" anexo al Tratado de Maastricht, introducido en el TCE por el Tratado de Ámsterdam. En el art. 137 TCE se afirmaba el principio según el cual la Comunidad Europea "apoyará y completará la acción de los Estados miembros" en diferentes áreas de protección social y de protección los trabajadores y se incluyen la seguridad social y la protección social como ámbitos de intervención comunitaria. Pero hay que hacer referencia a un hecho significativo. En la redacción del art. 137.3 TCE derivada del Tratado de Ámsterdam se exigía el voto por unanimidad en el Consejo para adoptar decisiones en diferentes materias sociales y, entre ellas, en el ámbito de la seguridad social y la protección social. Con el Tratado de Lisboa algunas de estas decisiones pasan a adoptarse por mayoría, pero entre éstas no se encuentran las relativas a la seguridad social y a la protección social, que quedan ligadas al voto por unanimidad, lo que dificulta la adopción de cualquier medida comunitaria en esta materia. El actual TFUE establece asimismo (en su art. 153.2) que las decisiones en los ámbitos de seguridad social y de protección social habrán de adoptarse por unanimidad. Y ello a pesar de que el TUE incorpora una referencia a la protección social en el art. 3.3, estableciendo que la Unión la "fomentará".

Queda clara, pues, la voluntad de aplazar el acercamiento efectivo de las legislaciones nacionales en materia de seguridad social mediante el Derecho de la Unión Europea hasta un futuro lejano (en ello incide también el art. 352 TFUE). La crisis económica de 2008, las políticas de austeridad, la pandemia de 2020 y la guerra de Ucrania no han contribuido precisamente a una mayor coordinación de las políticas de protección social de los Estados miembros. Las competencias de la Unión para modificar los sistemas nacionales de protección social con el objetivo de convertir en derechos subjetivos los compromisos suscritos en la Carta de Niza son débiles y, en todo caso, dependen fuertemente de las regulaciones estatales. De esta forma, se puede afirmar que, aunque la Carta de Niza instituye a la Unión como sujeto obligado del "derecho de acceso a las prestaciones de seguridad social y a los servicios sociales", los sujetos obligados deberían ser más bien los Estados miembros, que son los que mantienen las competencias esenciales en materia de política social. Por otra parte, como ya se ha puesto de manifiesto, nada hace pensar que la Unión vaya a actuar de forma más generosa en esta materia que los Estados, especialmente aquellos que mantienen sistemas de protección social más desarrollados[38].

Ahora bien, para garantizar la libre circulación de personas trabajadoras en el territorio de la Unión, el TFUE sí prevé que éstas puedan acumular prestaciones de la seguridad social y cobrarlas en el país en el que residan. El art. 48 TFUE establece lo siguiente:

> "El Parlamento Europeo y el Consejo, con arreglo al procedimiento legislativo ordinario, adoptarán, en materia de seguridad social, las medidas necesarias para el establecimiento de la libre circulación de los trabajadores, creando, en especial, un sistema que permita garantizar a los trabajadores migrantes por cuenta ajena y por cuenta propia, así como a sus derechohabientes:

---

38 BORGETTO, M. y LAFORE, R., "Article II-94", cit., pp. 456-458.

a) la acumulación de todos los períodos tomados en consideración por las distintas legislaciones nacionales para adquirir y conservar el derecho a las prestaciones sociales, así como para el cálculo de éstas;

b) el pago de las prestaciones a las personas que residan en los territorios de los Estados miembros".

4.3. La protección social en el Derecho derivado.

4.3.1. Normativa general

En sus inicios, la finalidad principal de la Comunidad Económica Europea era la creación de un mercado común europeo y uno de los pilares fundamentales para conseguirlo era la libre circulación de personas y, especialmente, de trabajadores. Uno de los mayores obstáculos a la libre circulación de trabajadores era la pérdida de los derechos de seguridad social obtenidos o en vías de adquisición en el país de origen. Con la finalidad de permitir que el trabajador migrante conservara sus derechos se aprobó el Reglamento (CEE) 3/1958, relativo a la seguridad social de los trabajadores migrantes. Este Reglamento representaba el desarrollo del antiguo art. 51 del Tratado de la Comunidad Económica Europea (hoy art. 48 TFUE, ya visto). Fue sustituido posteriormente por el Reglamento (CEE) nº 1408/71 que, a su vez, fue derogado en su mayor parte por el Reglamento (CE) 883/2004, sobre la coordinación de los sistemas de seguridad social.

El Reglamento 883/2004, que ha sido objeto de recientes reformas[39], se basa en cuatro principios fundamentales: a)

---

[39] Sobre el contenido y significado de estas reformas, vid. más adelante, el apartado 4.3.4 de este capítulo.

igualdad de trato de todas las personas trabajadoras nacionales de los Estados miembros de la Unión; b) totalización, que garantiza que en el cálculo de las prestaciones se tendrán en cuenta los períodos previos de seguro, empleo o residencia en otros países; c) aplicación de una sola legislación, con lo que se evita que puedan obtenerse ventajas indebidas del derecho a la libre circulación (cada beneficiario está cubierto por la legislación de un solo país y paga sus cotizaciones únicamente en ese país) y d) exportabilidad, que significa que las prestaciones de seguridad social pueden percibirse en todo el territorio de la Unión y que prohíbe que los Estados miembros reserven el pago a las personas que residan en ellos (sin embargo, esto no se aplica a todas las prestaciones de la seguridad social, ya que se aplican normas especiales, por ejemplo, a las prestaciones por desempleo[40]).

En cuanto a las personas destinatarias en estos Reglamentos, inicialmente, el Reglamento (CEE) 1408/71 solo era aplicable a los trabajadores por cuenta ajena, pero, desde 1982, su ámbito de aplicación se amplió a los trabajadores por cuenta propia. Dicho Reglamento es aplicable, asimismo, a las familias de ambos tipos de trabajadores y a las personas que estén a su cargo, así como a los apátridas y a los refugiados. El ámbito de aplicación se amplió progresivamente en 1998 para equiparar al funcionariado con el resto de la población en cuanto al régimen general de pensiones. En 1999 se amplió el ámbito de

---

[40] Sobre las prestaciones por desempleo, el TJUE ha afirmado que el Reglamento 883/2004 debe interpretarse en el sentido de que no se opone a una medida nacional que obliga a la institución competente a denegar por principio cualquier solicitud de prórroga del período de exportación de las prestaciones por desempleo más allá de tres meses, a menos que la mencionada institución considere que la denegación de dicha solicitud no daría lugar a un resultado razonable (STJUE de 21 de marzo de 2018, caso J. Klein Schiphorst contra Raad van bestuur van het Uitvoeringsinstituut werknemersverzekeringen).

aplicación a todas las personas aseguradas, en particular a los estudiantes y a las personas sin empleo remunerado y en 2003 se amplió una vez más para incluir a las personas nacionales de países ajenos a la Unión que residen legalmente en el territorio de la Unión.

Esta ampliación fue matizada por la Directiva 2004/38[41], que establece ciertos requisitos a los nacionales de los Estados miembros y sus familias para residir en otro Estado por un periodo superior a tres meses. En concreto, el art. 7.1.b) de dicha Directiva establece que un ciudadano de la UE podrá residir en un Estado miembro diferente al suyo por un periodo superior a tres meses si:

> "dispone, para sí y los miembros de su familia, de recursos suficientes para no convertirse en una carga para la asistencia social del Estado miembro de acogida durante su período de residencia, así como de un seguro de enfermedad que cubra todos los riesgos en el Estado miembro de acogida."

El Reglamento 1231/2010[42] amplió el ámbito de aplicación a las personas nacionales de países ajenos a la Unión que residen legalmente en la Unión y a las personas trabajadoras en situación transfronteriza[43], así como los miembros de sus familias y sus supervivientes si también se encuentran en la Unión.

---

41 Directiva 2004/38/CE del Parlamento y del Consejo de 29 de abril de 2004, relativa al derecho de los ciudadanos de la Unión y de los miembros de sus familias a circular y residir libremente en el territorio de los Estados miembros.

42 Reglamento (UE) 1231/2010 del Parlamento y del Consejo, de 24 de noviembre de 2010, por el que se amplía la aplicación del Reglamento (CE) n ° 883/2004 y el Reglamento (CE) n ° 987/2009 a los nacionales de terceros países que, debido únicamente a su nacionalidad, no estén cubiertos por los mismos

43 Los trabajadores transfronterizos son los que trabajan por cuenta ajena o propia en un Estado miembro y residen en otro Estado miembro al que regresan a diario o al menos una vez por semana.

Las prestaciones contempladas son las siguientes:

- Prestaciones de enfermedad, de maternidad y de paternidad asimiladas, pero no la asistencia social y médica con control de recursos por no depender esta de cotizaciones anteriores al sistema de seguridad social.
- Prestaciones de vejez, de supervivencia y de invalidez.
- Prestaciones de accidentes de trabajo y de enfermedad profesional.
- Subsidios de defunción.
- Prestaciones de prejubilación, de desempleo y familiares.
- Prestaciones especiales en metálico no contributivas no exportables, a las que más adelante haremos referencia.

4.3.2. La regulación de la asistencia social

Esta normativa excluye de su ámbito material la "asistencia social" (art. 3.5 Reglamento 883/2004), pero no ofrece ningún concepto de esta modalidad de protección. El objeto del actual Reglamento 883/2004 es la seguridad social, que tampoco viene definida de forma conceptual, sino de modo práctico: conjunto de prestaciones contenidas en las legislaciones de los Estados firmantes del Tratado y vinculadas o relativas a las clásicas contingencias, que ya se habían enumerado en el Convenio 102 de la OIT. El sistema de identificación de dichas legislaciones de seguridad social se haría por los Estados miembros.

La razón por la que no se coordina la asistencia social es que ésta se entiende vinculada con la beneficencia y no con la actividad profesional de las personas trabajadoras. Sus destinatarios eran, precisamente, los no trabajadores. Por eso no era objeto de atención de una Comunidad Económica Europea preocupada exclusivamente por la creación de riqueza y no por el remedio de la pobreza o la mejora de la calidad de vida de las personas marginadas[44].

La asistencia social se entiende vinculada a la solidaridad nacional y limitada al interior de cada país, mientras que la coordinación de las distintas legislaciones de seguridad social, de carácter fundamentalmente contributivo, se convirtió en un objetivo comunitario, con el fin de favorecer la libre circulación de trabajadores.

Ahora bien, la coordinación comunitaria se complicó desde el momento en que los nuevos países que se incorporaron a la Comunidad, como Reino Unido, incluían en sus regímenes de seguridad social las prestaciones no contributivas. El Reglamento 3/1958 fue favorable a la incorporación de los regímenes no contributivos en su campo de aplicación material (art. 2.2), así como a su exportación (art. 10). Su primer sucesor, el Reglamento 1408/1971, mantuvo las mismas posiciones.

Pronto se plantearon problemas, pues el concepto de prestación de seguridad social sostenido por el TJUE fue de una gran amplitud, lo que provocó que un gran número de prestaciones calificadas por los Estados miembros como de asistencia social a nivel interno pasaran a formar parte del sistema de coordinación comunitario, con lo que suponía en cuanto a la posibilidad de su exportación.

La incorporación de las prestaciones no contributivas al sistema de seguridad social de algunos Estados suscitó importantes recelos. El problema de coordinación estaba relacionado con la migración de personas dentro del territorio de la Comunidad. La cuestión que se planteaban los Estados era la siguiente: ¿Cómo se iba a abonar una pensión a una persona que no había contribuido económicamente en nada con el país que

---

44 MARTÍNEZ-GIJÓN MACHUCA, M. A., Protección Social, Seguridad Social…" op. cit., p. 211.

abonaba dicha prestación? La reacción de los distintos Estados miembros fue dificultar el pago de la prestación y, para ello, se empleó el mecanismo de exigir un determinado período de residencia para llegar a ser beneficiario.

Ante el malestar de los Estados, se dictó el Reglamento 1247/1992, que reformaba el Reglamento 1408/1971 e introducía una categoría peculiar en las prestaciones de seguridad social: la *prestación especial no contributiva*, de la que tampoco se ofrecía un concepto claro, pero cuyo rasgo principal era el de quedar excluida del principio de exportación, a partir de su inclusión en un Anexo del Reglamento. Esta previsión también se contiene en el actual Reglamento 883/2004 (en sus arts. 3.2 y 70[45]).

Con relación a los periodos de residencia exigidos por algunos Estados para poder ser beneficiario de una prestación, el TJUE ha establecido que los Estados podrán tener en cuenta la situación la situación de las personas no incluidas en la definición de miembros de la familia con arreglo a la mencionada Directiva 2004/38 y que, por consiguiente, no disfrutan del derecho automático de entrada y residencia en el Estado miem-

---

45 La STJUE de 5 de mayo de 2011 (caso Ralph James Bartlett y otros contra Secretary of State for Work and Pensions) calificó el componente de «movilidad» del subsidio de subsistencia para personas con discapacidad (disability living allowance) como una "prestación especial en metálico de carácter no contributivo" en el sentido de esta disposición. En la STJUE de 15 de septiembre de 2015 (caso Jobcenter Berlin Neukölln contra Nazifa Alimanovic y otros) se matiza esta obligación de los Estados y se establece que la normativa de la UE "debe interpretarse en el sentido de que no se opone a una normativa de un Estado miembro que excluye de ciertas «prestaciones especiales en metálico no contributivas», en el sentido del artículo 70, apartado 2, del Reglamento no 883/2004, y que constituyen también una «prestación de asistencia social», en el sentido del artículo 24, apartado 2, de la Directiva 2004/38, a los nacionales de otros Estados miembros que se encuentren en la situación prevista en el artículo 14, apartado 4, letra b), de esa Directiva, mientras que esas prestaciones se conceden a los nacionales de ese Estado miembro que se hallan en la misma situación".

bro de acogida. En esta Directiva se establecen los derechos entrada y residencia de los miembros de la familia del ciudadano de la Unión residente en un Estado del que no es nacional, pero se establecen limitaciones para periodos superiores a tres meses, a fin de "evitar que se conviertan en una carga excesiva para la asistencia social del Estado miembro de acogida durante un primer período de estancia" (art. 10).

La cuestión principal, entonces, pasa a ser qué prestaciones quedarían incluidas en el concepto de "seguridad social" a nivel comunitario y son, por tanto, exportables y cuáles no. Como veremos más adelante, aunque el Reglamento 883/2004 parecía seguir el principio de aceptar las calificaciones establecidas por los Estados miembros, el Tribunal de Justicia aclaró que, aun siendo éste el criterio inicial, él mismo se reservaba la potestad de proceder a la calificación siguiendo criterios jurídicos, lo que suponía un reforzamiento de la autonomía del sistema de coordinación[46].

4.3.3. El concepto de *ventaja social*

Finalmente, hay que hacer referencia al concepto de *ventaja social*, ya que está incluido en el apartado 2 del art. 34 CDFUE como derecho de los desplazados legalmente en la Unión Europea. También es un concepto de compleja definición. Su primera mención se llevó a cabo en el Reglamento 1612/1968[47], cuyo objetivo no era coordinar los sistemas de seguridad social, sino facilitar la circulación de trabajadores por el territorio de la Comunidad. Su artículo 7, en su apartado 1, recoge el principio de igualdad de trato entre el trabajador migrante y el

---

46 STJUE de 30 de mayo de 2018 (caso Stefan Czerwiński contra Zakład Ubezpieczeń Społecznych Oddział w Gdańsku).

47 Reglamento (CEE) 1612/68 del Consejo de 15 de octubre de 1968 relativo a la libre circulación de los trabajadores dentro de la Comunidad.

nacional "en cuanto se refiere a las condiciones de empleo y de trabajo, especialmente en materia de retribución, de despido y de reintegración profesional o de nuevo empleo, si se hubiera quedado en situación de desempleo". Y, a continuación, el apartado 2 añade: "Se beneficiará de las mismas *ventajas sociales* y fiscales que los trabajadores nacionales".

A partir del concepto de ventaja social se ha ido operando en la jurisprudencia del Tribunal de Justicia una ampliación del elenco de prestaciones sujetas al sistema de coordinación comunitario de seguridad social, hasta incluir algunas antes consideradas típicas de un sistema de asistencia social[48]. En la STJUE de 30 de septiembre de 1975 (Caso Anita Cristini contra Société nationale des chemis de fer français) podemos encontrar una definición de las "ventajas sociales":

> "todas las ventajas que, vinculadas o no a un contrato de trabajo, se reconocen generalmente a los trabajadores nacionales por razón principalmente de su condición objetiva de trabajadores o por el mero hecho de su residencia habitual en territorio nacional y cuya extensión a los trabajadores nacionales de otros Estados miembros permite, por tanto, facilitar su movilidad en el interior de la Comunidad".

4.3.4. Reformas

En 2009 se llevó a cabo una reforma fundamental de la legislación en el ámbito de la coordinación de los sistemas de seguridad social, para facilitar la libre circulación de personas en la Unión, todo ello sobre la base de los mencionados arts. 48 y 352 TFUE[49]. Esta reforma se completó con la adopción de

---

48 Más adelante se hará referencia a esta jurisprudencia.

49 https://www.europarl.europa.eu/factsheets/es/sheet/55/la-cobertura-de-seguridad-social-en-otros-estados-miembros-de-la-union-europea (última consulta: 10 de agosto de 2023).

otros actos legislativos para mejorar la protección de los trabajadores migrantes. En 2016, la Comisión incluyó en su paquete de medidas sobre movilidad laboral varias propuestas para seguir reformando el sistema y adaptarlo a las realidades económicas y sociales actuales de la Unión.

La reforma de 2009 se llevó a cabo a través de dos Reglamentos: el Reglamento (CE) 988/2009, de 16 de septiembre de 2009, por el que se modifica el Reglamento (CE) 883/2004, sobre la coordinación de los sistemas de seguridad social y el Reglamento de aplicación 987/2009. En ellos se establece que cada Estado miembro tiene libertad para diseñar su sistema de seguridad social de forma independiente, lo que significa que los sistemas nacionales de seguridad social no serán sustituidos por un único sistema europeo. En general, la prestación de la cobertura de seguridad social corresponde al país en el que trabaje la persona o, en ausencia de empleo, al país de residencia. En los casos en que están involucrados dos o más países, el Reglamento de coordinación determina qué sistema nacional ofrece dicha cobertura a un ciudadano de la Unión.

El sistema ha sido reformado y modernizado en varias ocasiones. Como resultado, se ha conseguido: a) unas normas actualizadas en consonancia con las prácticas sociales actuales (por ejemplo, disposiciones relacionadas con los períodos para el cuidado de los hijos); b) una protección mejorada de los derechos (por ejemplo, con la mejora del suministro de información y asistencia a los ciudadanos y la introducción de nuevos procedimientos de diálogo y conciliación); c) la clarificación de determinados aspectos, por ejemplo, mediante la incorporación de la jurisprudencia del Tribunal de Justicia de la Unión Europea (asimilación de hechos); d) unos procedimientos institucionales reforzados y simplificados (como el intercambio electrónico de datos) y e) la mejora y la agilización del reembolso de los costes de asistencia sanitaria.

En julio de 2019 se dio un nuevo paso hacia una mejor coordinación de los sistemas de seguridad social con la creación de la Autoridad Laboral Europea. La agencia ha asumido los aspectos operativos de la coordinación de la seguridad social y ofrece mediación, a través de un Consejo de Mediación específico, en caso de litigio.

Actualmente, existen otros proyectos de reforma y modernización, como la propuesta para estudiar la viabilidad de introducir una tarjeta europea de la seguridad social (ESSPASS).

4.4. La jurisprudencia del Tribunal de Justicia de la Unión Europea.

La jurisprudencia del TJUE ha establecido unos criterios generales para distinguir las prestaciones de seguridad social (exportables) y las prestaciones de asistencia social (no exportables), al margen de la definición que reciban estas prestaciones en el Derecho interno. Así, ha considerado que

> "una prestación podrá considerarse como prestación de seguridad social en la medida en que, al margen de cualquier apreciación individual y discrecional de las necesidades personales, se conceda a sus beneficiarios en función de una situación legalmente definida y en la medida en que la prestación se refiera a alguno de los riesgos expresamente enumerados en el artículo 4, apartado 1, del Reglamento 1408/1971"[50].

Con carácter general, el TJUE ha afirmado que la decisión sobre si una prestación determinada debe considerarse como propia de la seguridad social y, por tanto, sometida al Reglamento 883/2004 debe adoptarla la autoridad nacional competente. Ahora bien, esta decisión no es definitiva, pues el órgano

---

[50] STJUE de 8 de marzo de 2001 (Caso Friedrich Jauch contra Pensionsversicherungsanstalt der Arbeiter), entre otras.

judicial interno puede corregir esta calificación o, en su caso, puede plantear una decisión prejudicial al Tribunal de Justicia quien, en definitiva, tendrá la última palabra[51].

De esta forma, en algunos casos dudosos, el TJUE ha afirmado, por ejemplo, que una prestación como el componente de dependencia del subsidio de subsistencia para personas con discapacidad (*disability living allowance*) constituye una prestación de enfermedad de la seguridad social[52]. También ha considerado una prestación de la seguridad social la "asignación personalizada de autonomía y la prestación compensatoria de discapacidad", puesto que "se concede al margen de cualquier apreciación individual de las necesidades personales del beneficiario, habida cuenta de que los recursos de este último únicamente se toman en consideración a fin de calcular el importe efectivo de dichas prestaciones de acuerdo con criterios objetivos y legalmente definidos"[53].

En cuanto a las prestaciones de asistencia social, su característica esencial ha sido su carácter dependiente del nivel de ingresos del beneficiario. Así las ha definido el TJUE:

> "Constituyen características propias de la asistencia social la apreciación de la situación personal del solicitante, así como la remisión al estado de necesidad como criterio esencial de aplicación, haciendo abstracción de cualquier exigencia relativa a períodos de actividad profesional, de afiliación o de cotización y siendo su objetivo la garantía de un mínimo de medios de existencia"[54].

---

[51] STJUE de 30 de mayo de 2018 (caso Stefan Czerwiński contra Zakład Ubezpieczeń Społecznych Oddział w Gdańsku).

[52] STJUE de 1 de febrero de 2017 (caso Secretary of State for Work and Pensions contra Tolley)

[53] STJUE de 14 de marzo de 2019 (Caso Ministre de l'Action et des Comptes publics contra M. et Mme Raymond Dreyer).

[54] STJUE de 22 de junio de 1972 (Caso Rita Frilli contra Belgian State).

Sin embargo, también en la jurisprudencia del Tribunal de Justicia las fronteras entre seguridad social y asistencia social son difusas desde el momento en que las prestaciones de seguridad social no dependen en todos los casos de cotizaciones previas del beneficiario y, en ocasiones, pueden estar condicionadas a una acreditación de la falta de recursos. Pese a los intentos de definición, la dificultad de la separación entre seguridad social y asistencia social se aprecia claramente en la jurisprudencia del TJUE[55], quien, además, tradicionalmente ha interpretado esta última categoría de manera muy restrictiva[56].

Durante un tiempo, la jurisprudencia del Tribunal de Justicia de la Unión Europea (antes de la Comunidad Europea) amplió el concepto de prestaciones de seguridad social en detrimento de las prestaciones de asistencia social, con la lógica consecuencia del reconocimiento a los ciudadanos de la Unión –también a los que no ejercen ninguna actividad económica- de un derecho a la igualdad de trato frente a los nacionales en el disfrute de dichas prestaciones. El fundamento de esta extensión de derechos a prestaciones sociales era que el disfrute de los mismos es condición efectiva del derecho a la libre circulación, derecho que en el TUE se asocia directamente a la ciudadanía de la UE y no al ejercicio de una actividad económica. La intención era el reforzamiento de la ciudadanía de la Unión como fuente inmediata de derechos y la dotación

---

55 Vid. MARTÍN VIDA, M.A. (2007), "La dimensión social de la ciudadanía europea, con especial referencia a la jurisprudencia comunitaria en materia de libre circulación de los ciudadanos comunitarios y acceso a las prestaciones de asistencia social", en Revista de Derecho Constitucional Europeo Nº 8.

56 Vid., por ejemplo, la STJUE de 5 de mayo de 1983 (caso Paola Piscitello contra Istituto nazionale della previdenza sociale) y MARTÍN VIDA, M.A., "La dimensión social de la ciudadanía europea...", cit., p. 10.

de contenido económico a esta ciudadanía, pero la argumentación utilizada no siempre ha sido consistente[57].

De esta forma, el TJUE se pronunció en contra de la exclusión general de las prestaciones de asistencia social de la coordinación comunitaria de los sistemas de seguridad social y facilitó el reconocimiento de tales prestaciones a los ciudadanos de la UE, incluso aunque no desempeñasen ninguna actividad económica. Esta extensión de derechos se fundamentó en varios preceptos sobre la ciudadanía de la Unión, en particular, la libertad de circulación (art. 18 TCE) en conexión con la prohibición de discriminación por razón de nacionalidad (art. 12 TCE)[58]. El TJUE reconoció diversas prestaciones de asistencia social (considerándolas "ventajas sociales") a ciudadanos de la Unión desplazados a otros Estados de la UE que no reunían la condición de trabajadores en el sentido del Reglamento 1612/68, pero que residían legalmente en un Estado miembro distinto al suyo de origen.

Así, por ejemplo, en la STJUE de 12 de mayo de 1998 (caso María Martínez Sala contra Freistaat Bayern), el Tribunal afirmaba que:

> "el Derecho comunitario se opone a que un Estado miembro exija a los nacionales de los demás Estados miembros autorizados a residir en su territorio que presenten un título de residencia debidamente expedido por la Administración nacional para poder percibir una prestación por crianza, mientras que sus propios nacionales únicamente están obligados a tener su domicilio o su lugar de residencia habitual en ese Estado miembro"[59].

---

[57] Vid. MARTÍN VIDA, M.A., "La dimensión social de la ciudadanía europea..." cit., pp. 4-5.

[58] Ibidem., pp. 11-12.

[59] En el mismo sentido, SSTJUE; de 20 de septiembre de 2001 (Caso Rudy Grzelczyk contra Centre public d'aide sociale d'Ottignies-Louvain-la-Neuve), en la que el beneficiario era un estudiante; de 11 de julio de 2002 (Caso

Esta jurisprudencia provocó el malestar de los Estados, que preferían mantener su poder de disposición y sus competencias sobre política social y se resistían a una fuerte comunitarización de estas materias. Este malestar ha sido más notorio en los Estados con un nivel más elevado de protección social por el temor al efecto llamada que pudiera producir en los ciudadanos de la Unión, sobre todo a partir de la ampliación a los países del Este.

En este contexto se aprobó la Directiva 2004/38, a la que ya se ha hecho referencia. Los arts. 5 y 9 de esta Directiva atribuyen a los ciudadanos de la Unión y a sus familiares un derecho de estancia (en principio incondicional) en otro Estado miembro de la UE por un período de tiempo de hasta tres meses, pero sólo en la medida en que no se conviertan en una "carga excesiva" para la asistencia social del Estado miembro de acogida (art. 10). En el art. 12 se reconoce un derecho de residencia por un tiempo superior a tres meses a los ciudadanos comunitarios y a sus familias sólo si están trabajando o si disponen de recursos suficientes para no convertirse en una carga para la asistencia social del Estado miembro de acogida. Tras cinco años de residencia, el art. 16 atribuye un derecho de residencia permanente a los ciudadanos de la Unión y a sus familias independientemente de que estén o no trabajando o dispongan de medios económicos suficientes.

Marie-Nathalie d'Hoop contra Office national de l'emploi); de 23 de marzo de 2004 (Caso Brian Francis Collins contra Secretary of State for Work and Pensions); de 17 de septiembre de 2002 (Caso Baumbast y R. contra Secretary of State for the Home Department) y de 7 de septiembre de 2004 (Caso Michel Trojani contra Centre public d'aide sociale de Bruxelles). También, aunque posterior a la Directiva 2004/38, la STJUE de 15 de marzo de 2005 (Caso Dany Bidar contra London Borough of Ealing, Secretary of State for Education and Skills), en la que el beneficiario era también estudiante.

De esta forma, puede apreciarse que la Directiva 2004/38 diferencia entre ciudadanos activos y ciudadanos no activos económicamente y el art. 21 permite a los Estados excluir a estos últimos del acceso a prestaciones de asistencia social en el período inicial de tres meses o durante todo el tiempo que dure la búsqueda de empleo (contradiciendo la jurisprudencia anterior del TJUE), aunque ello no conlleva necesariamente su expulsión (art. 16).

La Directiva ha intentado incorporar alguna jurisprudencia del TJUE, repitiendo literalmente lo afirmado en varias de sus Sentencias ("mientras no se conviertan en una carga excesiva para la asistencia social del Estado miembro de acogida"), pero refleja la reticencia de los Estados a abrir la asistencia social a los ciudadanos no activos procedentes de otros países miembros[60]. Una vez más, esta Directiva ilustra la contradicción entre la voluntad de asegurar los derechos sociales y el temor a las consecuencias económicas que ello conlleva. La utilización de conceptos jurídicos indeterminados, si no confusos, hace necesaria la interpretación del Tribunal de Justicia en los casos concretos.

A partir de la Directiva 2004/38, el TJUE ha tenido que cohonestar la interpretación del art. 4 del Reglamento 883/2004[61] con la del art. 7 de la mencionada Directiva, que condiciona la residencia superior a tres meses de los nacionales de los Estados miembros y sus familias al hecho de "disponer de recursos suficientes" a fin de no convertirse en una sobrecarga para el

---

60 MARTÍN VIDA, M.A., "La dimensión social de la ciudadanía europea...", cit., pp. 29-30.

61 "Las personas a las cuales sean aplicables las disposiciones del presente Reglamento podrán acogerse a los beneficios y estarán sujetas a las obligaciones de la legislación de todo Estado miembro en las mismas condiciones que los nacionales de dicho Estado, salvo disposición en contrario del presente Reglamento".

régimen de protección social del Estado miembro de acogida. A partir de ese momento, es posible apreciar una evolución en la jurisprudencia del TJUE sobre estas cuestiones[62].

Esta nueva jurisprudencia, más restrictiva, puede apreciarse, en varias sentencias, en las que el TJUE ha considerado que determinadas prestaciones no podían considerarse incluidas en el Reglamento 883/2004 y, por tanto, no eran exportables. Se gestó a partir de los casos Brey, Dano y Alimanovic y muestra cómo el TJUE es sensible a las opiniones de los Estados y de sus ciudadanías[63].

El punto de partida de este proceso de cambio puede situarse en la STJUE de 19 de septiembre de 2013 (caso Pensionsversicherungsanstalt contra Peter Brey Brey). Esta Sentencia, en principio, está de acuerdo con la línea jurisprudencial progresiva hasta ahora descrita, pero se introducen algunos elementos nuevos sobre los que se va a operar efectivamente el cambio en los otros casos citados. El TJUE afirma incluso que la Directiva 2004/38 no excluye cualquier posibilidad de conceder en el Estado miembro de acogida prestaciones sociales a los nacionales de otros Estados miembros, sino que, por el contrario, varias disposiciones de esta Directiva abogan precisamente porque se puedan conceder tales prestaciones. La Sentencia señala también que el art. 8.4 de la Directiva 2004/38 excluye que los Estados miembros puedan establecer un importe fijo

---

62 SILVEIRA, A. y PEREZ FERNANDES, S. (2018), "Cidadania europeia e acesso a prestaçoes sociais -a propósito da revisado dos regulamentos de coordenaçao dos sistemas de segurança social", en: MASALA, P. (Ed.), La Europa social: alcances, retrocesos y desafíos para la construcción de un espacio jurídico de solidaridad, Centro de Estudios Políticos y Constitucionales, Madrid, p. 268-269.

63 LIROLA, I. (2015), "La ciudadanía de la Unión Europea en retroceso: El cambio de rumbo del Tribunal de Justicia en los asuntos Brey, Dano y Alimanovic", vol. 3, núm. 6, p. 133.

correspondiente a lo que consideran "recursos suficientes", sino que se tienen que centrar en la situación personal del interesado.

El Tribunal de Justicia llega a la conclusión de que no cabe excluir automáticamente a los ciudadanos no activos de las prestaciones sociales en el Estado miembro de acogida y que el mero hecho de disfrutar de una prestación de este tipo no es suficiente para demostrar que éste representa una carga excesiva para el sistema de asistencia social del Estado de acogida. Esta solución parece adecuada, pero suscita unos interrogantes que el TJUE ha ido despejando en sentencias posteriores, dando lugar a un manifiesto retroceso con respecto a su jurisprudencia anterior[64].

La primera cuestión se refiere a si los Estados miembros pueden denegar prestaciones de asistencia social a las personas con ciudadanía de la Unión que ejercen su libertad de circulación con el único objetivo de obtener la ayuda social de otro Estado miembro cuando no disponen de los "recursos suficientes" a que se refiere la Directiva 2004/38 para acogerse al derecho de residencia (el denominado "turismo social").

La segunda cuestión hace referencia a la obligación de que el Estado miembro de acogida lleve a cabo la doble apreciación individual y general de la repercusión de la concesión de la prestación en el sistema nacional de asistencia social a la hora de determinar si el solicitante supone o no una carga para dicho sistema[65].

La STJUE de 11 de noviembre de 2014 (caso Elisabeta Dano y Florin Dano contra Jobcenter Leipzig) resuelve estos interrogantes. Se trataba de una ciudadana rumana residente en Alemania junto con su hijo, que no había buscado empleo ni

---

64 LIROLA, I., "La ciudadanía de la Unión Europea...", cit., p. 142.

65 Idem.

trabajado nunca en el Estado de acogida y había solicitado una prestación por desempleo. Esta prestación le fue denegada en base a la legislación nacional alemana, que excluye de estas ayudas a las personas que entraron el país con el sólo objeto de solicitar la ayuda social o cuyo derecho de residencia se base únicamente en su situación de búsqueda de empleo. El TJUE estableció la conformidad de la normativa alemana con el Derecho de la Unión.

La solución parece aceptable, pero, como afirma LIROLA, el razonamiento del Tribunal constituye una interpretación excesivamente legalista de la Directiva 2004/38[66]. Se confirma, así, una diferencia de trato entre ciudadanos de la Unión activos o con recursos y ciudadanos inactivos que no dispongan de recursos suficientes. Y esta jurisprudencia se ratifica en la STJUE de 15 de septiembre de 2015 (caso Jobcenter Berlin Neukölln contra Nazifa Alimanovic y otros). Este caso se refiere a la Sra. Alimanovic y su hija, dos nacionales suecas que residían desde hacía más de tres meses en Alemania. La madre había trabajado en empleos de corta duración durante un tiempo inferior a un año y perdió la condición de trabajadora después de un periodo de seis meses de desempleo involuntario. La consecuencia fue la exclusión automática de la percepción de prestaciones sociales (de las que también se beneficiaban los hijos e hijas no aptos para trabajar). El Estado de acogida le denegó las prestaciones de desempleo y el TJUE convalidó esta denegación, considerando las ayudas como "prestaciones especiales en metálico no contributivas" o de "prestaciones de asistencia social".

El caso resulta de gran interés porque no se trata estrictamente de un asunto de turismo social. Se refiere a ciudadanas de la Unión que se encuentran en una situación de desempleo

---

66 Ibidem., p. 143.

después de haber ocupado empleos precarios o de corta duración en el Estado de acogida y que en esa situación solicitan una prestación social. Es decir, estamos ante el supuesto contemplado en el art. 7.3.c) de la Directiva 2004/38, en el que, tras concluir un contrato de trabajo de duración determinada inferior a un año o habiendo quedado en paro involuntario durante los primeros doce meses, ha transcurrido el periodo de seis meses en el que mantenían la condición de trabajador y por tanto vuelve a serles de aplicación la situación de los solicitantes de empleo o personas que buscan empleo. Resulta llamativo que, en esta Sentencia, el Tribunal prescinda de cualquier referencia a la ciudadanía de la Unión o a los derechos de libre circulación y residencia. El TJUE prescinde también de considerar la obligación que impondría la Directiva 2004/38 al Estado miembro de acogida de llevar a cabo un examen sobre la situación individual de la persona interesada cuando tenga que constatar si esa persona se ha convertido en una carga para su asistencia social a lo largo de su residencia[67].

Con esta jurisprudencia restrictiva, parecía que el TJUE aceptaba la idea de que puede haber ciudadanos de la Unión, como es el caso de los solicitantes de empleo, que teniendo derecho de residencia en el Estado de acogida mientras tengan posibilidades reales de ser contratados, no tengan en cambio derecho a acceder a una prestación mínima de subsistencia[68].

Sin embargo, es posible observar un cambio o, al menos, una excepción a esta jurisprudencia restrictiva cuando se trata de personas en situación de vulnerabilidad en la STJUE de 15 de julio de 2021 (caso CG contra The Department for Communities in Northern Ireland). Según el relato de los hechos, CG era una ciudadana con nacionalidad croata y neerlandesa que residía en Irlanda del Norte desde 2018 hasta la fecha de

---

67 Ibidem., p. 145.

68 Ibidem. P. 147.

presentación de la cuestión prejudicial (anterior a la salida del Reino Unido de la UE). No había ejercido ninguna actividad económica y vivía con su pareja hasta que tuvo que mudarse a un centro de acogida para mujeres víctimas de violencia de género. Se le concedió una residencia temporal y ella solicitó una prestación de asistencia social, que le fue denegada.

El TJUE afirma en esta Sentencia que, dado que CG no disponía de recursos suficientes, no era de aplicación la Directiva 2004/38. Ahora bien, considera que CG entró en Reino Unido haciendo uso de los derechos fundamentales reconocidos en la CDFUE y, por tanto, ésta resulta de aplicación. El Estado miembro de acogida ha de garantizar que una ciudadana de la UE, que ha hecho uso de su libertad de circulación y que está en situación de vulnerabilidad, tenga unas condiciones de vida dignas (art. 1 CDFUE). También debe tomar en consideración el derecho a la vida privada y familiar (art. 7 CDFUE), y el interés superior del menor (art. 24 CDFUE). Por ello, solo se le podrá denegar a CG la subvención que solicita tras comprobar que no se expone ni ella, ni sus hijos, a un riesgo concreto y actual de vulneración los derechos recogidos en los arts. 1, 7 y 24 CDFUE. En concreto, debe comprobarse que puede acceder a otras prestaciones que garanticen dichos derechos antes de denegarle la prestación de asistencia social. En definitiva, según esta jurisprudencia, en situaciones de vulnerabilidad, de la Carta puede derivar un derecho a prestaciones sociales previstas en las normativas nacionales incluso no siendo de aplicación ninguna norma de Derecho derivado.

En los últimos años, es posible observar también cómo el TJUE ha ido ampliando el concepto material de “ventaja social” para considerar que determinadas prestaciones son exportables. Así, ha incluido diversas prestaciones, como los subsidios por hijo a cargo de trabajadores cuyos hijos residan permanentemente en otro Estado miembro[69] o las prestaciones a trabajadores transfronterizos como compensación por pérdida de ingresos debido al aislamiento por haber dado positivo en Covid-19[70]. Igualmente, ha afirmado que la prestación abonada a determinados deportistas de alto nivel que han representado a un Estado miembro en competiciones deportivas internacionales constituye una ventaja social y, por tanto, debe concederse a deportistas de otros Estados miembros[71].

Finalmente, en algunos casos, el TJUE ha considerado que determinadas prestaciones no podían considerarse como propias de la Seguridad Social, pero, sin embargo, debían ser abonadas por un Estado a uno de sus residentes cuando estaba realizando estudios superiores en otro Estado miembro, en base a los arts. 20 y 21 TFUE. Ese fue el caso de una prestación a una persona con gran discapacidad en la STJUE de 25 de julio de 2018 (Caso A., decisión prejudicial incoada por el Korkein hallinto-oikeus, de Finlandia).

5. RECAPITULACIÓN Y PROPUESTAS

Como hemos visto, según la interpretación más extendida, la mayor parte de los derechos sociales reconocidos en la Carta de los Derechos Fundamentales de la Unión Europea (entre los que se encuentra el derecho a la protección social del art. 34) no generan una vinculación para los poderes públicos mayor a la que han venido generando en las Constituciones es-

---

69 STJUE de 16 de junio de 2022 (Caso Comisión Europea contra República de Austria)

70 STJUE de 15 de junio de 2023 (Caso Thermalhotel Fontana Hotelbetriebsgesellschaft mbH contra Bezirkshauptmannschaft Südoststeiermark).

71 STJUE de 18 de diciembre de 2019 (Caso UB contra Generálny riaditeľ Sociálnej poisťovne Bratislava).

tatales o en las declaraciones internacionales. A diferencia de los derechos civiles y políticos, la mayor parte de los derechos sociales, calificados como *principios*, sólo serían justiciables en el marco de un desarrollo legal.

La protección social, que incluye las instituciones de la seguridad social y la asistencia social, es una competencia básicamente estatal, por lo que la actuación de la Unión Europea es subsidiaria con respecto a la actuación de los Estados. El legislador comunitario no ha establecido un sistema nuevo de protección social, sino que ha realizado una labor armonizadora de los sistemas nacionales existentes.

El art. 34 CDFUE, que reconoce el derecho a la protección social en sus dos facetas de derecho a la seguridad social (apartados 1 y 2) y derecho a la asistencia social (apartado 3), no modifica esta atribución competencial a favor de los Estados, pues tal reconocimiento se produce "según las modalidades establecidas por el Derecho de la Unión y las legislaciones y prácticas nacionales".

En el Derecho derivado se ha llevado a cabo una labor de coordinación de las distintas legislaciones de seguridad social, de carácter fundamentalmente contributivo, con el objetivo de favorecer la libre circulación de trabajadores. Sin embargo, las prestaciones de asistencia social, de carácter esencialmente no contributivo y destinadas a los ciudadanos no activos económicamente, se han entendido vinculadas a la solidaridad nacional y limitadas al interior de cada país.

La decisión sobre qué prestaciones son de seguridad social, y por tanto, exportables, y qué prestaciones son de asistencia social y, por tanto, no exportables corresponde en principio a los Estados, según el Derecho derivado. Pero el Tribunal de Justicia de la Comunidad Europea se ha reservado la potestad de realizar tal calificación, lo que ha supuesto un reforzamiento del sistema de coordinación.

En virtud de esta potestad y, sobre todo, hasta la aprobación de la Directiva 2004/38 y la crisis económica de 2008, el TJUE ha ampliado el concepto de prestaciones de seguridad social en detrimento de las prestaciones de asistencia social, con la consecuencia de reconocer a los ciudadanos de la Unión que se desplacen a otro Estado –también a los no activos económicamente- un derecho a la igualdad de trato frente a los nacionales en el disfrute de aquellas prestaciones. El fundamento de tal ampliación ha sido que el disfrute de tales prestaciones sociales es condición efectiva del derecho de libre circulación, derecho que el TJUE asocia directamente a la ciudadanía europea y no al ejercicio de una actividad económica.

Sin embargo, a partir de estos eventos, la jurisprudencia del TJUE ha sido más restrictiva, rechazando la exportabilidad de las prestaciones sociales a las personas que no cumplían los requisitos de la Directiva 2004/38. A pesar de todo, en los últimos años hemos podido observar alguna excepción a esta jurisprudencia, cuando las prestaciones son solicitadas por personas en situación de especial vulnerabilidad. También hay otra línea jurisprudencial que considera "ventajas sociales" determinadas prestaciones, con la consecuencia de su concesión a ciudadanos de la Unión que residan en otro Estado miembro.

Es evidente la dificultad de coordinar los sistemas de protección social de los Estados miembros de la UE, sobre todo, teniendo en cuenta las diferencias entre las situaciones económicas de unos Estados y otros (más palpable desde la ampliación a los países del Este). Si se lograse una mayor equiparación entre los Estados miembros, cabría pensar no sólo en una mayor coordinación de las políticas sociales estatales, sino incluso en un sistema universal europeo de protección social para todos los ciudadanos comunitarios y residentes legales de terceros países, lo que haría efectivo a nivel de la Unión el derecho a la protección social reconocido en el art. 34 CDFUE.

En este sentido, cierta doctrina ha planteado la posibilidad de establecer un sistema universal de protección social en la Unión Europea, no limitado al ámbito contributivo-laboral. La propuesta podría ir por una distinción entre la coordinación de las prestaciones contributivas, que podría seguir el régimen del Reglamento 883/2004 y, por otra parte, la propia de las prestaciones no contributivas (de seguridad social o de asistencia social) para las que cabría pensar en una prestación europea mínima para las personas sin recursos suficientes que se desplacen a otro Estado miembro. La financiación podría partir de un fondo común en Bruselas y de aportaciones de los Estados donde los beneficiarios hayan sido residentes[72].

Esta propuesta fue formulada inicialmente para los nacionales de la UE, en conexión el derecho de ciudadanía europea establecido en el Tratado de la Unión Europea firmado en Maastricht en 1992. Cabría pensar en su extensión a las personas que no son nacionales de la Unión con determinados requisitos de residencia legal[73]. Es, sin duda, una propuesta ambiciosa, pero no desdeñable de cara a convertir la Unión Europea en una Unión no sólo económica, sino también social y de establecer un verdadero derecho fundamental a la protección social en este ámbito.

Pero no parece que los órganos de la Unión Europea hayan asumido estas propuestas. A partir del *Libro Blanco de la Comisión sobre el futuro de Europa. Reflexiones y escenarios para la Europa*

---

72 Vid. MARTÍNEZ-GIJÓN MACHUCA, Protección Social, Seguridad Social…, op. cit., p. 250 y HAILBRONNER, K. (2000), "Union Européenne et citoyenneté de l'Union : Des termes génériques ? », en Commission européenne, Direction générale de l'emploi, des affaires sociales et de l'inclusion, Trente ans de libre circulation des travailleurs en Europe : Actes du colloque, Bruxelles, du 17 au 19 décembre 1998, Publications Office, Luxembourg, p. 300.

73 En este sentido parece pronunciarse el art. 34.2 CDFUE.

de los Veintisiete en 2025, de 1 de marzo de 2017[74] la Comisión contempla tres posibles escenarios[75]:

1.- La primera línea de actuación pretende la conservación del *status quo* actual, que limita la dimensión social a la libre circulación de trabajadores. Se mantendría la concepción de una ciudadanía europea de carácter transnacional y circunscrita a los ciudadanos activos y no a todos los ciudadanos.

2.- Una segunda posibilidad consistiría en la renuncia a impulsar un proyecto común de ampliación del programa social europeo. Sobre la base del primer proyecto, se abrirían espacios de acción accesibles a la iniciativa estatal. La Comisión lo conoce como "Los que desean hacer más hacen más". La Unión se limita a labores de coordinación y apoyo.

3.- La tercera vía consiste en la afirmación de una voluntad conjunta a escala europea para lanzar un programa social de ámbito supranacional, en el que se enmarcaría la actuación de los Estados. Esta vía exigiría poner en marcha políticas redistributivas de corte federal, hoy inexistentes, así como la redefinición de las competencias de la Unión en materia de política social.

En los próximos años podremos ver cuál de estas opciones es la elegida por los órganos de la Unión Europea. La tercera sería la que podría configurar un verdadero derecho fundamental a la protección social en el seno de la Unión Europea.

---

74 https://eur-lex.europa.eu/legal-content/ES/TXT/?uri=COM:2017:2025:FIN (última consulta: 17 de agosto de 2023).

75 Vid. CARMONA CONTRERAS, A., "La afirmación de los derechos en el espacio social…", cit. pp. 76-77.

CAPÍTULO V:

EL DERECHO A LA PROTECCIÓN SOCIAL EN EL ÁMBITO INTERNACIONAL

1. LA DECLARACIÓN UNIVERSAL DE DERECHOS HUMANOS

La Asamblea General de las Naciones Unidas aprobó la Declaración Universal de Derechos Humanos (DUDH) el 10 de diciembre de 1948 en París. Esta Declaración no tenía precedentes (en el sentido de su universalidad[1]) y hoy sigue siendo el principal sustento de la protección de los derechos humanos en el mundo. El fundamento de estos derechos es la idea de la "dignidad intrínseca" de todas personas.

Aunque la Declaración carece formalmente del carácter vinculante de un tratado, ha sido objeto de aceptación universal. Así se pudo constatar en la I Conferencia de las Naciones Unidas sobre Derechos Humanos (Teherán, 1968), donde más de cien Estados proclamaron la obligatoriedad jurídica de la DUDH "para todos los miembros de la comunidad internacional"[2].

Asimismo, muchos países han citado la Declaración o han incluido sus disposiciones en normas internas (constituciones

---

1 Se puede hablar aquí de los precedentes americanos

2 REMIRO BROTONS, A. Y OTROS, (1997), Derecho Internacional, McGraw Hill, Madrid, p. 1026.

y leyes) y muchos convenios y tratados de derechos humanos de carácter regional acordados desde 1948 la han tomado como modelo. Así lo ha hecho, por ejemplo, el Convenio para la Protección de los Derechos Humanos y de las Libertades Fundamentales (CEDH), aprobado en Roma en el ámbito del Consejo de Europa en 1950.

La DUDH reconoce indistintamente derechos civiles y políticos y derechos económicos y sociales. Contiene un artículo –el 22- que proclama el derecho a la "seguridad social" en los siguientes términos:

> "Toda persona, como miembro de la sociedad, tiene derecho a la seguridad social y a obtener, mediante el esfuerzo nacional y la cooperación internacional, habida cuenta de la organización y los recursos de cada Estado, la satisfacción de los derechos económicos, sociales y culturales, indispensables a su dignidad y al libre desarrollo de su personalidad".

Asimismo, en el art. 25 se reconoce de forma más detallada el derecho a recibir asistencia sanitaria y diferentes prestaciones económicas en caso de pérdida involuntaria de medios de subsistencia. E incluso encontramos ya la expresión "derecho a protección social":

> "1. Toda persona tiene derecho a un nivel de vida adecuado que le asegure, así como a su familia, la salud y el bienestar, y en especial la alimentación, el vestido, la vivienda, la asistencia médica y los servicios sociales necesarios; tiene asimismo derecho a los seguros en caso de desempleo, enfermedad, invalidez, viudez, vejez y otros casos de pérdida de sus medios de subsistencia por circunstancias independientes de su voluntad.
>
> 2. La maternidad y la infancia tienen derecho a cuidados y asistencia especiales. Todos los niños, nacidos de matrimonio o fuera de matrimonio, tienen derecho a igual protección social".

Como todos los derechos de la DUDH, estos derechos a la seguridad social y a la protección social se reconocen "sin distinción alguna de raza, color, sexo, idioma, religión, opinión política o de cualquier otra índole, origen nacional o social, posición económica, nacimiento o cualquier otra condición" (art. 2.1 DUDH). Asimismo, la Declaración afirma que "no se hará distinción alguna fundada en la condición política, jurídica o internacional del país o territorio de cuya jurisdicción dependa una persona" (art. 2.2 DUDH).

2. EL PACTO INTERNACIONAL DE DERECHOS ECONÓMICOS, SOCIALES Y CULTURALES

2.1. Introducción

Con la finalidad de dotar de mayor vinculatoriedad jurídica a la DUDH, la Asamblea General de Naciones Unidas aprobó dos nuevos Pactos: el Pacto Internacional de Derechos Civiles y Políticos (PIDCP) y el Pacto Internacional de Derechos Económicos, Sociales y Culturales (PIDESC). Ambos fueron aprobados el 16 de diciembre de 1966, pero entraron en vigor en distinta fecha: El PIDCP el 23 de marzo de 1976 y el PIDESC el 3 de enero del mismo año.

En términos generales, en estos Pactos se reprodujeron y desarrollaron las previsiones de la DUDH, con la salvedad de la exclusión del derecho a la propiedad privada (art. 17 DUDH) y la adición del derecho de los pueblos a la libre determinación y a la disposición de sus riquezas y recursos naturales (art. 1 PIDESC).

Pero la principal novedad es que con estos Pactos se establecieron mecanismos procesales e institucionales para el control del cumplimiento de los derechos en ellos reconocidos. El PIDCP contó desde su inicio con un órgano de fiscalización, el Comité de Derechos Humanos, que realizaría su control a través de dos procedimientos: Los informes estatales (art. 49) y las comunicaciones interestatales (art. 41). Posteriormente, en 1976, se aprobó un Protocolo Facultativo que incluía un mecanismo más de protección, las comunicaciones individuales presentadas por personas que se hallasen bajo la jurisdicción de un Estado parte (art. 1 Protocolo Facultativo 1).

Sin embargo, y esto es una muestra más de la diferente justiciabilidad que se ha otorgado tradicionalmente a los derechos sociales, el PIDESC sólo fue respaldado por un órgano específico en 1985, en que se creó el Comité de Derechos Económicos, Sociales y Culturales (Comité PIDESC) mediante la Resolución 1985/17 del Consejo Económico y Social, para llevar a cabo las funciones de supervisión asignadas a este órgano en la Parte IV del Pacto (examen de los informes presentados por los Estados). Posteriormente, se aprobó el Protocolo Facultativo, que amplió las competencias del Comité para incluir dos nuevos procedimientos de control, como veremos en el epígrafe siguiente.

El PIDESC no contiene un reconocimiento expreso del derecho a la protección social, pero en varios de sus artículos se reconocen algunas de las manifestaciones de este derecho. Así, el artículo 9 establece:

> "Los Estados parte en el presente Pacto reconocen el derecho de toda persona a la seguridad social, incluso al seguro social".

Y, en otros preceptos, también se refiere a algunas prestaciones específicas a favor de colectivos especialmente vulnerables, como las madres (art. 10.2):

> "Se debe conceder especial protección a las madres durante un período de tiempo razonable antes y después del parto. Durante dicho período, a las madres que trabajen se les debe conceder licencia con remuneración o con prestaciones adecuadas de seguridad social".

Y la infancia y adolescencia (art. 10.3):

> "Se deben adoptar medidas especiales de protección y asistencia en favor de todos los niños y adolescentes, sin discriminación alguna por razón de filiación o cualquier otra condición".

El PIDESC no detalla cuáles son las medidas de protección que debe establecer el Estado (pensiones de incapacidad o jubilación, prestaciones por desempleo...), pero establece como finalidad que todas las personas gocen de "un nivel de vida adecuado". Así, el art. 11.1 afirma que:

> "Los Estados parte en el presente Pacto reconocen el derecho de toda persona a un nivel de vida adecuado para sí y su familia, incluso alimentación, vestido y vivienda adecuados, y a una mejora continua de las condiciones de existencia. Los Estados parte tomarán medidas apropiadas para asegurar la efectividad de este derecho, reconociendo a este efecto la importancia esencial de la cooperación internacional fundada en el libre consentimiento".

2.2. El Comité de Derechos Económicos, Sociales y Culturales

Como se ha mencionado, a diferencia del PIDCP, el PIDESC no estableció en su inicio ningún órgano de control específico, sino que confió esta labor al Consejo Económico y Social de Naciones Unidas (Parte IV del Pacto). Esto provocó que la aplicación del PIDESC fuese bastante caótica e ineficaz en los primeros años de vigencia.

Entre 1951 y 1954 ya se había discutido en el seno de la Comisión de Derechos Humanos[3], a propuesta de la delegación libanesa, la posibilidad de crear un Comité para garantizar la eficacia de los derechos económicos, sociales y culturales (DESC). Pero varios países se opusieron a la creación de este órgano específico, alegando razones como la diferente naturaleza de los derechos económicos y sociales con respecto a los derechos civiles y políticos (China); la conveniencia de confiar la supervisión del PIDESC a órganos técnicos específicos (Reino Unido) o la inoportunidad de introducir nuevos comités (Pakistán). Posteriormente, se presentaron nuevas propuestas por parte de países como Italia y Estados Unidos, pero, ante la contundente oposición de la Unión Soviética y de algunos países africanos, sus patrocinadores acabaron retirándolas[4].

Ya en la fecha de adopción del PIDESC era evidente que el Consejo Económico y Social no podría dedicar suficiente atención a supervisar los informes que los Estados parte enviasen en cumplimiento de lo establecido en la Parte IV del Pacto. Después de varios intentos, el Consejo Económico y Social decidió, en 1985, establecer un órgano similar al Comité de Derechos Humanos, que vigilaba el cumplimiento del PIDCP por parte de los Estados, y a otros Comités sectoriales.

Ahora bien, este nuevo órgano sería similar al resto de los Comités en cuanto a su naturaleza y composición, pero, en su origen, no tendría las mismas competencias. De los tres meca-

---

3 La Comisión de Derechos Humanos de las Naciones Unidas fue una comisión del Consejo Económico y Social que asistía en funciones a la Oficina del Alto Comisionado de las Naciones Unidas para los Derechos Humanos. Creada el 12 de agosto de 1947, fue suprimida en marzo de 2006 y sustituida por el Consejo de Derechos Humanos.

4 OCHOA RUIZ, N. (2004), Los mecanismos convencionales de protección de los derechos humanos en las Naciones Unidas, Thomson-Civitas, Madrid, pp. 107-108.

nismos de control con los que cuenta el Comité de Derechos Humanos (informes estatales periódicos, comunicaciones o quejas interestatales y comunicaciones de particulares), el nuevo Comité de Derechos Económicos, Sociales y Culturales sólo conocería, en su inicio, de los informes estatales previstos en el art. 16 del PIDESC. A esta labor, había que sumar la redacción de las *Observaciones Generales*, que interpretan y desarrollan los derechos reconocidos en el Pacto.

El Comité PIDESC estaba compuesto por 18 expertos independientes, encargados de examinar los informes periódicos presentados por los Estados parte y de formular sugerencias y recomendaciones de carácter general, todo ello a la vista de dichos informes estatales y de otros informes emitidos por diversos órganos de Naciones Unidas.

Estas competencias del Comité PIDESC fueron ampliadas el día 10 de diciembre de 2008, en que la Asamblea General de Naciones Unidas aprobó el Protocolo Facultativo del PIDESC, que entró en vigor el 5 de mayo de 2013 para los países que lo habían ratificado (en marzo de 2024 ha sido ratificado por 26 Estados, entre ellos España, que lo hizo el 23 de septiembre de 2010)[5].

En este Protocolo se establecen tres nuevos procedimientos de control de los que conocerá el Comité PIDESC[6]:

---

5 https://www.ohchr.org/EN/ProfessionalInterest/Pages/OPCESCR.aspx (última fecha de consulta: 18 de marzo de 2024). Los Estados que han ratificado el Protocolo Facultativo hasta la fecha son: Argentina, Armenia, Bélgica, Bolivia, Bosnia y Hercegovina, Cabo Verde, República Centroafricana, Costa Rica, Ecuador, El Salvador, Finlandia, Francia, Gabón, Honduras, Italia, Luxemburgo, Maldivas, Mongolia, Montenegro, Níger, Portugal, San Marino, Eslovaquia, España, Uruguay y Venezuela.

6 Sobre la importancia de este Protocolo Facultativo para la eficacia de los derechos reconocidos en el PIDESC, puede verse: LÓPEZ MARTÍN, A.G. (2011), "La protección internacional de los derechos sociales. A propósito

a) *Comunicaciones individuales*, que "pueden ser presentadas por o en nombre de individuos o grupos de individuos, bajo la jurisdicción de un Estado Parte, que afirman ser víctimas de una violación de cualquiera de los derechos económicos, sociales y culturales establecidos en el Pacto por ese Estado Parte" (art. 2).

b) *Comunicaciones interestatales* o "comunicaciones en el sentido de que un Estado Parte afirma que otro Estado Parte no está cumpliendo con sus obligaciones en virtud del Pacto" (art. 10.1).

c) *Procedimiento de investigación*. Según el art. 11, "si el Comité recibe información fidedigna que da cuenta de violaciones graves o sistemáticas por un Estado parte de cualesquiera de los derechos económicos, sociales y culturales enunciados en el Pacto, el Comité invitará a ese Estado parte a colaborar en el examen de la información y, a esos efectos, a presentar sus observaciones sobre dicha información".

---

de la ratificación española del Protocolo Facultativo del Pacto de Derecho Económicos, sociales y Culturales de 2008", Foro: Revista de Ciencias Jurídicas y Sociales núm. 13, pp. 13-59; QUEL LÓPEZ, F.j. (2013), "Un paso esencial hacia la eficacia internacional de los derechos económicos, sociales y culturales. Luces y sombras del Protocolo Facultativo del Pacto de Derechos Económicos, Sociales y Culturales, en TORRES BERNÁRDEZ, S. (Coord.), El Derecho internacional en el mundo multipolar del siglo XXI. Obra Homenaje al profesor Luis Ignacio Sánchez Rodríguez, Iprolex, Madrid, pp. 837-859; RIQUELME CORTADO, R.M. (2012), "El Protocolo Facultativo del Pacto Internacional de Derechos Económicos, Sociales y Culturales. Comunicaciones de personas o grupos como piedra angular", Revista Electrónica de Estudios Internacionales Núm. 24; SALAMERO TEIXIDÓ, L. (2012), La protección de los derechos sociales en el ámbito de las Naciones Unidas. El nuevo Protocolo Facultativo del Pacto Internacional de Derechos Económicos, Sociales y Culturales, Civitas, Pamplona, pp. 55 y ss. y VILLÁN DURÁN, C. (2009), "Protocolo Facultativo del Pacto Internacional de Derechos Económicos, Sociales y Culturales", Revista Española de Desarrollo y Cooperación Núm. 23, pp. 31-54.

Esta ampliación de competencias ha permitido al Comité PIDESC dictar una interesante doctrina sobre la interpretación de los artículos del PIDESC. En concreto, nos interesa aquí la doctrina referida al derecho a la protección social, reconocido en los preceptos transcritos.

Antes, examinaré el papel del Comité PIDESC con relación a sus distintas competencias.

2.2.1. Los informes estatales

Los Estados parte se comprometen a presentar un informe inicial en el plazo de un año desde la ratificación del Pacto (art. 17 PIDESC) y, más tarde, un informe periódico cada cinco años, para describir y analizar la evolución, positiva o negativa, de la situación de los DESC en el país. A partir de la presentación, escrita y oral, del informe, se establece un diálogo entre el Estado parte y el Comité PIDESC que permite a éste presentar conclusiones y recomendaciones.

Además del informe del Estado, el Comité utiliza otras fuentes, especialmente, la información procedente de otros organismos de Naciones Unidas (OIT, UNESCO, FAO, OMS, PNUD, ACNUR, etc.). Los órganos de control de otros tratados de derechos humanos (Consejo de Derechos Humanos, oficina del Alto Comisionado por los Derechos Humanos) también aportan informaciones útiles. Del mismo modo, es muy interesante la aportación de la sociedad civil, como ONGs y sindicatos, que elaboran informes paralelos sobre la situación de los DESC. Y, finalmente, las instituciones nacionales de defensa de los derechos humanos (Defensor del Pueblo, comisiones nacionales de derechos humanos...) contribuyen a completar el panorama de la situación de los DESC en cada Estado.

La principal dificultad a la que se enfrenta el Comité PIDESC en su tarea de fiscalización es la relativa al seguimiento de sus recomendaciones. En general, no tiene los medios necesarios para verificar si los Estados cumplen o no estas recomendaciones. A este respecto, es muy importante el papel de las ONGs. Cuando un Estado se toma en serio las recomendaciones del Comité, le ayudan y le apoyan en el cumplimiento. Si, por el contrario, el Estado no tiene en cuenta las recomendaciones, las ONGs pueden recordarle sus compromisos, organizar campañas de opinión o debates públicos, en suma, llamar la atención de la sociedad sobre el incumplimiento del Estado[7].

2.2.2. Las Observaciones Generales

A partir de 1988, por invitación del Consejo Económico y Social de Naciones Unidas, el Comité PIDESC comenzó a redactar Observaciones Generales (OGs), para prestar asistencia a los Estados parte en el cumplimiento de sus obligaciones y también para ofrecer una interpretación autorizada de las disposiciones del PIDESC[8].

Algunas de estas Observaciones Generales tratan temas generales. Son destacables las Observaciones números 3 (1990), 9 (1998) y 24 (2017), que definen las obligaciones que asumen los Estados que han ratificado el PIDESC para lograr la plena efectividad de los derechos allí reconocidos. Se hará referencia a estos documentos más adelante, en el apartado 2.3.

---

7 TEXIER, P. (2014), "Las garantías de los derechos sociales por el Comité de Derechos Económicos, Sociales y Culturales", en: TEROL BECERRA, M. y JIMENA QUESADA, L., Tratado sobre derechos sociales, ob. cit., p. 450. Puede consultarse el texto de estas Observaciones Generales en Internet: https://tbinternet.ohchr.org/_layouts/treatybodyexternal/TBSearch.aspx?Lang=en&TreatyID=9&DocTypeID=11 (última fecha de consulta: 12 de febrero de 2024).

8 TEXIER, P., "Las garantías de los derechos sociales…", cit., pp. 451-452.

Otras Observaciones Generales se refieren a un derecho social concreto, desarrollando un precepto del PIDESC. En todos estos documentos, el Comité del Pacto Internacional de Derechos Económicos, Sociales y Culturales (Comité PIDESC) detalla cuáles son las obligaciones estatales para hacer realidad los derechos que regulan.

Así, las OGs números 4 (1991) y 7 (1997) desarrollan los estándares del derecho a una vivienda adecuada (art. 11.1 PIDESC). Las OGs 11 (1999) y 13 (1999) se refieren al derecho a la educación (art. 13 PIDESC). La OG nº 12 (1999) regula las condiciones de disfrute del derecho a una alimentación adecuada (art. 11 PIDESC). La OG nº 14 (2000) lleva la rúbrica "El derecho al disfrute del más alto posible nivel de salud" (art. 12 PIDESC) y la OG nº 22 regula específicamente el derecho a la salud sexual y reproductiva. Las OGs nºs. 18 (2006) y 23 (2016) se refieren al derecho al trabajo (art. 6 PIDESC) y a las condiciones de trabajo (art. 7 PIDESC) respectivamente. Y la OG nº 21 (2009) desarrolla el derecho a participar en la vida cultural (art. 15.1.a)) PIDESC. Nos interesa especialmente la OG nº 19 (2007), que desarrolla el derecho a la seguridad social del art. 9 PIDESC. Más adelante (en el apartado 2.4) se expone el contenido fundamental de este documento.

Existen una Observación General que desarrolla un derecho no contemplado expresamente en el PIDESC. Se trata de la OG nº 15 (2002) sobre el derecho al agua, fundamentado en los arts. 11 y 12 PIDESC.

Otras Observaciones Generales se refieren a la igualdad y no discriminación en el disfrute de los derechos económicos, sociales y culturales. Es el caso de la OG nº 16 (2005) sobre el igual derecho de hombres y mujeres al disfrute de estos derechos (art. 3 PIDESC). La OG nº 20 (2009) se refiere a la prohibición de discriminación por diferentes motivos, que enumera de forma muy completa: raza, color, sexo, lengua, religión, opiniones políticas, origen nacional o social, posición económica, nacionalidad, nacimiento, discapacidad, edad, estado civil y situación familiar, orientación sexual e identidad de género, estado de salud, lugar de residencia y situación económica y social.

Finalmente, otras OGs se refieren a los derechos de un determinado colectivo, considerado especialmente vulnerable: La OG nº 5 (1994), sobre las personas con discapacidad y la OG nº 6 (1995) sobre los derechos económicos, sociales y culturales de las personas mayores.

2.2.3. Las comunicaciones individuales

Desde la entrada en vigor del Protocolo Facultativo del PIDESC (PF), el Comité PIDESC tiene competencia para recibir y examinar comunicaciones presentadas por personas o grupos de personas. Así lo establece el art. 2:

> "Las comunicaciones pueden ser presentadas por o en nombre de individuos o grupos de individuos, bajo la jurisdicción de un Estado Parte, que afirman ser víctimas de una violación de cualquiera de los derechos económicos, sociales y culturales establecidos en el Pacto por ese Estado Parte".

Estas comunicaciones deben estar firmadas y deben presentarse en el plazo de un año después de haber agotado todas las posibilidades de recurso en el ámbito interno (art. 3 PF). Según el art. 5 PF, el Comité puede solicitar del Estado parte la adopción de las medidas provisionales "que sean necesarias en circunstancias excepcionales a fin de evitar posibles daños irreparables a la víctima o víctimas de la supuesta violación". También tiene la facultad de facilitar una solución amistosa sobre la base del respeto de las obligaciones establecidas en el Pacto (art. 7 PF).

El Comité, después de examinar la comunicación, transmitirá sus puntos de vista sobre la misma, junto con sus recomendaciones, si las hubiera, a las partes interesadas (art. 9.1 PF). Sobre el cumplimiento de estas recomendaciones, el 9.2 PF establece:

> "El Estado Parte prestará la debida atención a las opiniones del Comité, junto con sus recomendaciones, si las hubiere, y presentará al Comité, en un plazo de seis meses, una respuesta por escrito, incluida información sobre cualquier medida adoptada a la luz de los Opiniones y recomendaciones del Comité".

2.2.4. Las comunicaciones interestatales

El Protocolo Facultativo del PIDESC establece también la posibilidad de que un Estado parte afirme que otro Estado parte no está cumpliendo con sus obligaciones en virtud del Pacto (art. 10.1 PF). El procedimiento está descrito detalladamente en el art. 10.1 PF. En este precepto se contempla que el Estado parte denunciante debe, en primer lugar, dirigirse al Estado que, a juicio de aquél, incumple en PIDESC, para manifestarle su opinión. A continuación, y en el plazo de tres meses posteriores a la comunicación, "el Estado receptor deberá proporcionar al Estado que envió la comunicación una explicación o cualquier otra declaración por escrito que aclare el asunto, que debe incluir, en la medida de lo posible y pertinente, una referencia a los procedimientos y recursos internos adoptados, pendientes o disponibles en la materia" (art. 10.1.a) PF).

El procedimiento puede concluir mediante un arreglo amistoso, en cuyo caso el Comité limitará su informe a una breve exposición de los hechos y de la solución alcanzada. Si no se llega a una solución amistosa, el Comité deberá, en su informe, exponer los hechos relevantes relacionados con el tema. En todos los asuntos el informe se comunicará a los Estados parte interesados (art. 10.1.h PF).

2.2.5. El procedimiento de investigación

Según el art. 11.2 PF,

> "Si el Comité recibe información fidedigna que da cuenta de violaciones graves o sistemáticas por un Estado Parte de cualesquiera de los derechos económicos, sociales y culturales enunciados en el Pacto, el Comité invitará a ese Estado Parte a colaborar en el examen de la información y, a esos efectos, a presentar sus observaciones sobre dicha información.

Teniendo en cuenta estas observaciones, el Comité iniciará un proceso de investigación confidencial, que puede incluir una visita al territorio afectado. El Comité transmitirá el resultado de la investigación al Estado Parte en cuestión, junto con cualquier comentario y recomendación. A la vista de estos comentarios y recomendaciones, el Estado parte interesado, dentro de los seis meses posteriores a la recepción de los mismos, presentará sus observaciones al Comité. Como resultado de todo el procedimiento, el Comité podrá incluir un resumen de las actuaciones en su informe anual (art 11 PF).

2.2.6. El valor jurídico interno de los dictámenes del Comité PIDESC en la resolución de las Comunicaciones contra España

En el Capítulo I se trató el tema del valor jurídico general de los Dictámenes de los Comités internacionales de derechos humanos en España. Me referiré aquí a la eficacia específica que deben tener estos Dictámenes cuando resuelven un litigio internacional entre un particular y España en cuanto Estado parte del PIDESC y de su Protocolo Facultativo.

El art. 9.2 PF establece que el Estado parte "dará la debida consideración al dictamen del Comité, así como a sus recomendaciones, si las hubiere, y enviará al Comité, en un plazo de seis meses, una respuesta por escrito que incluya información sobre toda medida que haya adoptado a la luz del dictamen y las recomendaciones del Comité".

Este precepto es clave para analizar la cuestión de la eficacia jurídica interna de los dictámenes del Comité PIDESC que resuelven casos contra España. Como apunta Carmelo Faleh Pérez, para tratar de dar una respuesta a esta cuestión hay que abordarla desde una doble perspectiva, la del Derecho internacional y la del Derecho interno[9].

Desde el punto de vista del Derecho internacional, es claro que un dictamen no es una sentencia. Un dictamen es "una opinión o juicio que se forma o emite sobre algo"[10]. No obstante, cuando el Comité PIDESC emite un dictamen y, por tanto, expresa su opinión sobre una denuncia recibida contra un Estado, constata, a partir de los hechos considerados probados y de las normas aplicables, si se ha producido o no una violación de los derechos reconocidos en el PIDESC. El procedimiento de toma de decisiones del Comité es bastante similar al de los tribunales, no se trata de una decisión de oportunidad o discrecional, sino de una decisión adoptada mediante un método jurídico, a través de una argumentación realizada a partir de unos hechos y unas normas, en este caso, el PIDESC, el Protocolo Facultativo y el Reglamento provisional de este Protocolo, por el que se establecen los procedimientos para el examen de las comunicaciones individuales recibidas[11].

---

9 FALEH PÉREZ, C., "Los dictámenes del Comité de Derechos Económicos, Sociales y Culturales...", cit., p. 83.

10 Idem.

11 Reglamento provisional del Protocolo Facultativo del Pacto Internacional de Derechos Económicos, Sociales y Culturales por el que se establecen los procedimientos para el examen de las comunicaciones individuales recibidas en virtud de este Protocolo. En Internet: https://docstore.ohchr.org/SelfServices/FilesHandler.ashx?enc=4slQ6QSmlBEDzFEovLCuW6%2B2AxiK5eE0bJBuavJLFxyFFyp2l0IbP1EgR4DPey1FXwxQ2bYPW-

Los Estados que han manifestado su consentimiento para obligarse mediante el Protocolo Facultativo han aceptado la competencia del Comité PIDESC para declarar, mediante un dictamen, que se ha producido una violación del PIDESC. Conforme al art. 9.2 de este Pacto, los Estados parte están obligados a dar a estos dictámenes y a las recomendaciones que contuvieren la "debida consideración" y a hacer llegar al Comité, en los seis meses posteriores, información sobre las medidas adoptadas. Se trata de obligaciones internacionales asumidas por España cuando ratificó el PIDESC y el Protocolo Facultativo.

Es cierto que un dictamen no es una sentencia y que ésta tiene mayor fuerza jurídica de obligar que las "recomendaciones" contenidas en aquél. Pero cuando un Estado democrático moderno se compromete internacionalmente a participar en esta forma de control, no puede ignorar la declaración de un Comité internacional que establece que ha vulnerado los derechos humanos contenidos en un Pacto. Como dice el art. 9.2 PF, el Estado debe prestar "la debida consideración" a los dictámenes del Comité PIDESC. No es posible *despachar* el asunto afirmando que un dictamen no es una sentencia[12]. Eso iría en contra de los principios del Derecho internacional.

España ha sido ya objeto de diez dictámenes del Comité PIDESC y en ocho de ellos se afirmó que nuestro país había violado el derecho a la vivienda del art. 11 PIDESC[13]. Más ade-

---

n1uKmRn8a5x%2Fs7Z8LPSfCUgok4bdDTLAo0w2LBJzUa%2Fz0tAo63DgcKQ (última consulta: 18 de marzo de 2024).

12 FALEH PÉREZ, C., "Los dictámenes del Comité de Derechos Económicos, Sociales y Culturales…", cit., p. 84.

13 Se trata de los Casos I.D.G., de 17 de junio de 2015; Ben Djazia y Bellili, de 20 de junio de 2017; López Albán y otros, de 11 de octubre de 2019; Gómez-Limón Pardo, de 5 de marzo de 2020; El Goumari y otros, de 18 de febrero de 2021; El Ayoubi y otros, de 19 de febrero de 2021; Hernández Cortés y otros, de 10 de octubre de 2022 e Infante Díaz, de 27 de febrero de 2023, todos contra España.

lante haré referencia a uno de estos dictámenes, precisamente el que tiene que ver con el derecho a la seguridad social del art. 9 PIDESC[14].

En el ámbito del Derecho interno, no siempre se ha reconocido la eficacia jurídica de estos dictámenes. Me remito a lo expuesto en el Capítulo I sobre la eficacia de las decisiones de los órganos de garantía de los tratados internacionales de derechos humanos[15], pero debemos recordar la sentencia de la Sala de lo Contencioso-Administrativo del Tribunal Supremo 1263/2018, de 17 de julio, en la que se afirma el carácter "vinculante/obligatorio" de las decisiones del Comité CEDAW que establecen que España ha violado un derecho reconocido en ese Convenio internacional. El Tribunal Supremo pone de manifiesto la inexistencia de un procedimiento interno para instar la eficacia de dichas decisiones, no sólo del Comité CEDAW, sino de ningún otro Comité internacional de derechos humanos[16]. Ante este déficit, el propio tribunal da eficacia a un dictamen que declaraba que el Estado había vulnerado derechos humanos y le condenaba a abonar una indemnización a la víctima de una violación de derechos.

A falta de un procedimiento expreso, este precedente es importante para que sean los propios tribunales los que otorguen eficacia interna a los dictámenes del Comité PIDESC que declaren vulneración de derechos por parte del Estado.

En las recientes Observaciones Finales referidas al sexto informe periódico español, el Comité PIDESC lamentó que España no disponga aún de un mecanismo adecuado para apli-

---

14 Caso López Rodríguez contra España, de 4 de marzo de 2016.

15 Epígrafe 3.4 del Capítulo I.

16 Sí se ha regulado un procedimiento para lograr la eficacia de las sentencias del TEDH que requerían la revisión de una sentencia interna firme. Se hizo mediante la LO 7/2015, de 21 de julio, que modificó la LO 6/1985, de 1 de julio, del Poder Judicial.

car los dictámenes y recomendaciones. Por ello, solicitó que nuestro país "establezca un mecanismo nacional eficaz para la aplicación y el seguimiento de las recomendaciones y dictámenes del Comité"[17].

2.3. Las obligaciones estatales derivadas del PIDESC

2.3.1. Vinculatoriedad general del PIDESC en el ámbito estatal

Con carácter general, el PIDESC fija las obligaciones que adquieren los Estados cuando ratifican el Pacto y, en concreto, en su art. 2.1 afirma que:

> "Cada uno de los Estados parte en el presente Pacto se compromete a adoptar medidas, tanto por separado como mediante la asistencia y la cooperación internacionales, especialmente económicas y técnicas, *hasta el máximo de los recursos de que disponga*, para lograr progresivamente, por todos los medios apropiados, inclusive en particular la adopción de medidas legislativas, la plena efectividad de los derechos aquí reconocidos".

Con la salvedad destacada ("hasta el máximo de los recursos de que disponga"), el Pacto pretendía establecer una gradación en el nivel de exigencia a los distintos Estados en atención a su nivel de desarrollo. Es significativo que en el PIDCP la exigibilidad de los derechos allí reconocidos es inmediata,

---

17 Tomo la cita de FALEH PÉREZ, C., "Los dictámenes del Comité de Derechos Económicos, Sociales y Culturales…", cit., p. 94.

según se desprende su art. 2[18], mientras que en el PIDESC la aplicación es "progresiva"[19].

Y, del mismo modo, en el apartado 3 del mismo artículo 2, el PIDESC permite a los países en desarrollo determinar en qué medida garantizarán los derechos reconocidos a las personas que no sean nacionales suyos.

En cuanto a la prohibición de discriminación, el PIDESC insiste en que el disfrute de los derechos reconocidos debe asegurarse "sin discriminación alguna por motivos de raza, color, sexo, idioma, religión, opinión política o de otra índole, origen nacional o social, posición económica, nacimiento o cualquier otra condición social". (art. 2.2).

---

[18] 1. "Cada uno de los Estados parte en el presente Pacto se compromete a respetar y a garantizar a todos los individuos que se encuentren en su territorio y estén sujetos a su jurisdicción los derechos reconocidos en el presente Pacto, sin distinción alguna de raza, color, sexo, idioma, religión, opinión política o de otra índole, origen nacional o social, posición económica, nacimiento o cualquier otra condición social. 2. Cada Estado Parte se compromete a adoptar, con arreglo a sus procedimientos constitucionales y a las disposiciones del presente Pacto, las medidas oportunas para dictar las disposiciones legislativas o de otro carácter que fueren necesarias para hacer efectivos los derechos reconocidos en el presente Pacto y que no estuviesen ya garantizados por disposiciones legislativas o de otro carácter. 3. Cada uno de los Estados parte en el presente Pacto se compromete a garantizar que: a) Toda persona cuyos derechos o libertades reconocidos en el presente Pacto hayan sido violados podrá interponer un recurso efectivo, aun cuando tal violación hubiera sido cometida por personas que actuaban en ejercicio de sus funciones oficiales; b) La autoridad competente, judicial, administrativa o legislativa, o cualquiera otra autoridad competente prevista por el sistema legal del Estado, decidirá sobre los derechos de toda persona que interponga tal recurso, y desarrollará las posibilidades de recurso judicial; c) Las autoridades competentes cumplirán toda decisión en que se haya estimado procedente el recurso".

[19] TEXIER, P., "Las garantías de los derechos sociales…", cit., pp. 446-447.

Abramovich y Courtis, en un trabajo ya clásico[20], han analizado con lucidez la entidad y alcance de las obligaciones estatales derivadas del PIDESC, apoyándose en jurisprudencia de varios tribunales nacionales e internacionales. Los autores ponen de manifiesto cómo, a pesar de la diferente justiciabilidad de los derechos contenidos en ambos Pactos (PIDESC y PIDCP), los órganos de aplicación del PIDESC han procurado dotar a éste de la máxima eficacia jurídica. En particular, es relevante el papel que han jugado las Observaciones Generales que ha emitido el Comité PIDESC, en las que éste se ha esforzado por concretar el contenido y alcance de los derechos contenidos en el Pacto y ha establecido cuáles son las obligaciones de los Estados parte.

El Comité PIDESC es el único órgano de aplicación del Pacto, por lo tanto, las Observaciones Generales que ha dictado constituyen una fuente interpretativa de primer orden para los Estados parte, que están vinculados por aquéllas en los distintos procedimientos de supervisión de cumplimiento[21].

El alcance de las obligaciones estatales derivadas del PIDESC está también clarificado en los llamados "Principios de Limburg sobre la implementación del PIDESC"[22], elaborados por un grupo de expertos reunidos en Maastricht entre los días 2 y 6 de junio de 1986. En el mismo sentido, otro grupo de expertos elaboró, entre el 22 y el 26 de enero de 1997, los denominados "Directrices de Maastricht sobre violaciones a

20 ABRAMOVICH, V. y COURTIS, C., Los derechos sociales como derechos exigibles, ob. cit., pp. 65-116.

21 Ibidem., p. 68.

22 http://www.derechoshumanos.unlp.edu.ar/assets/files/documentos/los-principios-de-limburg-sobre-la-aplicacion-del-pacto-internacional-de-derechos-economicos-sociales-y-culturales-2.pdf (última consulta: 20 de marzo de 2024).

los derechos económicos, sociales y culturales"[23]. A pesar de que ninguno de estos documentos ha sido aprobado por un órgano de Naciones Unidas, el Comité PIDESC los ha utilizado para evaluar los informes estatales y para redactar las distintas Observaciones Generales.

El principal interrogante que se plantea es el valor de estas interpretaciones del PIDESC para los tribunales nacionales. A este respecto, la situación será diferente en cada uno de los Estados parte y dependerá de la posición que se otorgue al Derecho internacional de los derechos humanos en cada ordenamiento. Por lo que se refiere a España, ya se abordó esta cuestión en el Capítulo I, al que me remito[24].

El Comité PIDESC, consciente de estas dificultades, ha establecido lo siguiente:

> "El Pacto no estipula los medios concretos que pueden utilizarse en el ordenamiento jurídico nacional. Además, no existe ninguna disposición que obligue a su incorporación general a la legislación nacional o que le conceda un valor jurídico determinado. Si bien corresponde a cada Estado decidir el método concreto para dar efectividad a los derechos del Pacto en la legislación interna, los medios utilizados deben ser apropiados en el sentido de producir resultados coherentes con el pleno cumplimiento de las obligaciones por el Estado parte. Los me-

---

23 http://www.derechoshumanos.unlp.edu.ar/assets/files/documentos/directrices-de-maastricht-sobre-violaciones-a-los-derechos-economicos-sociales-y-culturales.pdf (última consulta: 20 de marzo de 2024).

24 Abramovich y Courtis consideran que en un país como Argentina, que ha reconocido rango constitucional de determinados tratados de derechos humanos, los tribunales internos deben aplicar dichos tratados y las decisiones de sus órganos de control. En opinión de estos autores, la misma conclusión es extrapolable a países como España, cuya Constitución contiene una cláusula (art. 10.2) que establece que las normas relativas a los derechos constitucionales deben interpretarse de conformidad con los tratados internacionales sobre derechos humanos ratificados por España (vid. ABRAMOVICH, V. y COURTIS, C., Los derechos sociales como derechos exigibles, ob, cit, p. 72.

> dios elegidos están sometidos también a consideración dentro del examen por el Comité del cumplimiento por el Estado parte de las obligaciones que le impone el Pacto"[25].

El Comité reconoce que, en la mayoría de los Estados, los tribunales están lejos de utilizar suficientemente en sus resoluciones las disposiciones del PIDESC. Por ello afirma que "dentro de los límites del ejercicio adecuado de sus funciones de examen judicial, los tribunales deben tener en cuenta los derechos reconocidos en el Pacto. La omisión por los tribunales de esta responsabilidad es incompatible con el principio de imperio del Derecho..."[26].

A la hora de determinar cuáles son las obligaciones estatales derivadas del PIDESC para los Estados parte, Abramovich y Courtis, basándose en la labor interpretativa del Comité PIDESC y en las otras directrices interpretativas ya mencionadas, distinguen tres tipos de obligaciones: a) adoptar medidas inmediatas; b) garantizar niveles esenciales de derechos y c) obligación de progresividad y prohibición de regresividad.

2.3.2. Obligación de adoptar medidas inmediatas

Interpretando el art. 2.1 PIDESC, el Comité de este Pacto ha sostenido que, aunque el logro de la plena efectividad de los derechos puede ser realizado progresivamente, existen ciertas obligaciones con efecto inmediato. Entre ellas destaca, en primer lugar, la obligación de garantizar que los derechos reconocidos en el Pacto se ejercerán sin discriminación (art. 2.2 PIDESC) y, en segundo lugar, la obligación de adoptar ciertas medidas (art. 2.1.1 PIDESC)[27].

---

25 Observación General nº 9 del Comité PIDESC, párrafo 5.

26 Observación General nº 9 del Comité PIDESC, párrafo 14.

27 Observación General nº 3 del Comité PIDESC, párrafo 1.

Esta última obligación no es un mero brindis al sol, sino que tiene un contenido preciso. Según la Observación General nº 3, párrafo 2, el PIDESC impone a los Estados la obligación de implementar, en un plazo razonablemente breve a partir de su ratificación, actos concretos, deliberados y orientados lo más claramente posible hacia la satisfacción de la totalidad de las obligaciones. Y ello tiene una consecuencia: En todo caso le corresponderá al Estado justificar por qué no ha actuado en la dirección adecuada, por qué ha retrocedido o por qué no ha ido más rápido[28].

El tipo de medidas que adopte el Estado queda a su elección (art. 2.1 PIDESC) pero los Estados, en sus Informes, están obligados a fundamentar la elección de esas medidas y el Comité se atribuye la facultad de "determinar en definitiva si se han adoptado o no todas las medidas apropiadas"[29].

Abramovich y Courtis realizan una descripción de estas posibles medidas y destacan, en especial: a) adecuación del marco legal; b) revelación de información, vigilancia efectiva y formulación de un plan y c) provisión de recursos efectivos para la garantía de los derechos reconocidos en el Pacto[30].

2.3.3. Obligación de garantizar niveles mínimos de los derechos

El Comité PIDESC establece que existe una obligación mínima de los Estados de asegurar la satisfacción de, al menos, un nivel esencial de cada uno de los derechos reconocidos en el

28 Así lo establecen los Principios de Maastricht, principio 8. Vid. ABRAMOVICH, C. y COURTIS, C., Los derechos sociales como derechos exigibles, ob cit., p. 80.

29 Observación General nº 3 del Comité PIDESC, párrafo 4.

30 ABRAMOVICH, C. y COURTIS, C., Los derechos sociales como derechos exigibles, ob cit., pp. 81-89.

Pacto[31]. Se trata de un punto de partida imprescindible para conseguir la plena efectividad de los derechos. Varios autores han insistido en la necesidad de fijar este mínimo esencial de los derechos sociales de prestación como requisito necesario para asegurar su eficacia y su justiciabilidad[32].

El Comité PIDESC ha intentado definir el contenido básico de algunos derechos del Pacto, por ejemplo, el derecho a la salud[33], el derecho a una alimentación adecuada[34] o el derecho a la educación[35].

A su vez, los Principios de Limburgo y de Maastricht afirman que, en la evaluación del cumplimiento de la obligación de garantizar contenidos mínimos de los derechos sociales, debe tenerse en cuenta la limitación de recursos de que disponga el Estado. Sin embargo, establecen que el Estado sólo podrá atribuir el incumplimiento de las obligaciones mínimas a la falta de recursos si logra demostrar que ha realizado todo el esfuerzo posible para cumplir sus obligaciones mínimas derivadas del PIDESC[36].

El Comité PIDESC puede fijar, en su labor interpretativa y de fiscalización, cuáles son los contenidos esenciales que

---

31 Principios de Limburgo, principio 25; Principios de Maastricht, principio 9 y Observación General del Comité PIDESC nº 3, párrafo 10.

32 Vid., por ejemplo, EIDE, A., "Realización de los derechos económicos, sociales y culturales. Estrategia del nivel mínimo", cit.; CHACÓN MATA, A.M. (2007), "Derechos económicos, sociales y culturales. Indicadores y justiciabilidad", Cuadernos Deusto de Derechos Humanos nº 43, pp. 31-34 y CARMONA CUENCA, E., "¿Los derechos sociales de prestación son derechos fundamentales?", cit., p. 1118.

33 Observación General del Comité PIDESC nº 14, párrafos 11, 12 y 43.

34 Observación General del Comité PIDESC nº 12, párrafo 8.

35 Observación General del Comité PIDESC nº 13, párrafo 57.

36 Principios de Limburgo, principios 25-28 y Principios de Maastricht, principio 10.

identifiquen ciertos derechos, pero en numerosos foros se ha puesto de manifiesto la necesidad de adoptar algún sistema de indicadores que pudieran servir como parámetro del cumplimiento de los derechos económicos, sociales y culturales[37]. Actualmente se trabaja en la correlación entre la noción de contenido mínimo esencial de un derecho social y los estándares técnicos establecidos a partir de indicadores estandarizados a nivel mundial, sobre todo, por parte de organizaciones como la Organización Mundial de la Salud (OMS) y la Organización Internacional del Trabajo (OIT), entre otras.

La fijación de esos contenidos mínimos es importante para poder exigir a los Estados que cumplan con ellos, aún en periodos de limitación grave de recursos derivados de situaciones de recesión económica o procesos de ajuste. En particular, los Estados deben asegurar esos mínimos a los colectivos especialmente vulnerables, como niños y niñas, personas de edad avanzada, personas con discapacidad, etc.[38]

2.3.4. Obligación de progresividad y prohibición de regresividad

Como hemos visto, el art. 2.1 PIDESC establece la obligación de los Estados de lograr *progresivamente* la plena efectividad de los derechos reconocidos en el Pacto. El Comité PIDESC ha interpretado el significado de esta *progresividad* y reconoce que esta expresión tiene dos significados. Por un lado, supone el reconocimiento de una cierta *gradualidad* en la consecución de los objetivos del Pacto: "El concepto de realización progresiva constituye un reconocimiento del hecho de que la plena reali-

---

37 Vid., por ejemplo, ABRAMOVICH, V. y COURTIS, C., Los derechos sociales como derechos exigibles, ob. cit., pp. 91-92 y CHACÓN MATA, A.M., "Derechos económicos, sociales y culturales...", cit., pp. 72 y ss.

38 Principios de Maastricht, principio 20.

zación de los derechos económicos, sociales y culturales generalmente no podrá lograrse en un período corto de tiempo"[39].

Pero, por otro lado, la noción de progresividad significa también que los Estados están obligados a mejorar las condiciones de disfrute y ejercicio de los derechos reconocidos en el PIDESC. De esta forma, afirma que el reconocimiento de que el pleno goce de los derechos sociales no podrá ser inmediato, sino que requerirá un tiempo "no podrá ser malinterpretado en el sentido de privar a la obligación de todo contenido significativo". E insiste en que el Pacto "impone la obligación de moverse tan rápida y efectivamente como sea posible hacia la meta"[40].

De esta obligación general del Estado pueden extraerse varias obligaciones concretas. Abramovich y Courtis, analizando la doctrina del Comité PIDESC, consideran que la obligación mínima es la de *no regresividad*, esto es, la prohibición de adoptar políticas, medidas o normas que empeoren la situación de los derechos económicos, sociales y culturales de los que gozaba la población en el momento en que fue adoptado el tratado internacional, en este caso, el PIDESC, o bien en cada mejora progresiva[41].

Estos autores llevan a cabo una construcción doctrinal que tiene como objetivo juridificar la actuación del Estado y hacer posible su fiscalización por parte de los órganos internacionales de control. Insisten en que la plena realización de los derechos, tanto sociales como civiles y políticos, requiere la posibilidad de un control judicial de la actuación del Estado. Y precisamente la obligación de no regresividad constituye uno

---

39 Observación General del Comité PIDESC nº 3, párrafo 9.

40 Idem.

41 ABRAMOVICH, V. y COURTIS, C., Los derechos sociales como derechos exigibles, ob. cit., pp. 93-94.

de los parámetros de fiscalización de las medidas adoptadas por el Estado en materia de derechos económicos, sociales y culturales que pueden ser utilizados por los jueces nacionales.

La obligación de no regresividad de los derechos sociales de prestación ya fue formulada por Konrad Hesse como "teoría de la irreversibilidad de las conquistas sociales alcanzadas" (*Nichtumkehrbarkeitstheorie*). Según este autor, no sería posible deducir de la propia constitución el contenido sustancial de las obligaciones sociales del Estado. Sin embargo, una vez que el legislador ha concretado el contenido de esas obligaciones (por ejemplo, en forma de un nivel determinado de prestaciones económicas), surgen unos derechos adquiridos que pueden ser invocados ante los tribunales. Y este contenido sustantivo se configura, al menos en su contenido esencial, como una garantía que convierte en inconstitucional toda medida regresiva[42].

Ahora bien, Abramovich y Courtis se preguntan, refiriéndose al ordenamiento argentino, que puede servirnos de ejemplo ¿Cuál es la consecuencia de la aprobación de una ley regresiva de los derechos sociales? ¿Una ley regresiva es siempre una ley inconstitucional? Y consideran que la regresividad constituye un factor agravado en el análisis de la *razonabilidad* de la ley[43]. Y concluyen que la prueba de que una norma es regresiva determina la presunción de su inconstitucionalidad y la transferen-

---

42 HESSE, K. (1996), "Significado de los derechos fundamentales", en BENDA/MAIHOFFER/VOGEL/HESSE/HEYDE, Manual de Derecho Constitucional (edición, prolegómenos y traducción de A. López Pina), IVAP, Marcial Pons, Madrid, p. 98. Vid. también CARMONA CUENCA, E., El Estado social de Derecho en la Constitución, ob. cit., p. 157.

43 El principio de razonabilidad en la regulación de los derechos es una doctrina elaborada a partir del art. 28 de la Constitución Nacional argentina. Abramovich y Courtis utilizan esta construcción para elaborar su esquema conceptual del principio de no regresividad. ABRAMOVICH, V. y COURTIS, C., Los derechos sociales como derechos exigibles, ob. cit., pp. 96 y ss.

cia al Estado de la carga de probar que dicha norma responde a criterios de razonabilidad[44].

La inversión de la carga de la prueba o, más bien, la redistribución de la carga de la prueba en ciertos casos, fue una creación del Tribunal Supremo de Estados Unidos, quien formuló esta doctrina en el ámbito del Derecho antidiscriminatorio. A grandes rasgos, consiste en que, cuando hay indicios de discriminación por alguna de las categorías consideradas *sospechosas* (raza, género, religión, etc.), corresponderá al demandado probar que no hubo tal discriminación[45]. Esta regla de interpretación ha sido asumida por la legislación y la jurisprudencia de varios países europeos, entre ellos, el Tribunal Constitucional español[46] o el Tribunal Europeo de Derechos Humanos[47].

El Comité PIDESC ha aplicado esta regla al análisis de la regresividad de las normas o medidas sobre derechos sociales. Según este escrutinio, correspondería al demandante probar inicialmente el carácter regresivo de la norma, acreditando que el grado de protección ofrecido por esta norma es inferior al de la norma anterior. Una vez probado este extremo, la norma se presumiría inválida. Así, en la Observación General nº 14 ("El derecho al disfrute del más alto posible nivel de salud")[48] se afirma:

---

44 Ibidem, p. 102. Vid, también, LIEBENBERG, S. (2003), "The interpretation socio-economic rights" en CHASKALSON, M. et al. (eds), Constitutional law of South Africa, Juta & Co Ltd, Cape Town, pp. 46-47.

45 Sobre la redistribución de la carga de la prueba, vid., entre otros, ORMAZÁBAL SÁNCHEZ, G. (2011), Discriminación y carga de la prueba en el proceso civil, Marcial Pons, Madrid.

46 Vid. por ejemplo, la STC 81/1982, de 21 de diciembre.

47 Así, por ejemplo, en el Caso Abdulaziz, Cabales y Balkandali, de 25 de mayo de 1985, el TEDH afirmó que "sólo razones muy fuertes podrían llevar a estimar compatible con el Convenio una distinción fundada en el sexo".

48 Observación General del Comité PIDESC nº 14, párrafo 32.

> "Al igual que en el caso de los demás derechos enunciados en el Pacto, existe una fuerte presunción de que no son permisibles las medidas regresivas adoptadas en relación con el derecho a la salud".

La consecuencia es que corresponde al Estado la carga de acreditar que, pese a ser regresiva, la norma es justificable, como se establece en la Observación General nº 13 ("El derecho a la educación"):

> "Si deliberadamente adopta alguna medida regresiva, el Estado parte tiene la obligación de demostrar que fue implantada tras la consideración más cuidadosa de todas las alternativas y que se justifica plenamente en relación con la totalidad de los derechos previstos en el Pacto y en el contexto del aprovechamiento pleno del máximo de los recursos de que disponga el Estado parte"[49].

En cuanto a la carga que pesa sobre el Estado demandado, la misma regla interpretativa sobre la redistribución de la carga de la prueba exige un *escrutinio estricto* (*strict scrutiny*). Esto significa que, aplicando esta regla, por ejemplo, al ámbito del Derecho antidiscriminatorio, se enunciaría del modo siguiente: Cuando existen indicios de discriminación por una de las categorías *sospechosas*, corresponde al demandado la demostración estricta de la necesidad y razonabilidad de la distinción, la existencia de un *interés imperioso (compelling interest)* que justifique la medida adoptada[50].

El Comité PIDESC también ha aplicado este esquema argumentativo al ámbito de la regresividad en las normas sobre derechos sociales. Las Observaciones Generales números 3, 13 y 14 fijan los requisitos que debe cumplir la argumentación

---

49 Observación General del Comité PIDESC nº 13, párrafo 45.

50 ABRAMOVICH, V. y COURTIS, C., Los derechos sociales como derechos exigibles, ob cit. p. 106.

del Estado para justificar la medida regresiva. En primer lugar, la medida sólo se justifica si el Estado demuestra que ha considerado cuidadosamente medidas alternativas y que existen razones de peso para preferir aquélla. La Observación General nº 13 afirma que "corresponde al Estado parte demostrar que se han aplicado tras el examen más exhaustivo de todas las alternativas" (párrafo 45).

Por otra parte, el Comité PIDESC establece los requisitos que debe cumplir la posible justificación del Estado:

> "La medida deberá ser justificada plenamente por referencia a la totalidad de los derechos previstos en el Pacto y en el contexto del aprovechamiento pleno del máximo de los recursos de que se dispone"[51].

Esto significa que el Estado no puede utilizar argumentos generales apelando a "necesidades de la política pública", "disciplina fiscal" ni referirse a otros logros financieros y económicos, sino que debe señalar específicamente qué otros derechos reconocidos en el PIDESC (y no otros derechos cualesquiera) se vieron favorecidos por la medida cuestionada. En caso de duda, prevalecerá la validez de la norma. Y, en caso de que el Estado argumente a favor de la razonabilidad de la norma o medida, el juez deberá realizar un *juicio de ponderación*, aunque esta ponderación deberá realizarse exclusivamente entre derechos económicos y sociales contenidos en el PIDESC[52].

2.4. La Observación General nº 19 del Comité PIDESC

El art. 9 PIDESC, que reconoce el derecho a la seguridad social, constituye una regulación muy parca y, por lo tanto, su co-

---

51 Observación General del Comité PIDESC Nº 3, párrafo 9.

52 ABRAMOVICH, V. y COURTIS, C., Los derechos sociales como derechos exigibles, ob cit. p. 110.

rrecta interpretación precisa de un desarrollo que debe llevar a cabo el Comité PIDESC. Este desarrollo parte de la Observación General nº 19 (OG-19) sobre el derecho a la seguridad social, adoptada por este órgano el 4 de febrero de 2008[53]. La OG-19 constituye la interpretación más autorizada del PIDESC en cuanto al derecho a la seguridad social. Determina el contenido de este derecho y las condiciones de su disfrute, así como las obligaciones del Estado para hacerlo efectivo. El Comité PIDESC deberá tenerla en cuenta cuando tenga que resolver casos concretos. Por lo tanto, el contenido de este documento se convierte en obligatorio para los Estados parte del PIDESC y las condiciones y requisitos enumerados en la OG-19 constituyen criterios con los que juzgar la actuación de los respectivos gobiernos. Este control podrá ser llevado a cabo por los jueces nacionales o por el Comité PIDESC.

La OG-19 se estructura en una introducción y 5 apartados más: contenido normativo del derecho a la seguridad social, obligaciones de los Estados parte, violaciones, cumplimiento en el plano nacional y obligaciones de los agentes distintos de los Estados parte.

En la introducción se contiene una definición del derecho a la seguridad social en los siguientes términos:

> "El derecho a la seguridad social incluye el derecho a obtener y mantener prestaciones sociales, ya sea en efectivo o en especie, sin discriminación, con el fin de obtener protección, en particular, contra: a) la falta de ingresos procedentes del trabajo debido a enfermedad, invalidez, maternidad, accidente laboral, vejez o muerte de un familiar; b) gastos excesivos de

[53] E/C.12/GC/19. En Internet: http://docstore.ohchr.org/SelfServices/FilesHandler.ashx?enc=4slQ6QSmlBEDzFEovLCuW1a0Szab0oXTdImnsJZZVQdrCvvLm0yy7YCiVA9YY61ZiSUILHBBl7soy3RcV7r9F7zXZ1ZFNfAN5NXNL0J8rmy22Ati5yNNL%2bZFPVJU2rvf (última fecha de consulta: 18 de marzo de 2024).

> atención a la salud; c) apoyo familiar insuficiente, en particular para los hijos y los familiares a cargo".

De esta definición se deduce que el derecho a la seguridad social protege contra dos tipos de eventualidades: la necesidad económica derivada de varias causas y la necesidad de protección de la salud.

En la introducción se pone de manifiesto que el 80 por ciento de la población mundial carece de acceso a un sistema de seguridad social estructurada. También se enumeran las distintas medidas que pueden adoptar los Estados para hacer realidad este derecho:

a) Planes contributivos o planes basados en un seguro. Se señala que estos planes implican generalmente el pago de cotizaciones obligatorias de los beneficiarios, los empleadores y, a veces, el Estado.

b) Planes no contributivos, como los planes universales (que, en principio, ofrecen prestaciones a toda persona expuesta a un riesgo o situación imprevista particular – enfermedad, incapacidad, vejez, etc.-) o como los planes de asistencia social (dirigidos a las personas en situación continuada de necesidad). Se pone de manifiesto que en casi todos los Estados serán necesarios planes no contributivos, ya que será muy poco probable que pueda proporcionarse protección a todas las personas mediante un sistema contributivo.

c) También se consideran aceptables otras formas de seguridad social, como los planes privados o las medidas de autoayuda (planes comunitarios o los planes de asistencia mutua). Se exige que estos planes respeten los elementos esenciales del derecho a la seguridad social y que estén amparados por el Estado.

En el apartado II, la OG-19 describe el contenido normativo del derecho a la seguridad social en los siguientes términos:

> "El derecho a la seguridad social incluye el derecho a no ser sometido a restricciones arbitrarias o poco razonables en la cobertura social existente, ya sea del sector público o del privado, así como del derecho a la igualdad en el disfrute de una protección suficiente contra los riesgos e imprevistos sociales".

Así pues, parece que la OG-19 no establece como contenido exigible del derecho el establecimiento de un sistema de seguridad social por parte del Estado. En el siguiente párrafo (10) aclara que

> "El derecho a la seguridad social requiere, para ser ejercido, que se haya establecido y funcione un sistema, con independencia de que esté compuesto de uno o varios planes, que garantice las prestaciones correspondientes frente a los riesgos e imprevistos sociales de que se trate".

Es decir, la OG-19 no impone un sistema de seguridad social determinado (público o privado, contributivo o no contributivo) pero sí exige al Estado que establezca algún sistema y que lo haga "en el marco del Derecho nacional", de forma que "las autoridades públicas deben asumir la responsabilidad de su administración o supervisión eficaz".

A continuación, la OG-19 enumera los riesgos e imprevistos sociales que deben ser cubiertos por el sistema de seguridad social: Atención a la salud, enfermedad e invalidez, vejez, desempleo, accidentes laborales, prestaciones familiares, maternidad, discapacidad y sobrevivientes y huérfanos.

En cada caso, se describen las prestaciones que debe otorgar el Estado a las personas que se encuentran en las distintas situaciones. En todos los casos (salvo en el primero) el Estado debe conceder prestaciones económicas para cubrir la falta de ingresos y/o para acometer los especiales gastos que conllevan esas situaciones.

En el caso de la asistencia a la salud, la obligación del Estado es "garantizar que se establezcan sistemas de salud que prevean un acceso adecuado de todas las personas a los servicios de salud". Estos sistemas pueden ser "privados o mixtos" pero, en cualquier caso, "deben ser asequibles de conformidad con los elementos esenciales enunciados en la presente Observación General".

En el caso de los accidentes laborales y la discapacidad, además de las prestaciones económicas, el Estado debe ofrecer prestaciones de atención a la salud. En el caso de la discapacidad, debe prestarse apoyo también a los familiares y otras personas que se ocupan de cuidar a la persona con discapacidad.

En los siguientes párrafos, la OG-19 establece determinadas condiciones que deben reunir las prestaciones estatales: nivel suficiente, accesibilidad y relaciones con otros derechos.

En cuanto al nivel de las prestaciones, el párrafo 22 establece que éstas "deben ser suficientes en importe y duración, a fin de que todos puedan gozar de sus derechos a la protección y asistencia familiar, de unas condiciones de vida adecuadas y de acceso suficiente a la atención de la salud". Y, a continuación, impone la revisión periódica de los criterios de suficiencia de las prestaciones.

La OG-19 establece diversos requisitos para considerar que una determinada prestación es "accesible": a) totalidad de cobertura (debe alcanzar a todas las personas, incluidos los colectivos vulnerables); b) las condiciones de acceso deben ser razonables, proporcionadas y transparentes; c) si el sistema exige pago de cotizaciones, éstas deben ser asequibles para todos; d) los beneficiarios deban poder participar en la administración del sistema y d) los beneficiarios deben tener acceso físico a los servicios de seguridad social.

En el párrafo 28, la OG-19 se refiere a la relación del derecho a la seguridad social con otros derechos reconocidos en el

PIDESC, para asegurar que aquél contribuye en gran medida al reforzamiento de estos otros derechos, como la protección de las familias, las madres y la infancia (art. 10); el derecho a un nivel de vida adecuado (art. 11) y el derecho a la protección de la salud (art. 12). De esta forma, el derecho a la seguridad social se convierte en un derecho instrumental para el disfrute de otros derechos reconocidos en el PIDESC.

La OG-19 también aborda la cuestión de la discriminación en el acceso a las prestaciones para establecer la obligación de los Estados de organizar los sistemas de seguridad social de forma que no exista ningún tipo de discriminación: ni entre mujeres y hombres ni en perjuicio de personas o grupos especialmente vulnerables, como los/las desempleados/as, las personas que trabajan a tiempo parcial o por cuenta propia o en el sector no estructurado, las poblaciones indígenas, los extranjeros, los desplazados internos, los grupos minoritarios y las personas enfermas o discapacitadas. En particular, por lo que se refiere a la igualdad de género, la OG-19 exige que la edad de jubilación sea la misma para hombres y mujeres y que se garantice un permiso de maternidad para mujeres, de paternidad para hombres y un permiso compartido para ambos.

En el apartado III, la OG-19 regula las obligaciones de los Estados parte derivadas del PIDESC, distinguiendo entre obligaciones generales y obligaciones específicas.

En cuanto a las "obligaciones generales", se recuerda que, aunque el PIDESC prevé una "aplicación progresiva", también impone diversas obligaciones de "efecto inmediato". Entre estas últimas enumera expresamente: a) garantizar el derecho a la seguridad social sin discriminación alguna; b) la igualdad de derechos de hombres y mujeres (art. 3 PIDESC) y c) la obligación de adoptar medidas para lograr la cabal aplicación del párrafo 1 del art. 11 PIDESC (derecho a un nivel de vida adecuado) y del art. 12 (protección de la salud).

Con relación a la adopción de medidas regresivas por parte del Estado, la OG-19 afirma que existe una fuerte presunción de que éstas están prohibidas por el PIDESC. A continuación, reproduce el esquema argumentativo que ha quedado expuesto en el apartado 2.3.4 de este Capítulo.

En cuanto a las "obligaciones específicas" de los Estados parte del PIDESC, la OG-19 establece tres tipos (recordando que son las mismas que en otros tratados internacionales de derechos humanos): Obligación de respetar, obligación de proteger y obligación de cumplir[54].

La obligación de respetar "exige que los Estados parte se abstengan de interferir directa o indirectamente en el ejercicio del derecho a la seguridad social" (párrafo 44). Ello supone abstenerse de toda práctica que deniegue o restrinja el acceso en igualdad de condiciones a una seguridad social adecuada o que interfiera arbitrariamente en los sistemas de seguridad social tradicionales.

La obligación de proteger "exige que los Estados parte impidan a terceras personas que interfieran en modo alguno en el disfrute del derecho a la seguridad social" (párrafo 45). Esta obligación se traduce en la necesidad de adoptar medidas legislativas o de otra índole para impedir que terceras personas

---

54 El esquema interpretativo que consiste en señalar los distintos "niveles" de obligaciones estatales derivados de cada derecho reconocido en un tratado internacional fue propuesto en el trabajo de Henry Shue de 1979. Vid. SHUE, H. (1979), "Rights in the Light of Duties", en BROWN, P.G. & MACLEAN, D. (Eds.), Human Rights and the US Foreign Policy, Lexington Books, Lexington. Posteriormente, ha sido desarrollado por distintos/as autores/as como Sandra Liebenberg en varias obras. Vid, por ejemplo: LIEBENBERG, S., "The interpretation socio-economic rights", cit., capítulo 33. Vid. también ABRAMOVICH, V. y COURTIS, C., Los derechos sociales como derechos exigibles, ob. cit., pp. 27-31. El esquema ha sido ampliamente incorporado al Derecho Internacional de los Derechos Humanos y a la doctrina de los distintos Comités internacionales.

denieguen el acceso en condiciones de igualdad a la seguridad social o para evitar los impagos al sistema de seguridad social por parte de los/las empleadores/as.

La obligación de cumplir "exige a los Estados parte que adopten las medidas necesarias, incluido el establecimiento de un sistema de seguridad social dirigido a la plena realización del derecho a la seguridad social" (párrafo 47). La obligación de cumplir puede subdividirse en las obligaciones de facilitar, promover y garantizar.

La obligación de facilitar "exige a los Estados parte que adopten medidas positivas para ayudar a las personas y a las comunidades a ejercer el derecho a la seguridad social" (párrafo 48). Ello supone que los Estados deben reconocer este derecho en su ordenamiento jurídico y deben adoptar una estrategia nacional de seguridad social, asegurando que el sistema establecido sea adecuado y esté al alcance de todas las personas.

La obligación de promover "obliga al Estado parte a tomar medidas para garantizar que haya una educación y una sensibilización pública adecuada sobre el acceso a los planes de seguridad social", en particular en zonas rurales o desfavorecidas (párrafo 49).

Por último, la obligación de hacer efectivo el derecho a la seguridad social obliga a los Estados parte a adoptar planes no contributivos u otras medidas de asistencia social para garantizar el acceso al derecho por parte de personas o grupos que no están en condiciones de ejercerlo por sí mismos "por motivos que se consideren razonablemente ajenos a su voluntad" (párrafo 50). A continuación, la OG-10 añade que el objetivo debe ser integrar a estas personas en los planes ordinarios de seguridad social.

La OG-19 establece también las obligaciones que asumen los Estados parte del PIDESC en el ámbito internacional (párrafo 52). Los Estados deben abstenerse de interferir en el disfrute del derecho a la seguridad social en otros países e impedir que sus ciudadanos violen este derecho fuera del Estado. Además, los Estados económicamente más desarrollados deben prestar asistencia económica y técnica a los países en desarrollo, de forma sostenible y culturalmente apropiada. Todos los Estados deben asegurarse de que los acuerdos de liberalización del comercio u otros acuerdos internacionales no menoscaben la capacidad de los Estados menos desarrollados para garantizar el pleno ejercicio de la seguridad social.

A continuación, se dedican varios párrafos a establecer "la obligación básica de asegurar, al menos, la satisfacción de niveles mínimos indispensables" del derecho a la seguridad social. Estos niveles mínimos incluyen, al menos "atención de salud esencial, alojamiento y vivienda básicos, agua y saneamiento, alimentos y las formas más elementales de educación" (párrafo 59).

Si algún Estado parte no puede garantizar esos niveles mínimos, "deberá demostrar que ha hecho todo lo que está a su alcance para utilizar todos los recursos a su disposición, en un esfuerzo por satisfacer, con carácter prioritario, estas obligaciones mínimas" (párrafo 60).

El apartado IV de la OG-19 se dedica a la descripción de las posibles violaciones del derecho a la seguridad social por parte de los Estados parte del PIDESC. El Comité PIDESC deberá controlar estas posibles violaciones mediante los distintos procedimientos previstos en el Pacto[55], teniendo en cuenta si el Estado ha actuado utilizando el máximo de posibilidades a su alcance.

Las violaciones pueden consistir, por una parte, en "actos de comisión", es decir, en la acción directa de los Estados parte o de otras entidades bajo su jurisdicción. Algunos ejemplos de estos actos serían la adopción de medidas deliberadamente

---

55 Vid. apartado 2.2 de este mismo Capítulo.

regresivas, el apoyo activo a medidas adoptadas por terceras partes que sean incompatibles con el derecho a la seguridad social, el establecimiento de condiciones de admisibilidad diferentes para las prestaciones de asistencia social destinadas a personas desfavorecidas en función de lugar de residencia o la denegación de derechos a las mujeres o a determinados grupos vulnerables (párrafo 64).

Las violaciones pueden producirse también por "actos de omisión", cuando el Estado parte no adopta medidas suficientes y apropiadas para garantizar el ejercicio del derecho a la seguridad social. La OG-19 cita algunos ejemplos, como la no adopción de medidas para lograr el disfrute del derecho, no garantizar la sostenibilidad financiera del sistema, no suprimir los obstáculos con que se encuentra el Estado para hacer efectivo el derecho, etc. (párrafo 65).

El apartado V de la OG-19 se dedica a las formas de cumplimiento del PIDESC por parte de los Estados. Comienza afirmando que cada Estado parte tiene un "margen de discrecionalidad" para determinar qué medidas son más convenientes, aunque reitera la obligación de adoptar medidas para el cumplimiento de las obligaciones del Pacto. Entre estas posibles medidas cita las "leyes, estrategias, políticas o programas" para garantizar el derecho a la seguridad social. En particular, el Estado está obligado a adoptar una estrategia y un plan nacionales, a menos que pueda demostrar que dispone de un sistema de seguridad social completo y revisado periódicamente que alcance a proteger a todas personas, especialmente, a los grupos más desfavorecidos.

Este plan nacional deberá incluir "indicadores" referidos a los distintos requisitos que debe cumplir el sistema: suficiencia, cobertura de riesgos imprevistos, asequibilidad y accesibilidad.

Asimismo, deberá establecerse un sistema de recursos judiciales o de otro tipo, tanto en el plano nacional como internacional, al alcance de las víctimas de violación de su derecho a la seguridad social. Estos recursos deben garantizar una reparación adecuada que podrá consistir en "restitución, indemnización, satisfacción o garantía de que no se repetirán los hechos" (párrafo 77). Se debe permitir que los defensores del pueblo, las comisiones de derechos humanos y las instituciones análogas de cada país se ocupen de las violaciones de este derecho. Debe prestarse asistencia letrada para obtener reparación de acuerdo con los recursos disponibles.

Incluso se sugiere que la incorporación del PIDESC al ordenamiento interno podría ampliar considerablemente el alcance y eficacia del mismo, por cuanto podría invocarse directamente ante los tribunales internos (párrafo 79).

El último apartado de la OG-19 (VI) se dedica a fijar las obligaciones de otros agentes distintos del Estado, como las organizaciones internacionales y las instituciones financieras internacionales.

2.5. La doctrina del Comité PIDESC sobre el derecho a la seguridad social dictada en las Comunicaciones individuales

Hasta el momento, el Comité PIDESC ha aprobado dos Dictámenes sobre el derecho a la seguridad social, consagrado en el art. 9 PIDESC, que resolvían sendas Comunicaciones individuales[56].

El primero de estos Dictámenes es, precisamente, un caso contra España. Se trata del Dictamen aprobado el 4 de marzo de 2016, que resolvía la Comunicación núm. 1/2013, presentada el 6 de noviembre de 2013. El segundo fue adoptado el 26 de marzo de 2018 y resolvía la Comunicación núm. 10/2015,

56 Estos Dictámenes pueden encontrarse en: https://juris.ohchr.org/search/results (fecha de consulta: 24 de febrero de 2020).

presentada el 17 de julio de 2015 por la Sra. Trujillo Calero contra Ecuador.

2.5.1. El Dictamen de 4 de marzo de 2016 (Caso López Rodríguez contra España)

El autor de la Comunicación, el Sr. López Rodríguez (en adelante, el autor), alegaba ser víctima de una vulneración de los arts. 2 y 9 PIDESC (derecho a no sufrir discriminación y derecho a la seguridad social). Los hechos eran los siguientes: La Administración de la Junta de Andalucía había concedido al autor una pensión no contributiva por discapacidad por un total de 301,55 euros mensuales. Cuando fue recluido en el Centro Penitenciario de Sevilla en ejecución de una condena penal, la Consejería para la Igualdad y el Bienestar Social de la Junta de Andalucía redujo el importe de la pensión a 147,71 euros al mes, por considerar que, a efectos de establecer el monto, debía computarse como parte de la renta o ingresos del autor el importe de su manutención en el centro penitenciario (equivalente a 2.062,25 euros anuales).

El autor presentó una reclamación administrativa contra esta reducción, que fue desestimada. El Juzgado de lo Social declaró la demanda parcialmente fundada y ordenó restablecer el monto de 301,55 euros, además del abono de las cantidades dejadas de percibir. Pero el Tribunal Superior de Justicia de Andalucía (TSJA) revocó la sentencia del Juzgado y desestimó la demanda del autor. El Tribunal Supremo desestimó el recurso de casación presentado contra esta Sentencia del TSJA y lo mismo hizo el Tribunal Constitucional con el recurso de amparo que el autor presentó a continuación[57].

---

[57] STC 189/2012, de 29 de octubre.

El siguiente paso del Sr. López Rodríguez fue presentar una Comunicación ante el Comité PIDESC por vulneración de los arts. 2 y 9 PIDESC. Alegaba que el Estado español había vulnerado su derecho a la seguridad social y al ejercicio de este derecho en igualdad y sin discriminación. Consideraba que la medida adoptada por la Consejería constituía un trato desigual respecto a otros presos, tanto los que tenían capacidad económica como los que cobraban pensiones contributivas o, incluso, los que no percibían ninguna prestación. Ninguno de estos presos pagaba por el coste de su manutención en la prisión. El autor consideraba que el Estado no había tenido en cuenta que el art. 25 de la Constitución española (CE) establece que los condenados a pena de prisión gozarán de los derechos fundamentales que no estén afectados por la sentencia condenatoria. Tampoco había tenido en cuenta el art. 3 de la Ley General Penitenciaria, que señala que deben adoptarse las medidas para que los internos y sus familiares conserven sus derechos a las prestaciones de la seguridad social, adquiridos antes de su ingreso en prisión.

El Comité PIDESC, en su Dictamen, recuerda que

> "El derecho a la seguridad social es de importancia fundamental para garantizar a todas las personas su dignidad humana cuando hacen frente a circunstancias que les privan de su capacidad para ejercer plenamente los derechos reconocidos en el Pacto. Este derecho desempeña un papel importante para prevenir la exclusión y promover la inclusión social. El derecho a la seguridad social incluye el derecho a obtener y mantener prestaciones sociales, ya sea en efectivo o en especie, sin discriminación"[58].

Asimismo, establece que "las prestaciones, ya sean en efectivo o en especie, deben ser suficientes en importe y duración a fin de que todos puedan gozar de sus derechos a la protección

---

[58] Párrafo 10.1.

y asistencia familiar, de unas condiciones de vida adecuadas y de acceso suficiente a la atención de la salud"[59]. Aunque reconoce que las obligaciones derivadas del art. 9 PIDESC conllevan consecuencias financieras para los Estados parte, éstos tienen la obligación de asegurar, al menos, "la satisfacción de niveles mínimos indispensables de este derecho" (a la seguridad social).

Con respecto a las personas con discapacidad que, debido a su condición, hubieran perdido temporalmente o hubieran visto reducidos sus ingresos, los regímenes de seguridad social deben permitir "que tengan un nivel de vida adecuado y que puedan vivir de forma independiente y ser incluidos en la comunidad de manera digna".

El Comité PIDESC establece también que el derecho a la seguridad social debe ser garantizado sin discriminación y que eso incluye también a los internos en centros penitenciarios, quienes gozan de los derechos económicos, sociales y culturales establecidos en el Pacto. En atención a ello, "una prestación no contributiva no puede, en principio, ser suprimida, reducida o suspendida, como consecuencia de la privación de libertad del beneficiario, salvo que la medida esté prevista legalmente, sea razonable y proporcional, y garantice por lo menos un nivel mínimo de prestaciones"[60].

Así pues, el Comité PIDESC introduce aquí una salvedad al disfrute universal del derecho a la seguridad social que afecta a las personas privadas de libertad. Añade que "la razonabilidad y proporcionalidad de la medida debe evaluarse en las circunstancias de cada caso, teniendo en cuenta la situación personal del beneficiario". Por tanto, para el Comité, en el caso de los presos la reducción del importe de una prestación no contri-

---

59 Párrafo 10.2.

60 Párrafo 11.3.

butiva puede ser compatible con el PIDESC "si está prevista por la ley y las mismas atenciones son cubiertas a través de los servicios brindados a las personas privadas de liberta en el centro penitenciario".

El Comité analiza si, en este caso, la medida adoptada por la Administración estaba prevista en la ley y si era razonable y proporcional. La previsión legislativa la encuentra en los arts. 144 y sigs. de la Ley General de la Seguridad Social vigente en el momento de los hechos, según los cuales "la disminución del monto monetario de su prestación no contributiva por discapacidad se debe a que parte de las atenciones esenciales —alojamiento y alimentación— para las que estaba destinada la cuantía original de la prestación son cubiertas por la manutención brindada directamente y gratuitamente por el establecimiento penitenciario" [61], según había interpretado el Tribunal Supremo en su Sentencia 6227/2010, de 29 de septiembre (FJ 2).

Asimismo, el Comité consideró que la reducción de la pensión constituía un medio razonable para lograr un propósito compatible con el PIDESC, que es "la protección de los recursos públicos". Y más tratándose de una prestación no contributiva, que no depende de aportes previos del beneficiario. En este caso, en opinión del Comité, los Estados gozan de un cierto margen para disponer de los recursos fiscales de la forma más adecuada posible para asegurar un sistema de seguridad social que ofrezca a todas las personas un nivel mínimo de prestaciones.

En cuanto a la proporcionalidad de la medida, el Comité afirma que el Estado parte no tiene total discreccionalidad para reemplazar un beneficio por otro, pero en este caso considera que el autor de la Comunicación no presentó evidencia de que la sustitución de parte de la prestación no contributiva

---

61 Párrafo 13.2.

en dinero por la manutención que recibe en el centro penitenciario tuviera serios efectos negativos en la satisfacción de las necesidades básicas del autor o de su familia[62]. Finalmente, estimó que no se había producido vulneración de los derechos 2 y 9 PIDESC.

Tal vez el aspecto más cuestionable en la argumentación del Comité lo constituya esta última cuestión, esto es, la protección de la familia del beneficiario de la pensión no contributiva. El Comité ha repetido en varias ocasiones que la finalidad de las prestaciones de la seguridad social es la atención de las necesidades del beneficiario y de los familiares que dependan de él, incluso lo ha afirmado en este mismo Dictamen (en el párrafo 10.2 al que antes se ha hecho referencia). El Comité justifica la reducción de la pensión con relación al beneficiario, pero no tiene en cuenta de forma suficiente los efectos que esta reducción puede tener para su familia.

2.5.2. El Dictamen de 26 de marzo de 2018 (Caso Trujillo Calero contra Ecuador)

En este caso la autora (Sra. Trujillo Calero) es una ciudadana ecuatoriana. Cotizó a la seguridad social como empleada desde 1972 hasta 1981, en que comenzó a cotizar como afiliada voluntaria, ya que realizaba una actividad como trabajadora doméstica no remunerada ("ama de casa") llevando el cuidado de la casa y de sus tres hijos menores. Estuvo en ese régimen de cotización hasta 1995, en que comenzó a trabajar por cuenta ajena como empleada de hogar, situación que mantuvo hasta 2001, fecha en que renunció a su trabajo y solicitó la jubilación especial reducida (anticipada).

---

62 Párrafo 14.4

Durante el periodo de cotización voluntaria estuvo pagando sus aportaciones al sistema de seguridad social de forma ininterrumpida, salvo durante ocho meses consecutivos entre 1989 y 1990, en que no pudo realizar los pagos. En 1990 sí pagó retroactivamente las cuotas que le faltaban.

En 2001 consultó en varias ocasiones al Instituto Ecuatoriano de Seguridad Social (IESS) si podía jubilarse bajo el régimen de jubilación especial reducida (anticipada) pues tenía varios problemas de salud que le dificultaban seguir trabajando. Los funcionarios siempre le informaron oralmente que era factible pues reunía los requisitos de tener más de 300 aportaciones mensuales y más de 45 años de edad.

En 2002, el IESS denegó su petición de jubilación y consideró anuladas las aportaciones de la autora entre 1989 y 1995 basándose en el art. 158 del Estatuto Codificado de la entidad, que establecía que la afiliación cesaba si el asegurado no realizaba aportaciones durante seis meses consecutivos. Tras dicha anulación, la autora contaba con sólo 238 aportaciones mensuales, insuficientes para tener derecho a una pensión de jubilación. La autora sólo tuvo conocimiento de esta decisión en 2007. Recurrió ante la administración y ante los tribunales, incluso ante la Corte Constitucional, en un proceso que duró 14 años, sin que sus peticiones fueran atendidas.

En su Comunicación presentada ante el Comité PIDESC en 2015, la autora alegaba que se había vulnerado su derecho a la seguridad social y su derecho a no ser discriminada por razón de género (arts. 9 y 2.2 PIDESC). El primero de estos derechos fue vulnerado porque el IESS no notificó a la autora en 1989 que las aportaciones voluntarias que había realizado eran indebidas porque le habían faltado las de ocho meses consecutivos. Al contrario, la Administración siguió recibiendo sesenta y cinco aportaciones adicionales durante más de cinco años. Además, consideraba que el hecho de que su país no hubiese establecido un sistema de pensiones no contributivas le privaba de todo derecho a una pensión, aún a pesar de haber estado cotizando durante largo tiempo.

En cuanto a la discriminación por razón de género, la autora alegaba que forma parte de una generación de mujeres que han dedicado la mayor parte de su vida al trabajo doméstico y que, para hacer efectivo su derecho a la seguridad social, tenían mayores obstáculos que los hombres.

El Comité analiza, en primer lugar, si la sanción de pérdida del derecho a la pensión por el hecho de no haber cotizado durante seis meses consecutivos es proporcional. Recuerda su doctrina sobre la importancia del derecho a la seguridad social para garantizar a todas las personas su dignidad humana, la obligación del Estado de garantizar un nivel mínimo de prestaciones y la importancia de los seguros de vejez obligatorios.

El Comité considera que el IESS no sólo no informó adecuada y oportunamente a la autora sobre la nulidad de las aportaciones, sino que, además, desconoció la expectativa legítima que había creado en la autora. Esta situación tuvo consecuencias graves sobre el proyecto de vida de la Sra. Trujillo, pues le privó de su derecho a la pensión de jubilación en un momento en que era ya una adulta mayor en situación de vulnerabilidad y con dificultades para encontrar trabajo.

Sigue afirmando que, aun asumiendo que la sanción buscaba proteger los recursos de la seguridad social, lo que es una finalidad legítima, el Estado no ha demostrado que fuera el único medio para alcanzar este propósito. No demuestra que no existiesen medidas alternativas que no afectasen tan gravemente al acceso a la pensión de la autora, como podía ser la exclusión del cómputo para la pensión no contributiva de los meses no cotizados. Así, concluye que la sanción fue desproporcionada; lo hubiera sido para cualquier trabajador y, con mayor razón, para una trabajadora del hogar no remunerada. Por ello afirma que se ha vulnerado su derecho a la seguridad social reconocido en el art. 9 PIDESC.

Además, el Comité considera que la situación descrita se vio agravada por el hecho de que el Estado no ofreció a la autora una medida alternativa que garantizase un nivel de vida adecuado para su vejez, debido a que el Estado no disponía de un sistema integral de pensiones de vejez de carácter no contributivo para aquellas personas que no hubiesen podido acceder a las pensiones contributivas.

El Comité, citando reiteradamente la Observación General núm. 19[63], establece claramente la obligación de los Estados de adoptar planes de pensiones de jubilación no contributivos:

> "En virtud del artículo 9 del Pacto los Estados están obligados a adoptar planes no contributivos u otras medidas de asistencia social para prestar apoyo a las personas y los grupos que no puedan hacer suficientes cotizaciones para su propia protección. En el cumplimiento de sus obligaciones mínimas con relación al derecho a la seguridad social establecido en el Pacto (...), los Estados deben establecer prestaciones no contributivas por vejez, servicios sociales y otros tipos de ayuda para todas las personas mayores que, al cumplir la edad de jubilación prescrita en la legislación nacional, no tengan cubiertos los períodos mínimos de cotización exigidos, o por cualquier otra causa no tengan derecho a disfrutar de una pensión de vejez o de otro tipo de prestación o ayuda de la seguridad social y carezcan de cualquier otra fuente de ingresos"[64].

Además, en este interesante Dictamen, el Comité reconoce que los planes de pensiones no contributivas son especialmente importantes para las mujeres:

> "En los planes no contributivos, también debe tenerse en cuenta el hecho de que las mujeres tienen más probabilidades de vivir en la pobreza que los hombres; que a menudo son las únicas responsables del cuidado de los hijos; y que, con mayor frecuencia, carecen de pensiones contributivas"[65].

---

63 Sobre esta Observación General, vid. supra, apartado 2.4.

64 Párrafos 14.1 y 14.2.

65 Párrafo 14.2.

Con relación a la queja de la autora de que se había producido una discriminación por razón de género en el disfrute del derecho a la seguridad social, el Comité realiza unas declaraciones generales muy interesantes:

> "Los Estados deben revisar las restricciones de acceso a los planes de seguridad social para cerciorarse de que no discriminan de hecho ni de derecho a las mujeres. En particular, los Estados deben tener en cuenta que, debido a la persistencia de estereotipos y otras causas estructurales, las mujeres dedican un tiempo mucho mayor que los hombres al trabajo no remunerado. Los Estados deben adoptar medidas para corregir los factores que impiden a las mujeres cotizar en los planes de seguridad social que condicionan las prestaciones a las cotizaciones, o asegurarse de que los planes tengan en cuenta esos factores en la elaboración de las fórmulas de prestaciones, por ejemplo, teniendo en cuenta los períodos dedicados, especialmente por las mujeres, a criar a los hijos y a atender a los adultos a su cargo"[66].

Con relación a este caso en concreto, el Comité dice expresamente que "la intersección de las discriminaciones alegadas en razón de género y edad" hace a la autora "particularmente vulnerable a ser discriminada con respecto a la población en general". Y analiza si en este caso pudo darse una discriminación indirecta por razón de género:

> "El Comité considera que cuando en una comunicación se presenta información relevante que indica *prima facie* la existencia de una norma legal que, aunque formulada de una manera neutral, de hecho, podría estar afectando claramente a un más alto porcentaje de mujeres que hombres, corresponde al Estado parte demostrar que tal situación no constituye una discriminación indirecta por razón de género"[67].

Y pone de manifiesto que, según información de dominio público sobre Ecuador, entre la población en edad de trabajar

---

66 Párrafo 13.4.

67 Párrafo 19.4.

que está fuera del mercado laboral, las personas que se dedican exclusivamente al trabajo doméstico son en su mayor parte mujeres. A ellas les afectan muy especialmente las normas y requisitos sobre cotización a la seguridad social para tener derecho a una pensión de jubilación porque, al realizar un trabajo no remunerado, tienen grandes dificultades para hacer los pagos mensuales. El Comité concluye que la sanción prevista para los casos de falta de aportaciones durante seis meses, si es problemática para cualquier trabajador, puede llegar a ser devastadora para mujeres que, como en el caso de la autora, no cuenten con ingresos personales mensuales.

Por todo ello, afirma que las medidas estatales cuestionadas constituyen una discriminación por razón de género contra las mujeres. Y concluye que, en este caso, se produjo una violación del art. 9 PIDESC y de los arts. 2.2 y 3 leídos conjuntamente con el art. 9 del Pacto.

En consecuencia, el Comité emite las siguientes Recomendaciones: 1) El Estado debe conceder a la autora las prestaciones a las que tenga derecho en atención a sus aportaciones al IESS o equivalentes; 2) debe otorgarle una indemnización para compensarla por las violaciones sufridas y 3) debe reembolsarle los gastos ocasionados por la presentación de la Comunicación.

A continuación, el Comité realiza unas Recomendaciones generales como "garantías de no repetición" (seis en total). Así, establece que el Estado debe adoptar las medidas legislativas y/o administrativas para garantizar el derecho de todo afiliado su derecho a recabar y recibir información sobre su pensión o futura pensión de jubilación. Asimismo, el Estado debe asegurarse de que las sanciones sean proporcionales y no constituyan un obstáculo para la obtención de la pensión. También debe establecer recursos efectivos adecuados para remediar violaciones del derecho a la seguridad social y asegurar que hombres y mujeres puedan acceder a las pensiones en condiciones de igualdad. Finalmente, el Comité establece la obligación del Estado de formular, "en un tiempo razonable", un plan integral de prestaciones no contributivas.

Así pues, en este interesante Dictamen, el Comité PIDESC formula unas obligaciones del Estado que pueden ser fiscalizadas mediante el procedimiento de supervisión establecido en el Protocolo Facultativo (art. 9.2). Estas obligaciones pueden considerarse parte del contenido del derecho a la seguridad social establecido en el art. 9 PIDESC y, como tales, pueden considerarse vinculantes para todos los Estados Parte de este Pacto.

3. LA NORMATIVA DE LA ORGANIZACIÓN INTERNACIONAL DEL TRABAJO SOBRE PROTECCIÓN SOCIAL (OIT)

3.1. Estructura, funcionamiento y normas de la OIT

La OIT fue fundada en 1919, como parte del Tratado de Versalles que puso fin a la Primera Guerra Mundial. Está basada en la idea de que una paz duradera y universal sólo puede ser alcanzada cuando está fundamentada en la justicia social y en el trato decente de los trabajadores. Se convirtió en la primera agencia de las Naciones Unidas en 1946. Los objetivos principales de esta Organización son promover los derechos laborales, fomentar oportunidades de trabajo decente, mejorar la protección social y fortalecer el diálogo al abordar los temas relacionados con el trabajo[68].

---

[68] Sobre la OIT puede verse, entre muchos otros, BONET PÉREZ, J. (2007), Mundialización y régimen jurídico internacional del trabajo. La Organización Internacional del Trabajo como referente político-jurídico universal, Atelier, Barcelona; ARIAS DOMÍNGUEZ, A. (2002), La acción normativa

Su Constitución fue elaborada entre enero y abril de 1919 por una Comisión del Trabajo establecida por la Conferencia de Paz de Versalles y ha sido objeto de siete enmiendas desde entonces[69].

Durante la Segunda Guerra Mundial, la Conferencia Internacional del Trabajo celebró la denominada "reunión de Filadelfia", en la cual participaron representantes de gobiernos, empleadores y trabajadores de 41 países. Los delegados aprobaron la *Declaración de Filadelfia*[70], incorporada a la Constitución, que constituye aún una Carta de los propósitos y objetivos de la OIT. En 1946, la OIT se convirtió en una agencia especializada de la recién creada Organización de las Naciones Unidas.

El resultado de estas reuniones y documentos fundacionales fue una organización internacional tripartita, la única en su género con representantes de gobiernos, empleadores y trabajadores en sus órganos ejecutivos.

En la Constitución de la OIT se establecieron varias áreas de acción preferente relacionadas con el trabajo por cuenta ajena y, entre estas áreas, se situaban algunas relacionadas con la pro-

---

de la Organización Internacional del Trabajo, Laborum, Murcia; ACOSTA ESTÉVEZ, J. B. (1997), El sistema jurídico de la Organización Internacional del Trabajo y el Derecho español, Cedecs, Barcelona y CASAS BAHAMONDE, M.E. (1996), "El sistema normativo de la Organización Internacional del Trabajo y la Unión Europea", Relaciones Laborales: Revista Crítica de Teoría y Práctica Nº 1, entre otros. Vid. también la página web de la OIT: https://www.ilo.org/global/lang—es/index.htm (última fecha de consulta: 9 de febrero de 2024).

69 Vid. el texto íntegro de la Constitución de la OIT en: https://www.ilo.org/dyn/normlex/es/f?p=1000:62:0::NO::P62_LIST_ENTRIE_ID:2453907 (última fecha de consulta: 9 de febrero de 2024).

70 Puede consultarse en: https://www.ilo.org/dyn/normlex/es/f?p=1000:62:0::NO:62:P62_LIST_ENTRIE_ID:2453907:NO#declaration (última fecha de consulta: 9 de febrero de 2024).

tección social de los/las trabajadores/as: a) Protección del trabajador contra enfermedades o accidentes como consecuencia de su trabajo; b) protección de niños, jóvenes y mujeres y c) pensiones de vejez e invalidez.

La OIT realiza su trabajo a través de tres órganos fundamentales, los cuales cuentan con representantes de gobiernos, empleadores y trabajadores:

La *Conferencia Internacional del Trabajo* establece las normas internacionales del trabajo y define las políticas generales de la Organización. Es también un foro para la discusión de cuestiones sociales y laborales fundamentales. Se reúne una vez al año.

El *Consejo de Administración* es el órgano ejecutivo de la OIT y se reúne tres veces al año en Ginebra. Toma decisiones sobre la política de la OIT y establece el programa y el presupuesto, que después es sometido a la Conferencia para su adopción.

La *Oficina internacional del trabajo* es la Secretaría permanente de la Organización. Es la responsable del conjunto de actividades de la OIT, labor que lleva a cabo bajo la supervisión del Consejo de Administración y bajo la dirección del *Director General*.

Las normas internacionales del trabajo son instrumentos jurídicos elaborados por los mandantes de la OIT (gobiernos, empleadores y trabajadores) con objeto de enunciar los principios y derechos fundamentales en el trabajo y de reglamentar otros ámbitos del mundo laboral. Aunque estas normas revisten principalmente la forma de *convenios* y *recomendaciones*, la OIT también adopta otros instrumentos jurídicos, como *declaraciones* y *resoluciones* que contienen manifiestos oficiales y solemnes en que se reafirma la importancia que los mandantes tripartitos otorgan a determinados principios y valores.

Los convenios son tratados internacionales vinculantes que pueden ser ratificados por los Estados miembros, mientras que las recomendaciones actúan como directrices no vinculantes. En muchos casos, un convenio establece los principios básicos que deben aplicar los países que lo ratifican, mientras que una recomendación relacionada complementa al convenio, proporcionando directrices más detalladas sobre su aplicación. Las recomendaciones también pueden ser autónomas, es decir, no vinculadas con ningún convenio.

Los convenios y las recomendaciones son preparados por representantes de los gobiernos, de los empleadores y de los trabajadores y se adoptan en la Conferencia Internacional del Trabajo de la OIT, que se reúne anualmente. Una vez adoptadas las normas, se requiere a los Estados miembros que las sometan a sus autoridades competentes (normalmente los Parlamentos) para su examen y posible ratificación (en el caso de los convenios). Si un país decide ratificar un convenio, en general éste entra en vigor para ese país un año después de la fecha de la ratificación. Los países que ratifican un convenio están obligados a aplicarlo en la legislación y en la práctica nacionales y tienen que enviar a la Oficina Internacional del Trabajo memorias sobre su aplicación a intervalos regulares.

La vinculación de los Estados miembros con respecto a las recomendaciones es menor. Está regulada en el art. 19 de la Constitución de la OIT:

a) "La recomendación se comunicará a todos los Miembros para su examen, a fin de ponerla en ejecución por medio de la legislación nacional o de otro modo;

(b) cada uno de los Miembros se obliga a someter la recomendación, en el término de un año a partir de la clausura de la reunión de la Conferencia (...), a la autoridad o autoridades a quienes competa el asunto, al efecto de que le den forma de ley o adopten otras medidas;

(c) los Miembros informarán al Director General de la Oficina Internacional del Trabajo sobre las medidas adoptadas de acuerdo con este artículo para someter la recomendación a la autoridad o autoridades competentes, comunicándole, al mismo tiempo, los datos relativos a la autoridad o autoridades consideradas competentes y las medidas por ellas adoptadas;

(d) salvo la obligación de someter la recomendación a la autoridad o autoridades competentes, no recaerá sobre los Miembros ninguna otra obligación, a excepción de la de informar al Director General de la Oficina Internacional del Trabajo, con la frecuencia que fije el Consejo de Administración, sobre el estado de su legislación y la práctica en lo que respecta a los asuntos tratados en la recomendación, precisando en qué medida se han puesto o se propone poner en ejecución las disposiciones de la recomendación, y las modificaciones que se considere o pueda considerarse necesario hacer a estas disposiciones para adoptarlas o aplicarlas".

Aquí nos interesan las normas sobre protección social y seguridad social, a las que me referiré más adelante, en el apartado 3.3.

3.2. La protección social como derecho humano y como elemento esencial del mandato de la OIT

En diferentes normas y documentos de la OIT se pone de manifiesto que la protección social es un elemento fundamental de la misión que constituye su razón de ser: la consecución de la justicia social universal. Ha sido un ámbito importante de acción de la Organización y objeto preferente de su actividad normativa desde su fundación en 1919[71].

71 Vid. Protección social universal para la dignidad humana, la justicia social y el desarrollo sostenible

En el Preámbulo de la Constitución de la OIT, de 1919, se realiza un llamamiento para que se mejoren las condiciones de trabajo a través de "... la protección del trabajador contra las enfermedades, sean o no profesionales, y contra los accidentes del trabajo, la protección de los niños, de los adolescentes y de las mujeres, pensiones de vejez y de invalidez".

De igual forma, la Declaración de Filadelfia de 1944 insta a la OIT a "fomentar, entre todas las naciones del mundo, programas que permitan ... extender las medidas de seguridad social para garantizar ingresos básicos a quienes los necesiten y prestar asistencia médica completa" (artículo III, f) y "proteger a la infancia y a la maternidad" (artículo III, h)), extendiendo por tanto la protección de todos los trabajadores a todos aquellos que la necesiten.

En 2001, la Conferencia Internacional del Trabajo reafirmó que la protección social (o seguridad social[72]) constituye un derecho humano básico y estableció como una prioridad su extensión a todos aquellos que la necesiten[73].

En los años siguientes, fue incesante la actividad de los órganos de la OIT para tratar de consolidar la concepción de la protección social como un derecho humano. Esta actividad desembocó en la aprobación de la *Recomendación nº 202 sobre los pisos de protección social,* adoptada por la Conferencia Internacional del Trabajo en junio de 2012, a la que se hará referencia en el siguiente apartado.

Estudio General relativo a la Recomendación sobre los pisos de protección social, 2012 (núm. 202), p. 2. En Internet: https://www.ilo.org/ilc/ILCSessions/108/reports/reports-to-the-conference/WCMS_673703/lang—es/index.htm (última fecha de consulta: 8 de febrero de 2024).

72 En diversos documentos de la OIT se emplea indistintamente "protección social" y "seguridad social".

73 OIT: Conclusiones relativas a la seguridad social, 89.ª reunión de la CIT, Ginebra, 2001, párr. 1.

En diversos documentos de la OIT se define la protección social como un derecho humano y estos documentos tratan de fijar un contenido básico a este derecho. Así se expresa, por ejemplo, el *Informe Mundial sobre Protección Social 2017-2019. La Protección social universal para alcanzar los Objetivos de Desarrollo Sostenible*[74]:

> "La protección social, o seguridad social, es un derecho humano definido como un conjunto de políticas y programas diseñados para reducir y prevenir la pobreza y la vulnerabilidad en todo el ciclo de vida. Abarca los beneficios familiares y por niño, las prestaciones de maternidad, desempleo, accidentes del trabajo y enfermedades profesionales, así como las pensiones de vejez, invalidez y sobrevivientes, y la protección de la salud. Los sistemas de protección social abordan todas estas ramas mediante una combinación de regímenes contributivos (seguro social) y de prestaciones no contributivas financiadas con impuestos, en particular la asistencia social".

En la actualidad, uno de los cuatro objetivos estratégicos de la OIT es "mejorar la cobertura y la eficacia de una seguridad social para todos".

3.3. La normativa de la OIT sobre protección social

La Organización Internacional del Trabajo ha dictado numerosas normas sobre protección social y seguridad social, términos que suele utilizar como sinónimos en muchos documentos, aunque en otros define la seguridad social como parte de la protección social (junto con la asistencia social), como hemos visto.

---

74 En Internet: https://www.ilo.org/wcmsp5/groups/public/—dgreports/—dcomm/documents/publication/wcms_624890.pdf (fecha de consulta: 8 de mayo de 2020), p. XXXI.

El primer Convenio sobre la materia fue el *Convenio nº 102 sobre Seguridad Social (norma mínima)* aprobado en la Conferencia Internacional del Trabajo de 1952, que entró en vigor en 1955[75]. En este Convenio se regulaban las siguientes prestaciones: de asistencia médica, monetarias de enfermedad, de desempleo, de vejez, en caso de accidente de trabajo y enfermedad profesional, de maternidad, de invalidez y de sobrevivientes.

Con posterioridad se han ido aprobando numerosos convenios y recomendaciones específicos sobre las diferentes prestaciones y también en atención a ciertos colectivos de beneficiarios. Por su actualidad y por la forma en que concreta el contenido del Convenio nº 102, Nos interesa especialmente la *Recomendación nº 202, relativa a los pisos nacionales de protección social,* aprobada en la reunión de la Conferencia Internacional del Trabajo de 2012. Esta Recomendación comienza reafirmando que "el derecho a la seguridad social es un derecho humano" y que "la seguridad social es una herramienta importante para prevenir y reducir la pobreza, la desigualdad, la exclusión social y la inseguridad social, para promover la igualdad de oportunidades, la igualdad de género y la igualdad racial y para apoyar la transición del empleo informal al empleo formal".

La Recomendación define "pisos de protección social" (*social protection floors*) del modo siguiente:

> "A efectos de la presente Recomendación, los pisos de protección social constituyen conjuntos de garantías básicas de seguridad social definidos a nivel nacional que aseguran una

---

75 El texto de este Convenio puede consultarse, igual que el resto de las normas de la OIT, en: https://www.ilo.org/dyn/normlex/es/f?p=NORMLEXPUB:12030:0::NO::: (última fecha de consulta: 9 de febrero de 2024).

> protección destinada a prevenir o a aliviar la pobreza, la vulnerabilidad y la exclusión social" (art. 2).

Lo que pretende la Recomendación es fijar unos mínimos imprescindibles de cobertura de prestación social que deben ofrecer los Estados miembros. De esta forma, en su art. 4 define cuál será el contenido de esos "pisos nacionales":

> "Los miembros, en función de sus circunstancias nacionales, deberían establecer lo más rápidamente posible y mantener pisos de protección social propios que incluyan garantías básicas en materia de seguridad social. Estas garantías deberían asegurar como mínimo que, durante el ciclo de vida, todas las personas necesitadas tengan acceso a una atención de salud esencial y a una seguridad básica del ingreso que aseguren conjuntamente un acceso efectivo a los bienes y servicios definidos como necesarios a nivel nacional".

En concreto, en el art. 5 detalla las diferentes prestaciones que deben ofrecer los Estados miembros:

"a) acceso a un conjunto de bienes y servicios definido a nivel nacional, que constituyen la atención de salud esencial, incluida la atención de la maternidad, que cumpla los criterios de disponibilidad, accesibilidad, aceptabilidad y calidad;

b) seguridad básica del ingreso para los niños, por lo menos equivalente a un nivel mínimo definido en el plano nacional, que asegure el acceso a la alimentación, la educación, los cuidados y cualesquiera otros bienes y servicios necesarios;

c) seguridad básica del ingreso, por lo menos equivalente a un nivel mínimo definido en el plano nacional, para las personas en edad activa que no puedan obtener ingresos suficientes, en particular en caso de enfermedad, desempleo, maternidad e invalidez, y;

d) seguridad básica del ingreso para las personas de edad, por lo menos equivalente a un nivel mínimo definido en el plano nacional".

El contenido del derecho humano a la prestación social incluye, pues, un nivel básico de asistencia sanitaria y un nivel mínimo de ingresos para todas las personas que, por una u otra razón, no puedan obtener una renta por sí mismas.

Con motivo del centenario de la OIT, la *Comisión de Expertos en Aplicación de Convenios y Recomendaciones* elaboró un *Estudio General sobre la aplicación en la legislación y en la práctica nacionales de la Recomendación sobre los pisos de protección social, 2012 (núm. 202)*[76], que presentó a la Conferencia Internacional del Trabajo, en su 108ª Reunión, celebrada en 2019. Este Estudio General es único porque es el primero que se centra en una sola Recomendación, lo cual pone de relieve la importancia que la OIT otorga a la protección social en la agenda mundial para el desarrollo. En él se pone de manifiesto que, con motivo del centenario de la OIT, este documento es la contribución de la Comisión que lo ha elaborado a la promoción de la protección social universal y la justicia social en todo el mundo.

3.4. Los procedimientos de control del cumplimiento de la normativa de la OIT

Las normas internacionales del trabajo están respaldadas por un sistema de control que ayuda a garantizar que los países apliquen los convenios que ratifican. La OIT examina regu-

---

76 Con el título: Protección social universal para la dignidad humana, la justicia social y el desarrollo sostenible. Puede consultarse en: https://www.ilo.org/ilc/ILCSessions/108/reports/reports-to-the-conference/WCMS_673703/lang—es/index.htm (fecha de consulta: 9 de febrero de 2024).

larmente la aplicación de las normas en los Estados miembros y señala áreas en las que se podría mejorar su aplicación. Si existe algún problema en la implementación de las normas, la OIT presta colaboración a los países a través del diálogo social y la asistencia técnica.

La OIT ha desarrollado diversos medios de control de la aplicación de los Convenios y Recomendaciones por la legislación y la práctica de los Estados miembros, tras su aprobación por la Conferencia Internacional del Trabajo y su ratificación por los Estados. Existen dos tipos de mecanismos de control[77]:

El ***sistema de control periódico*** prevé el examen de las memorias que presentan periódicamente los Estados miembros sobre las medidas que han adoptado para poner en ejecución los convenios a los cuales se han adherido.

Los ***procedimientos especiales***, a diferencia del mecanismo de control periódico, se basan en la presentación de una reclamación o de una queja: Son los siguientes:

Procedimiento de reclamación con respecto a la aplicación de convenios ratificados: se rige por los artículos 24 y 25 de la Constitución de la OIT. Se establece, para las organizaciones profesionales de empleadores y de trabajadores, el derecho de presentar al Consejo de Administración de la OIT una reclamación contra cualquier Estado miembro que, en su opinión,

---

77 Vid. BONET I PÉREZ, J. (2013), "El sistema de control de la Organización Internacional del Trabajo (OIT) y la interpretación de los convenios de la OIT. Aproximación jurídica a una crisis institucional" en Revista Electrónica de Estudios Internacionales (REEI) Nº 26. Vid. también: NORES TORRES, L.E. (2005), "El sistema de control de las normas de la Organización Internacional del Trabajo: control regular y controles extraordinarios" y LÓPEZ TERRADA, E. (2005), "Los procedimientos de control especiales de la Organización Internacional del Trabajo", ambos en BOU FRANCH, V.E. (Coord.), Nuevas controversias internacionales y nuevos mecanismos de solución, Tirant lo Blanch, Valencia.

"no ha adoptado medidas para el cumplimiento satisfactorio, dentro de su jurisdicción, de un convenio en el que dicho Miembro sea parte". Puede establecerse un Comité tripartito del Consejo de Administración, compuesto por tres miembros, para examinar la reclamación y la respuesta del gobierno. El informe que el Comité somete al Consejo de Administración contempla los aspectos jurídicos y prácticos del caso, examina la información presentada y concluye formulando recomendaciones. Cuando la respuesta del gobierno no se considera satisfactoria, el Consejo de Administración tiene el derecho de publicar la reclamación y la respuesta. Hasta la fecha se han presentado once reclamaciones contra España, cuyos procedimientos están cerrados[78].

Procedimiento de queja con respecto a la aplicación de convenios ratificados: se rige por los artículos 26 al 34 de la Constitución de la OIT. En virtud de estas disposiciones, puede presentarse una queja contra un Estado miembro por incumplimiento de un Convenio ratificado por parte de otro Estado Miembro que hubiese ratificado el mismo Convenio, de un delegado de la Conferencia Internacional de Trabajo o del propio Consejo de Administración en el marco de sus competencias.

Después de haber recibido la queja, el Consejo de Administración puede constituir una comisión de encuesta para el caso, compuesta por tres miembros independientes, que será responsable de realizar un análisis profundo de la queja, determinando todos los hechos del caso y formulando recomendaciones sobre las medidas que deben tomarse para tratar los problemas planteados por la queja. La comisión de encuesta es el procedimiento de investigación de más alto nivel de la OIT. En general, se recurre a él cuando un Estado miembro es acu-

---

78 Las resoluciones pueden consultarse en: https://www.ilo.org/dyn/normlex/es/f?p=1000:50010:::NO::P50010_ARTICLE_NO:24 (última fecha de consulta: 9 de febrero de 2024).

sado de cometer violaciones persistentes y graves y se hubiese negado reiteradamente a ocuparse de ello. Hasta la fecha, se han establecido doce comisiones de encuesta, ninguna contra España[79].

Procedimiento especial de queja por violación de la libertad sindical por el Comité de Libertad Sindical. En 1951, la OIT creó el Comité de Libertad Sindical con el objetivo de examinar las quejas sobre las violaciones de la libertad sindical, hubiese o no ratificado el país en cuestión los convenios pertinentes. Las organizaciones de empleadores y de trabajadores pueden presentar quejas contra los Estados miembros[80].

---

79 Las resoluciones pueden consultarse en: https://www.ilo.org/dyn/normlex/es/f?p=1000:50011:::NO:50011:P50011_ARTICLE_NO:26 (fecha de consulta: 9 de febrero de 2024).

80 Sobre este procedimiento, vid.: https://www.ilo.org/global/standards/applying-and-promoting-international-labour-standards/committee-on-freedom-of-association/lang—es/index.htm (última fecha de consulta: 9 de febrero de 2024).

CAPÍTULO VI:

A MODO DE CONCLUSIÓN: EL DERECHO FUNDAMENTAL A LA PROTECCIÓN SOCIAL

1. PRELIMINAR

Como ya se anticipó, es objeto de este libro defender la fundamentalidad del derecho a la protección social, considerado como el derecho a un mínimo vital de subsistencia. En el capítulo I he tratado de mostrar que es un derecho esencial para la persona, derivado de la dignidad humana, como ha afirmado expresamente el Comité PIDESC, y necesario para que puedan ejercerse realmente los derechos civiles y políticos. También son esenciales los demás derechos sociales de prestación básicos (señaladamente, educación, protección de la salud y vivienda). Es fácil defender la fundamentalidad de estos derechos desde un punto de vista ético-filosófico, pero también es posible hacerlo desde un punto de vista jurídico, como se ha intentado exponer en estas páginas.

Esta concepción también ha sido defendida por los órganos internacionales de garantía de los derechos humanos, quienes han reiterado la doctrina de la indivisibilidad de los derechos[1]. Y no existe una razón económica definitiva para negar la fundamentalidad de los derechos sociales de prestación. Tampoco una razón relacionada con la estructura de los derechos, como

---

1 Vid., supra, Capítulo II.

en ocasiones se ha defendido, según hemos visto en el capítulo I. Lo importante es definir un contenido esencial de cada derecho que deba ser objeto de protección, puesto que el contenido de estos derechos podría ser potencialmente ilimitado.

Pero el concepto de *derechos fundamentales* ha sido objeto de una profunda elaboración jurídico-doctrinal desde las aportaciones de la doctrina alemana del Derecho público del periodo de Entreguerras y esta doctrina es hoy aceptada por la mayor parte del constitucionalismo europeo. El concepto incluye unos caracteres básicos que tienen que ver con la regulación de los derechos fundamentales en cada Estado: reconocimiento en la Constitución, eficacia directa desde la propia Norma Fundamental, indisponibilidad para el legislador y tutela judicial. A estas cuestiones he dedicado también el capítulo I.

Tradicionalmente, estos caracteres han impedido que los derechos sociales de prestación pudieran calificarse de derechos fundamentales. La razón jurídica es que la mayor parte de las Constituciones y también los tratados internacionales de derechos humanos han otorgado una eficacia mucho mayor a los derechos civiles y políticos que a los derechos sociales. Y han limitado la eficacia de los derechos sociales a "lo que dispongan las leyes que los desarrollen", como establece, por ejemplo, el art. 53.3 de nuestra Constitución.

Por lo que refiere a la Constitución española, ha habido propuestas interesantes de reforma para incluir algunos derechos sociales de prestación en la Sección 1ª del Capítulo II del Título I, junto con los derechos de máxima protección constitucional. Señaladamente se ha defendido la inclusión del derecho a la protección de la salud, por su conexión con el derecho a la vida y a la integridad física y moral del art. 15 CE[2]. Tam-

---

2 GARCÍA ROCA, J. (Ed.), (2014), Pautas para una reforma constitucional, Aranzadi, Cizur Menor (Navarra).

bién hay propuestas, como la de Itzíar Gómez Fernández, que defienden la reforma del art. 53 CE para convertir en derechos fundamentales algunos de los derechos sociales[3], teniendo en cuanta que la reforma del art. 53 CE puede llevarse a cabo por el procedimiento menos agravado del art. 167 CE.

Recientemente el libro coordinado por Diego López Garrido, *Los nuevos derechos sociales fundamentales. Una propuesta de reforma constitucional*[4] incide en esta propuesta, pues considera que podría reformarse el art. 53 CE para incluir varios derechos sociales entre los que gozan de máxima protección constitucional (en concreto, el derecho a la protección de la salud del art. 43 CE, el derecho al medio ambiente del art. 45 CE, el derecho a una vivienda digna del art. 47 CE y el derecho a una pensión adecuada y periódicamente actualizada del art. 50 CE). De esta forma, serían objeto de las garantías que reciben los derechos contenidos en el Capítulo II del Título Primero: regulación por ley, que debe respetar su contenido esencial, y tutela judicial. Además, se postula que estos derechos redefinidos en cuanto a sus garantías tengan acceso también al recurso de amparo ante el Tribunal Constitucional.

Yo me sumaría a estas propuestas, pero, entretanto se consiguen las mayorías necesarias para llevar a cabo esta reforma constitucional, en este trabajo he intentado mostrar cómo es posible considerar ya a algunos de los derechos sociales de prestación como derechos fundamentales indisponibles para el legislador en lo que se refiere a su contenido esencial, sien-

---

3 GÓMEZ FERNÁNDEZ, I. (2020), "Vulnerabilidad y derechos fundamentales en el actual sistema constitucional español", en: ASCHMANN, B./WALDHOFF, C. (Hrsg.), Die Spanische Verfassung von 1978. Entstehung – Praxis – Krise?, Aschendorff Verlag, Münster.

4 LÓPEZ GARRIDO, D., (Coord.) (2023), Los nuevos derechos sociales fundamentales. Propuestas para una reforma constitucional, Centro de Estudios Políticos y Constitucionales, Madrid.

do controlable esta condición por el Tribunal Constitucional y, en alguna medida, por los tribunales ordinarios. En concreto, me he centrado en el derecho a la protección social, entendido como el derecho a un mínimo vital de subsistencia, como ya se apuntado.

A mi modo de ver, existe una vía interpretativa mediante la cual se puede llegar a esta conclusión, pues la situación hoy es diferente a la existente en el momento de entrada en vigor de la Constitución de 1978. Sobre todo, porque se han desarrollado enormemente las garantías internacionales de los derechos humanos, incluidos los derechos sociales de prestación.

Esta vía interpretativa incluye 2 pasos: a) considerar que el derecho a la protección social es un derecho fundamental reconocido en la Constitución, lo que supone que tiene un contenido mínimo o esencial indisponible para el legislador y b) mostrar cómo en la fijación de ese contenido esencial es importante, no sólo la jurisprudencia del Tribunal Constitucional, sino también la del Tribunal Europeo de Derechos Humanos y la de los órganos internacionales de garantía de los derechos.

2. EL DERECHO A LA PROTECCIÓN SOCIAL COMO DERECHO FUNDAMENTAL

La vía interpretativa para considerar que el derecho a la protección social es un derecho fundamental reconocido en la Constitución exige la interpretación conjunta del derecho a la seguridad social del art. 41 CE en conexión con el derecho a la vida y a la integridad física y moral del art. 15 CE. Se trata de una interpretación ya propuesta por autores como Alexy o Gomes Canotilho, según se ha expuesto[5]. En esta fijación del

---

5 Vid., supra, epígrafe 2 del Capítulo II.

contenido esencial del derecho, es esencial la jurisprudencia del Tribunal Constitucional español, aunque también, como veremos a continuación, la de otros tribunales, como el Tribunal Europeo de Derechos Humanos, el Tribunal de Justicia de la Unión Europea y los Comités y órganos de garantía de los tratados internacionales de derechos sociales ratificados por España, señaladamente, el Comité Europeo de Derechos Sociales.

Ese contenido esencial sería indisponible para el legislador español. No podría una ley nacional contradecir lo establecido en los tratados internacionales sobre derechos sociales, tal como viene siendo interpretado por sus órganos de garantía. Esa posible ley podría ser considerada contraria a la Constitución, por contravenir el contenido esencial de los derechos, tal y como está definido por los tratados internacionales y la interpretación de sus órganos de garantía, según hemos visto[6].

El Tribunal Constitucional español ya tiene una importante jurisprudencia sobre la Seguridad Social, reconocida en el art. 41 CE, como vimos en el Capítulo II. Afirma que este precepto consagra la Seguridad Social en forma de garantía institucional, como un régimen público "cuya preservación se juzga indispensable para asegurar los principios constitucionales, estableciendo... un núcleo o reducto indisponible por el legislador" (...), de tal suerte que ha de ser preservado "en términos recognoscibles para la imagen que de la misma tiene la conciencia social en cada tiempo y lugar" (...)"[7]. Sobre la finalidad del sistema de Seguridad Social, el Tribunal ha afirmado que persigue "la reducción, remedio o eliminación de la situación de necesidad, mediante asistencia o prestaciones sociales suficientes"[8].

---

6 Vid, supra, epígrafe 3 del Capítulo I y epígrafe 6.3 del Capítulo II.

7 STC 37/1994, de 10 de febrero, doctrina reiterada en las SSTC 213/2005, de 21 de julio y 84/2015, de 30 de abril, entre otras.

8 STC 65/1987, de 21 de mayo.

Pero también ha afirmado el Tribunal Constitucional que existe un derecho a la seguridad social, un "derecho humano" a la "tutela frente a riesgos sociales", cuyo valor interpretativo es claro a partir del art. 10.2 CE[9]. Este derecho a la seguridad social sería, en palabras del Tribunal, un *derecho de configuración legal*[10], lo cual no impide que tenga un contenido esencial que deba ser protegido, como se ha puesto de manifiesto[11].

Este derecho a la seguridad social (o protección social en sentido amplio) no es protegible hoy por hoy en amparo, pero sí mediante el recurso y la cuestión de inconstitucionalidad. Y podría abrirse la vía de la protección indirecta de este derecho a través del derecho a la vida y a la integridad física y moral del art. 15 CE, cuando se den situaciones de extrema pobreza no atendidas por el sistema público de protección[12]. La Ley 19/2021, de 20 de diciembre, por la que se establece el Ingreso Mínimo Vital ha venido a intentar hacer realidad un derecho a la protección social de carácter universal, aunque, como hemos visto en el Capítulo II, sigue habiendo casos que quedan sin cobertura.

Es obligación de los poderes públicos intentar cubrir los vacíos legales para que el derecho fundamental a la protección social devenga una realidad. Pero, si no lo hace o ante un posible retroceso en las prestaciones, creo que podría invocarse este derecho ante la jurisdicción ordinaria y constitucional, teniendo en cuenta los contenidos que han ido integrando en él los tribunales y órganos internacionales de garantía.

---

9 STC 206/1997, de 27 de noviembre.

10 STC 37/1994, de 10 de febrero, reiterada en las SSTC 213/2005, de 21 de julio y 156/2014, de 25 de septiembre y 61/2018, de 7 de junio, entre otras.

11 Vid. supra, epígrafe 6.3 del Capítulo II.

12 Como se ha defendido supra, en el epígrafe 2 del Capítulo II.

3. LA FIJACIÓN DEL CONTENIDO ESENCIAL DEL DERECHO A LA PROTECCIÓN SOCIAL POR LOS ÓRGANOS INTERNACIONALES DE GARANTÍA

Como hemos ido viendo en estas páginas, en la actualidad se han desarrollado enormemente las posibilidades de garantía internacional de los derechos, también de los derechos sociales de prestación.

España ha ratificado varios tratados internacionales de garantía de los derechos sociales, señaladamente, el Pacto Internacional de Derechos Económicos, Sociales y Culturales y la Carta Social Europea reformada, además de los Convenios de la OIT. Y es parte de la Unión Europea y de su Carta de Derechos Fundamentales. Estos Convenios cuentan con tribunales y órganos de garantía que controlan el cumplimiento y la eficacia de los derechos sociales que reconocen, como hemos visto en los capítulos III, IV y V. La actividad de estos tribunales y órganos de garantía está suponiendo la fijación de obligaciones concretas a los Estados para lograr la eficacia práctica de las normas internacionales de protección de los derechos sociales.

El valor normativo de los tratados internacionales ha quedado fijado claramente en nuestro ordenamiento, como también hemos visto en el capítulo I: forman parte del Derecho interno y sólo podrán ser modificados o derogados según lo que en ellos se disponga (art. 96 CE); tienen un rango inferior a la Constitución (art. 95 CE), pero, en caso de conflicto, prevalecerán sobre las leyes ordinarias (art. 31 de la Ley 25/2014). En cuando a la jurisprudencia, el Tribunal Constitucional ha afirmado que cualquier órgano judicial puede desplazar la aplicación de una ley interna para aplicar de modo preferente un tratado internacional, sin que ello suponga, claro está, la nulidad de la ley (STC 140/2018, de 20 de diciembre). Esto último abre la posibilidad de control de convencionalidad difuso.

Además de esta eficacia general de los tratados, en el art. 10.2 de la Constitución se establece que los tratados internacionales de derechos humanos ratificados por España integrarán las normas constitucionales y legales sobre derechos, que han de interpretarse conforme a aquéllos. Como afirmó Rubio Llorente "los elementos que el tratado introduce en el contenido de los derechos no son 'facultades adicionales' de las que el legislador puede prescindir, sino parte del contenido mínimo del derecho que el legislador ha de respetar"[13]. O, como se deduce de la jurisprudencia del propio Tribunal Constitucional, el art. 10.2 no puede crear nuevos derechos, pero sí puede añadir nuevos contenidos a los derechos reconocidos en la Constitución[14]. También estableció el alto Tribunal que la interpretación de los derechos conforme a los tratados internacionales es una obligación de los poderes públicos y, en caso de incumplimiento, se produciría una vulneración del derecho fundamental concernido[15].

Y este art. 10.2 CE se aplica también a los derechos sociales de prestación del Capítulo III del Título I de la Constitución, como viene afirmando desde hace tiempo el Tribunal Constitucional[16], a pesar de una Sentencia aislada en contra[17]. En concreto, la STC 206/1997, de 27 de noviembre, afirmó que el derecho a la seguridad social del art. 41 CE debía ser interpretado de acuerdo con los tratados internacionales sobre la materia ratificados por España.

---

13 RUBIO LLORENTE, F., "Los derechos fundamentales...", cit. p. 6.

14 SSTC 119/2001, de 24 de mayo y 37/2011, de 28 de marzo, como se vio en el Capítulo I.

15 STC 36/1991, de 14 de febrero.

16 SSTC 206/1997, de 27 de noviembre y 247/2007, de 12 de diciembre.

17 STC 32/2019, de 28 de febrero. Vid. los interesantísimos Votos Particulares de esta Sentencia.

Así pues, podemos afirmar que los tratados internacionales de derechos sociales son vinculantes en España y son esgrimibles ante los tribunales como normas vigentes. También pueden alegarse para interpretar las normas constitucionales y legales sobre tales derechos.

Y lo mismo que los tratados, son vinculantes las decisiones de los órganos internacionales de garantía. Está más clara la fuerza vinculante de las Sentencias del Tribunal Europeo de Derechos Humanos, como dispone el art. 46 CEDH, y se ha puesto de manifiesto en el Capítulo III. Pero las decisiones de los Comités de garantía, tanto del Comité PIDESC, de Naciones Unidas, como del Comité Europeo de Derechos Sociales o de los órganos de la OIT constituyen la interpretación autorizada de dichos tratados y son vinculantes para los Estados parte, estableciendo obligaciones que éstos deben cumplir, como ha puesto de manifiesto la mayor parte de la doctrina en España[18]. Cuando un Estado democrático moderno se compromete internacionalmente a participar en estas formas de control, no puede ignorar la declaración de un Comité internacional que establece la vulneración de los derechos humanos reconocidos en un Pacto. No es posible *despachar* el asunto afirmando que un dictamen no es una sentencia. Así lo ha puesto de manifiesto la Sala de lo Contencioso-Administrativo del Tribunal Supremo 1263/2018, de 17 de julio, en la que se afirma el carácter "vinculante/obligatorio" de las decisiones del Comité CEDAW.

Aunque no es imprescindible, sería importante contar con un procedimiento para hacer cumplir las decisiones de estos Comités, que no son ejecutivas. Es una demanda reiterada de alguna doctrina y de la sociedad civil que se articule un procedimiento, similar al que existe con respecto a las Sentencias del TEDH[19].

---

18 Vid., supra, epígrafe 3.4 del Capítulo I.

19 Idem.

En cuanto a las sentencias del TEDH, hay que partir de que el CEDH no reconoce los derechos sociales de prestación (salvo el derecho a la educación del art. 2 Protocolo 1 CEDH). Pero también es cierto que el Tribunal de Estrasburgo ha desarrollado una interesantísima jurisprudencia sobre derechos sociales de prestación, realizando lo que ha denominado una *protección indirecta* de estos derechos a través de algunos derechos civiles y políticos que sí están reconocidos, como hemos visto en el Capítulo III. En concreto, el derecho a la protección social ha sido defendido en varias sentencias a través del derecho de propiedad del art. 1 Protocolo 1 CEDH en combinación con la prohibición de discriminación del art. 14 CEDH.

Incluso hay un caso en la jurisprudencia del TEDH en el que se afirma que la cuantía insuficiente de una pensión podría entrar en el ámbito de aplicación del art. 3 CEDH, que prohíbe los tratos inhumanos y degradantes[20]. Esta sería una interesante vía para conectar los derechos a la vida y a la integridad física y moral con el derecho a la protección social o a un mínimo vital de subsistencia[21].

Por otra parte, las decisiones del Comité Europeo de Derechos Sociales, órgano de garantía de la Carta Social Europea, han ido adquiriendo un gran impacto, sobre todo desde el establecimiento del procedimiento de reclamaciones colectivas, como se ha visto[22]. Son varios los ejemplos de aplicación judicial directa de los preceptos de la Carta Social Europea e, incluso, de las decisiones del CEDS. En España también hay varios casos de esta interpretación judicial, que han llegado a inaplicar una ley por ser contraria a lo establecido en la CSE, interpretada por el CEDS[23].

---

20 Decisión de inadmisibilidad Larioshina c. Rusia, de 23 de abril de 2002.

21 Vid., supra, epígrafe 2.2 del Capítulo III.

22 Vid., supra, epígrafe 3.8 del Capítulo III.

23 Vid, supra, epígrafe 3.9 del Capítulo III.

El CEDS ha dictado una abundante jurisprudencia sobre el derecho a la seguridad social del art. 12 CSE, a la que ya se ha hecho referencia en el Capítulo III. De esta jurisprudencia podemos destacar la obligación de los Estados de garantizar "el derecho a la seguridad social" mediante un sistema establecido por ley que funcione en la práctica. También las afirmaciones del Comité sobre la cuantía de las prestaciones de sustitución de ingresos. Así, el CEDS ha dicho que la cuantía de la prestación debe ser tal que se mantenga en un nivel razonable proporcional a la renta anterior y no debe caer por debajo del umbral de la pobreza.

También existe una importante jurisprudencia sobre el derecho a la asistencia social del art. 13 CSE[24]. Así, el CEDS ha establecido la obligación del Estado de brindar asistencia tan pronto como la persona la necesite, es decir, cuando no pueda obtener los "recursos adecuados", entendidos éstos como los recursos necesarios para vivir una vida digna. En suma, el Comité ha establecido que el derecho a la asistencia social se configura como un "derecho individual" universal (para los nacionales de cada Estado y las personas con permiso de residencia) y que las prestaciones no deben estar manifiestamente por debajo del umbral de la pobreza. Asimismo, este derecho ha de estar respaldado por un recurso efectivo. Estas determinaciones del CEDS constituyen el contenido esencial mínimo del derecho a la protección social.

En cuanto al ámbito de la Unión Europea, es destacable que la CDFUE reconozca de forma indistinta los derechos civiles y políticos y los derechos sociales, aunque sabemos que la interpretación dominante ha distinguido entre derechos y *principios*, precisamente para dotar de una fuerza jurídica menor a los derechos sociales de prestación, como se ha visto en el

---

[24] Vid., supra, epígrafe 6 del Capítulo III

Capítulo IV. En la interpretación del TJUE, los principales obligados por el derecho a las prestaciones de la seguridad social y de los servicios sociales del art. 34 CDFUE son los Estados, no la Unión. En el Derecho derivado y en la jurisprudencia de este Tribunal las prestaciones de la seguridad social son *exportables* y pueden cobrarse en un país distinto de aquél en que se trabajó, mientras que las prestaciones de la asistencia social no lo son. Aunque la decisión de qué prestaciones son exportables y cuáles no lo son corresponde a los Estados, el TJUE se ha reservado la potestad de realizar tal calificación, reforzando así el sistema de coordinación. Hasta la aprobación de la Directiva 2004/38 el Tribunal de Justicia interpretó de forma amplia el concepto de prestaciones exportables, como consecuencia del derecho de libre circulación. Sin embargo, a partir de esta norma, la jurisprudencia del TJUE ha sido más restrictiva.

Aun así, en alguna sentencia reciente se ha utilizado el concepto de *situaciones de vulnerabilidad*, para considerar que de la CDFUE se puede derivar un derecho a prestaciones sociales previstas en las normativas nacionales, incluso aunque no sea aplicable ninguna norma de Derecho derivado. Así se afirma en la STJUE de 15 de julio de 2021 (Caso CG contra The Department for Communities in Northern Ireland), en el caso de una mujer que no había realizado ninguna actividad laboral en el país de residencia, pero era víctima de violencia de género y vivía con sus hijos en un centro de acogida[25].

Por otra parte, existen propuestas doctrinales de creación de un sistema universal de protección social en la Unión Europea, no limitado al ámbito contributivo-laboral, como hemos visto[26].

---

25 En este caso no se argumentó en base al art. 34 CDFUE, sino en base a los arts. 1, 7 y 24 CDFUE. Vid., supra, epígrafe 4.4 del Capítulo IV.

26 Vid, supra, epígrafe 5 del Capítulo IV.

En el ámbito de las Naciones Unidas, el PIDESC establece unas obligaciones que deben cumplir los Estados, como hemos visto en el Capítulo V: adoptar medidas inmediatas, garantizar niveles mínimos de derechos, progresividad en las prestaciones y prohibición de regresividad. Y, particularmente, la prohibición de regresividad puede ser fiscalizada por los jueces nacionales. Sobre la prohibición de regresividad, se han pronunciado las Observaciones Generales del PIDESC, en las que éste ha concretado el contenido y alcance de los derechos reconocidos en el Pacto. En concreto en las Observaciones Generales nºs. 13 y 14 se establece la forma de control de las normas posiblemente regresivas. En primer lugar, el demandante debe probar el carácter regresivo de la norma cuestionada con respecto a la norma anterior. Si esto es así, existe una fuerte presunción de invalidez de dicha norma cuestionada y correspondería al Estado probar que, pese a ser regresiva, es justificable. Existe pues, un *escrutinio estricto* con respecto a dicha norma.

Por lo que se refiere al derecho a la protección social, la Observación General nº 19 sobre el derecho a la seguridad social del art. 9 PIDESC es la interpretación más autorizada del Comité sobre este derecho[27]. En esta OG se establece que el sistema de Seguridad Social puede ser público o privado, pero debe ser establecido "en el marco del Derecho nacional", de forma que "las autoridades públicas deben asumir la responsabilidad de su administración o supervisión eficaz". También establece las condiciones que deben reunir las prestaciones: nivel suficiente, accesibilidad, duración y revisión periódica. Asimismo, la OG-19 recuerda las obligaciones de los Estados parte del PIDESC: Obligación de respetar, obligación de proteger y obligación de cumplir. Los incumplimientos de estas obligaciones pueden provenir de "actos de comisión" o de "actos de omisión".

---

[27] Vid, supra, epígrafe 2.4 del Capítulo V.

El Comité PIDESC lleva poco tiempo dictando resoluciones en los procedimientos de Comunicaciones individuales. Y sólo ha aprobado dos Dictámenes sobre el derecho a la seguridad social del art. 9 PIDESC[28]. En ellos ha afirmado que "el derecho a la seguridad social es de importancia fundamental para garantizar a todas las personas su dignidad humana cuando hacen frente a circunstancias que les privan de su capacidad para ejercer plenamente los derechos reconocidos en el Pacto". También ha afirmado que las prestaciones deben tener un nivel mínimo para garantizar unas condiciones de vida adecuadas y que los Estados está obligados a adoptar planes *no contributivos* u otras medidas de asistencia social para prestar apoyo a personas que no han podido pagar suficientes cotizaciones. Y todas estas obligaciones forman parte del contenido del derecho a la seguridad social del art. 9 PIDESC.

En el ámbito internacional, también hay que tener en cuenta los Convenios de la OIT, que son tratados internacionales vinculantes. En ellos se afirma que la protección social es un derecho humano básico, presupuesto para ejercer los demás derechos, y un elemento fundamental de la razón de ser de esta organización. En el capítulo V se ha hecho alusión a los Convenios en materia de protección social, que dotan de contenido a este derecho. Afirman que el derecho a la protección social incluye un nivel básico de asistencia sanitaria y un nivel mínimo de ingresos para todas las personas que no puedan obtener una renta por sí mismas. Estos Convenios establecen también sistemas de control de cumplimiento, que incluyen procedimientos especiales de reclamaciones y quejas.

En fin, creo que toda esta doctrina sobre el derecho a la protección social de los tribunales y órganos internacionales de garantía ha de ser tenida en cuenta y puede ser alegada ante

---

28 Vid, supra, epígrafe 2.5 del Capítulo V.

los tribunales españoles como contenido esencial del derecho reconocido en el art. 41 CE interpretado en conexión con el derecho a la vida y a la integridad física y moral del art. 15 CE, con todas las implicaciones que ello conlleva.